中国劳动关系学院劳动教育教材委员会"十四五"规划教材
高等院校劳动教育教材

职业与劳动
——大学生劳动教育十讲

OCCUPATION AND LABOR
TEN LECTURES ON LABOR EDUCATION
FOR COLLEGE STUDENTS

党印 主编
李珂 曲霞 主审

人民交通出版社股份有限公司
北京

内容提要

本书是中国劳动关系学院劳动教育教材委员会"十四五"规划教材、高等院校劳动教育教材。本书根据中共中央、国务院印发的《关于全面加强新时代大中小学劳动教育的意见》和教育部印发的《大中小学劳动教育指导纲要(试行)》编写而成。全书共十讲,包括:劳动类型与劳动组织、产业发展与职业要求、劳动精神与职业发展、劳模精神与职业道德、工匠精神与职业技能、劳动心理与职业适应、劳动安全与职业健康、劳动价值与职业收入、劳动法规与职业保障和劳动关系与未来职业。

本书立足于刚入校的大学生,面向大学生未来就业和职业生涯发展,旨在讲授全面的劳动知识,培养深厚的劳动情怀、优良的劳动品质,使大学生树立正确的劳动价值观,展现积极向上的劳动精神面貌,为在校期间全面发展,未来从事相关职业打下坚实的基础。

本书既可作为高等院校劳动教育必修课程的教材,也可作为相关企业员工培训的学习读物。本书配套有教学 PPT 等数字化教学资源,欢迎加入劳动教育教学研讨群(QQ 群号 732215914)获取。

图书在版编目(CIP)数据

职业与劳动:大学生劳动教育十讲/党印主编. —北京:人民交通出版社股份有限公司,2021.6
ISBN 978-7-114-17294-6

Ⅰ.①职… Ⅱ.①党… Ⅲ.①劳动教育—高等学校—教材 Ⅳ.① G40-015

中国版本图书馆 CIP 数据核字(2021)第 087046 号

中国劳动关系学院劳动教育教材委员会"十四五"规划教材
高等院校劳动教育教材
Zhiye yu Laodong——Daxuesheng Laodong Jiaoyu Shi Jiang

书　　名:	职业与劳动——大学生劳动教育十讲
著 作 者:	党　印
责任编辑:	王　丹
责任校对:	孙国靖　扈　婕
责任印制:	张　凯
出版发行:	人民交通出版社股份有限公司
地　　址:	(100011)北京市朝阳区安定门外外馆斜街 3 号
网　　址:	http://www.ccpcl.com.cn
销售电话:	(010)59757973
总 经 销:	人民交通出版社股份有限公司发行部
经　　销:	各地新华书店
印　　刷:	北京盛通印刷股份有限公司
开　　本:	787×1092　1/16
印　　张:	14.5
字　　数:	280 千
版　　次:	2021 年 6 月　第 1 版
印　　次:	2021 年 9 月　第 2 次印刷
书　　号:	ISBN 978-7-114-17294-6
定　　价:	39.00 元

(有印刷、装订质量问题的图书由本公司负责调换)

FOREWORD 序 言

《中共中央 国务院关于全面加强新时代大中小学劳动教育的意见》(简称《意见》)面向各级各类学校提出了整体优化劳动教育课程设置的总要求,要求"将劳动教育纳入中小学国家课程方案和职业院校、普通高等学校人才培养方案""职业院校以实习实训课为主要载体开展劳动教育,其中劳动精神、劳模精神、工匠精神专题教育不少于16学时。普通高等学校要明确劳动教育主要依托课程,其中本科阶段不少于32学时。"教育部《大中小学劳动教育指导纲要(试行)》(简称《纲要》)则从目标、内容和途径等方面进一步细化了普通中小学、职业院校和普通高等学校劳动教育的学段要求。两个文件从顶层设计的角度明确了不同学段、不同类型学校劳动教育的不同要求,但实践中,高等院校(含高职院校)与中小学劳动教育混同化的现象依然非常明显。

我认为,高等学校(含高职院校)的劳动教育不同于中小学劳动教育的一个突出特点是其职业性,它是一种面向职场、以职业为导向的劳动教育,是一种旨在从思想上、知识上和能力上为学生顺利进入职场、获得高水平发展做好准备的教育。目前,很多高校,包括职业院校,把《意见》和《纲要》要求的劳动教育必修课开成了劳动周活动,把打扫卫生、勤工助学、到食堂帮厨、做家常菜等中小学常用的劳动教育手段当成了大学生劳动教育的主要内容。我觉得这些做法可以有,特别是在当代大学生在中小学阶段就普遍缺乏劳动锻炼的情况下,适当组织这样的活动、适当"补课"是应该的,但它不应该成为大学生劳动教育的主体、"主菜",更不是全部。大学生劳动教育要特别强调"懂劳动"的教育,因为高等教育阶段是学生走向职场的最后一站,他们格外需要理解马克思主义劳动观的真理性意义,掌握有关劳动的知识、政策、法律,准确把握劳动发展的未来趋势与劳动者素质要求,全面做好社会主义事业建设者和接班人的思想上和认识上的准备。此外,大学生的劳动教育还要特别强调"专业报国""技术报国""治学报国",建立专业学习或职业技术学习与劳动教育的内在关联。

从这个意义上讲,由我校青年学者党印担纲主编的这本《职业与劳动——大学生劳动教育十讲》抓住了大学生劳动教育的本质,不仅很好地体现了《意见》和《纲要》关于普通高等学校和职业院校劳动教育必修课的基本要求,而且凸显了职业与劳动之间的内在关联性,强化了大学生在整个人类社会劳动发展的大趋势下认识职业价值、理解职业分工、做好职业规划的意识与能力。

整本教材以"劳动"与"职业"为主线,层层递进地展示出二者的内在互动关系:一是劳动的发展、劳动分工和劳动组织的变化，决定并改变着职业的内容、形式、性质和价值取向；二是职业的内容、形式、性质和价值取向的变化强化了职业教育在整个社会生产体系中的突出重要地位，要求以职业教育来优化并提高劳动的效率和效益，进而推动社会经济的发展；三是职业教育具有适应和引导人们劳动就业的功能，劳动力市场的供求变化影响和调节着职业教育的结构和规模，并引导着职业教育与劳动教育的深度结合，进而引发人类社会劳动与职业的进一步变革。以这种层层递进的逻辑关联，深刻揭示出劳动没有高低贵贱之分，任何一份职业都很光荣、都能出彩的道理，展现出当代大学生要适应新一轮科技革命和产业变革的需要，密切关注行业、产业前沿知识和技术进展，勤学苦练、深入钻研，干一行、爱一行、钻一行，不断提高劳动技能水平的必要性。

同时，本教材紧扣大学生职业发展需要，对国家在劳动就业、劳动法律完善、提高劳动者收入水平、构建多层次社会保障体系、改善劳动安全卫生条件、构建社会主义和谐劳动关系、使广大劳动者共建共享改革发展成果方面的相关政策进行了解读，并配套提供大量生动案例，生动地体现出中国共产党以人民为中心、以让人民群众过上更加幸福的好日子为奋斗目标的执政理念，说明了劳动创造财富、劳动创造幸福，在社会主义制度下，一切劳动者只要肯学肯干肯钻研，练就一身真本领，掌握一手好技术，就都能立足岗位成长成才，都能在劳动中发现广阔天地，在劳动中体现价值、展现风采、感受快乐的道理。进而教育引导新时代大学生立足本职、胸怀全局，自觉发扬劳模精神、劳动精神、工匠精神，自觉把人生理想、家庭幸福融入国家富强、民族复兴的伟业之中，把个人梦与中国梦紧密联系在一起，以国家主人翁的姿态为坚持和发展中国特色社会主义作出贡献，努力谱写"中国梦 劳动美"的壮丽篇章。

总之，本教材很好地体现了《意见》和《纲要》对新时代大学生劳动价值观教育的要求，可作为普通高校和高职院校开好劳动教育必修课，引导学生掌握通用劳动科学知识，深刻理解马克思主义劳动观和社会主义劳动关系，增强职业认同感和劳动自豪感，培育不断探索、精益求精、追求卓越的工匠精神和爱岗敬业的劳动态度的重要教材。当然，本教材还有很多需要完善的地方，其运用于课堂教学后的实际效果也有待进一步检验。但作为建构以职业为导向的大学生劳动通识教育体系的率先尝试，党印等一批青年学者的创新是值得肯定的，也希望作者团队能沿着这个方向继续努力，并根据教材使用的效果不断修订完善，为推进新时代高校劳动教育、科学建构高校劳动教育课程体系作出更大贡献。

刘向兵

2021年5月1日于北京

PREFACE 前言

课程特点

　　劳动教育是大学生的必修课。本课程为职业与劳动，亦称劳动概论、劳动教育通论，属于劳动通识课，主要介绍与劳动、劳动者相关的组织、产业、理念、心理、安全、经济和法律等内容。

　　本课程面向大学生未来就业和职业生涯发展，旨在讲授全面的劳动知识，培养深厚的劳动情怀和优良的劳动品质，使大学生树立正确的劳动价值观，展现积极向上的劳动精神面貌，为在校期间全面发展，未来从事相关职业打下坚实的基础。

编写背景

　　2018年全国教育大会上，习近平主席提出"要努力构建德智体美劳全面培养的教育体系，形成更高水平的人才培养体系"。2020年3月20日，中共中央、国务院发布《关于全面加强新时代大中小学劳动教育的意见》，7月7日，教育部发布《大中小学劳动教育指导纲要（试行）》。在新时代，劳动教育的重要性上升到新的高度，成为大中小学人才培养的必备环节。

　　职业院校和高等院校承担着为社会培养职业人才和专业人才的重要使命。截至2019年底，全国各类高等教育在学总规模4002万人，其中普通本、专科生分别为1751万人、1281万人。今天的大学生是明天各行各业的劳动者，大学生对劳动的认知将直接影响未来的工作状态和职业发展，也将影响所在单位和行业的发展。因此，大学生在校期间有必要学习劳动通识，学校也有必要开设劳动通识课程。

　　按照《意见》和《纲要》对职业院校和高等院校劳动教育的内容要求，中国劳动关系学院劳动教育学院组建编写团队，广泛调研各类企业的用工需求和对新入职员工的综合评价，并结合历年就业质量年报，通过问卷和访谈的形式汇总毕业生和在校生对劳动教育的认识和学习需求，在此基础上组织编写相关内容。本教材既涵盖了《意见》和《纲要》要求的劳动精神、劳模精神、工匠精神、劳动组织、劳动安全和劳动法规等内容，也包含产业发展、职业心理、劳动经济和劳动关系等内容。本教材既适用于职业院校教学，也可用于普通高等学校的劳动通识课程。

内容结构

　　本教材面向大学生的未来职业，以"劳动"和"职业"为主线，主要介绍了与劳动、劳动者相关的劳动通识，共10讲内容。

（1）劳动类型与劳动组织。讲述现实社会中的各类劳动和劳动组织，以及各类劳动组织如何组织劳动，为大学生对照劳动种类、选择未来职业方向提供一个总体图景。

（2）产业发展与职业要求。讲述人类社会产业演变历程、中华人民共和国成立以来的产业发展历程和各阶段的行业人才要求，学生可以知悉行业发展与人才特点的协同性。

（3）劳动精神与职业发展。讲述从基层、中层到高层的职业发展历程中，分别需要从事哪些劳动，以及各类劳动需要的劳动精神，学生可以比较不同工作的异同。

（4）劳模精神与职业道德。讲述不同时期的劳模代表和他们所展现的劳模精神，学生学习劳模精神，提升职业道德，有朝一日也可能成为企业、地区或国家级劳模。

（5）工匠精神与职业技能。讲述外国和中国的工匠精神、提升职业技能的实践路径，学生以工匠精神为指引，掌握一技之长，可以同时实现个人价值与社会价值。

（6）劳动心理与职业适应。讲述从职业新人到职场精英的成长过程中，劳动者可能遇到的心理困惑、心理问题，以及相应的调适方法，帮助劳动者度过情绪低谷。

（7）劳动安全与职业健康。讲述劳动者工作过程中可能遇到的安全风险、安全隐患和职业健康风险，劳动者需要提前知悉，有备无患，尽力消除各类安全或健康风险。

（8）劳动价值与职业收入。讲述劳动者参加劳动的宏微观价值、个体和社会层面的劳动力供求、劳动者工资差异、失业现象和应对方法等，学生可以从多个角度认识劳动价值。

（9）劳动法规与职业保障。讲述劳动法的基本常识、与劳动者直接相关的劳动法规、劳动合同对职业的保障和劳动争议处理等内容，引导学生知法、懂法、守法、用法。

（10）劳动关系与未来职业。讲述新技术、新经济和新业态中的劳动和未来工作类型、各类业态尤其是互联网平台的劳动关系，引导学生关注当下，面向未来，从容就业。

本教材注重各讲内容的知识体系和各知识点与大学生、劳动者的相关性。各讲首先提供本讲概要，概括本讲的知识背景、与大学生或劳动者的联系及本讲核心内容。学习目标紧扣重要知识点，各讲导图揭示各模块内容的内在联系。通过导入案例、模块内案例、模块内专栏、插画等形式拓展相关知识点，每讲末尾设置互动交流和课后案例任务，指引学生回顾主要内容，强化对相关知识点的理解和运用。各讲内容由点到面，循序渐进，逐步深化，形成各主题的综合知识体系，并以实用为目标，强调学以致用。

编写分工

本教材由中国劳动关系学院劳动教育学院党印副教授担任主编，劳动教育学院李珂院长、曲霞副院长担任主审，邀请中国劳动劳动学院各院系相关领域的资深教师编写相关内容，并邀请杨秀龙（北京宴董事长、俏江南首席执行官、现代服务产业学院院长）、王昊（中国社会科学院大学硕士生导师）、御智斐（1911学堂创始人、董事长兼首席执行官）参编部分章节。

具体编写分工为：第一讲由孙昀、杨秀龙编写，第二讲由胡玉玲编写，第三讲由张好编写，第四讲由咸丽楠编写，第五讲由赵薇编写，第六讲由张雨亭编写，第七讲由王永柱编写，第八讲由党印、王昊、御智斐编写，第九讲由李娜编写，第十讲由纪雯雯、孙妍编写。其中，孙昀曾任中国人寿再保险股份有限公司高级经济师、高级副经理，咸丽楠曾在洲际和希尔顿酒店管理集团旗下的多家酒店担任销售经理及总监等职务。

教学资源

本教材为每讲内容配套提供多媒体教学课件和扩展案例，以供任课老师教学参考，需求者可加入劳动教育教学研讨群（QQ群号732215914）联系人民交通出版社股份有限公司编辑获取。

致 谢

本教材从策划到出版历时近一年，编写过程中得到了中国劳动关系学院、现代服务产业学院、中国社会科学院大学、1911学堂等单位有关领导和专家的指导和帮助，在此深表诚挚谢意！中国劳动关系学院党委书记刘向兵教授多次指导本教材的编写，并专门作序，酒店管理学院院长许艳丽教授、副院长王文慧副教授、党总支书记陈卓为本教材的撰写提供了宝贵支持，酒店管理学院翟向坤教授为劳动安全的相关内容提供了宝贵建议和支持，劳动教育学院李素卿、丁红莉等老师在教材编写过程中提供了多方面行政服务和支持，在此一并表示感谢！

虽然编写团队反复讨论全书框架和章节内容，几易其稿，反复雕琢，书中难免存在疏漏和瑕疵，恳请各位专家和读者批评指正。

编　者

2021年4月

本教材课程思政教学要点索引

劳动教育	内容	思政教学要点	教学章节	
马克思主义劳动观	劳动与人类	劳动创造人类	第一讲	劳动类型与劳动组织
		尊重劳动，尊重劳动者；劳动无贵贱，行行出状元	第二讲 第四讲	产业发展与职业要求 劳模精神与职业道德
		诚实劳动、创造性劳动	第四讲	劳模精神与职业道德
	劳动与社会	劳动与社会进步、行业变迁	第二讲 第十讲	产业发展与职业要求 劳动关系与未来职业
		劳动技能与素养	第五讲	工匠精神与职业技能
		劳动供求，劳动者收入，就业与失业	第八讲	劳动价值与职业收入
	劳动与人的自由全面发展	劳动实现人生价值与梦想	第三讲 第八讲	劳动精神与职业发展 劳动价值与职业收入
		职业技能与职业发展	第五讲	工匠精神与职业技能
		身心健康与劳动安全	第六讲 第七讲	劳动心理与职业适应 劳动安全与职业健康
中国特色社会主义劳动观（习近平关于劳动的重要论述）	劳动价值观	劳动精神	第三讲	劳动精神与职业发展
		劳模精神	第四讲	劳模精神与职业道德
		工匠精神	第五讲	工匠精神与职业技能
	劳动教育观	劳动创造幸福	第三讲	劳动精神与职业发展
		德智体美劳的教育体系	第四讲	劳模精神与职业道德
		新业态与新技能	第十讲	劳动关系与未来职业
	劳动发展观	劳动形态演进	第二讲	产业发展与职业要求
		劳动安全与职业健康	第七讲	劳动安全与职业健康
		劳动法律法规	第九讲	劳动法规与职业保障
		劳动关系协调	第十讲	劳动关系与未来职业

CONTENTS 目 录

第一讲　劳动类型与劳动组织

【导入案例】 ··· 002

模块一　劳动导论 ··· 003
　　一、劳动的基本概念 ··· 003
　　二、劳动的意义与价值 ·· 004

模块二　劳动的分类 ··· 006
　　一、简单劳动与复杂劳动 ··· 006
　　二、体力劳动与脑力劳动 ··· 007
　　三、重复性劳动与创造性劳动 ·· 007

模块三　劳动组织与组织劳动 ··· 009
　　一、政府 ·· 009
　　二、企业 ·· 010
　　三、事业单位 ··· 013
　　四、非营利或非政府组织 ··· 013

【案例任务】 ··· 015

第二讲　产业发展与职业要求

【导入案例】 ··· 018

模块一　人类社会产业发展历程 ··· 019
　　一、原始社会 ··· 019
　　二、农耕社会 ··· 019
　　三、工业社会 ··· 020

模块二　1949—1977 年产业发展与职业要求 ···························· 021
　　一、产业发展特点 ·· 021
　　二、职业要求 ··· 022

模块三　1978—2011 年产业发展与职业要求 ···························· 025
　　一、产业发展特点 ·· 025
　　二、职业要求 ··· 026

模块四	2012年以来产业发展与职业要求	028
	一、产业发展特点	028
	二、职业要求	029

【案例任务】 ········· 033

第三讲　劳动精神与职业发展

【导入案例】 ········· 036

模块一	认识劳动精神	037
	一、职业之于幸福	037
	二、劳动精神之于职业	040
	三、新时代的劳动精神	040
模块二	执行性工作如何践行劳动精神	042
	一、认识执行性工作的重要性	042
	二、认识基层工作的光荣	042
	三、摒弃不良观念	043
	四、为更高层次工作积蓄力量	044
模块三	管理性工作如何践行劳动精神	047
	一、兼顾上下左右	047
	二、尊重与沟通	048
	三、定位更准确	049
模块四	决策性工作如何践行劳动精神	050
	一、大大的责任感	051
	二、深邃的思想力	051
	三、坚强的意志力	052
模块五	独立职业如何践行劳动精神	053
	一、有勇有谋，提升才能	053
	二、拥抱劳动，自我管理	054

【案例任务】 ········· 055

第四讲　劳模精神与职业道德

【导入案例】 ········· 058

模块一	劳模与劳模精神	059
	一、劳模及其社会贡献	059
	二、劳模评选标准与范围	060
	三、劳模精神的时代价值	061

模块二	劳模精神的内涵	063
	一、爱岗敬业、争创一流	063
	二、艰苦奋斗、勇于创新	064
	三、淡泊名利、甘于奉献	064

模块三	职业道德范畴与行为规范	065
	一、职业道德的主要范畴	066
	二、职业道德的行为规范	069

模块四	弘扬劳模精神与职业道德	071
	一、劳模精神与职业道德的联系	071
	二、以劳模精神引领职业道德	071
	三、大学生如何提升职业道德	072

【案例任务】 073

第五讲　工匠精神与职业技能

【导入案例】 076

模块一	工匠与工匠精神	077
	一、工匠概念及其内涵	077
	二、中国的工匠精神	077
	三、国外的工匠精神	079

模块二	职业技能的内涵与价值	081
	一、职业技能的内涵	081
	二、职业技能的微观价值	077
	三、职业技能的宏观价值	079

模块三	从职场新人成长为大国工匠	087
	一、新时代大国工匠的标准	087
	二、大国工匠的培养与成长	088

【案例任务】 092

第六讲　劳动心理与职业适应

【导入案例】 ………………………………………………………………… 095

模块一　职业选择与心理准备 ………………………………………… 096
　　一、职业选择 ………………………………………………………… 096
　　二、职业选择的影响因素 …………………………………………… 097
　　三、职业选择的心理问题 …………………………………………… 098
　　四、心理准备 ………………………………………………………… 102

模块二　职业适应与心理调适 ………………………………………… 104
　　一、职业适应 ………………………………………………………… 104
　　二、职业压力与职业倦怠 …………………………………………… 106
　　三、职业适应的困境 ………………………………………………… 108
　　四、心理调适 ………………………………………………………… 109

模块三　失业心理与再就业调整 ……………………………………… 111
　　一、大学生失业群体 ………………………………………………… 111
　　二、大学生失业心理冲突 …………………………………………… 112
　　三、失业者心理问题表现 …………………………………………… 113
　　四、再就业的心理调整 ……………………………………………… 114

【案例任务】 ………………………………………………………………… 116

第七讲　劳动安全与职业健康

【导入案例】 ………………………………………………………………… 119

模块一　劳动安全与职业健康概述 …………………………………… 119
　　一、劳动安全概述 …………………………………………………… 119
　　二、职业健康概述 …………………………………………………… 123

模块二　劳动安全与职业健康制度 …………………………………… 125
　　一、劳动安全与职业健康相关法律 ………………………………… 125
　　二、劳动安全与职业健康相关法规 ………………………………… 129
　　三、劳动安全与职业健康部门规章 ………………………………… 132

模块三　劳动者的权利和义务 ………………………………………… 133
　　一、劳动者的权利 …………………………………………………… 133
　　二、劳动者的义务 …………………………………………………… 135
　　三、劳动者的权益维护 ……………………………………………… 136

【案例任务】·· 137

第八讲　劳动价值与职业收入

【导入案例】·· 139

模块一　劳动价值概述·· 139
一、劳动的微观价值·· 139
二、劳动的宏观地位·· 141

模块二　劳动的供给与需求·· 142
一、劳动的供给·· 142
二、劳动的需求·· 143
三、供给与需求的均衡·· 146

模块三　工资水平差异·· 147
一、工资的行业差异·· 147
二、工资的地区差异·· 151
三、受教育程度与工资差异·· 151
四、劳动者如何获得高工资·· 153

模块四　失业及应对·· 154
一、失业与失业率·· 154
二、失业的分类与影响·· 155
三、劳动者怎样预防失业·· 158
四、劳动者失业了怎么办·· 159

【案例任务】·· 161

第九讲　劳动法规与职业保障

【导入案例】·· 164

模块一　劳动法的基本问题·· 164
一、劳动法的概念与特征·· 164
二、劳动法的适用范围·· 166
三、劳动法的体系·· 170

模块二　劳动法如何保护劳动者·· 171
一、工资制度·· 171
二、工作时间制度·· 173

三、休息休假制度 ·· 175
　　四、社会保险制度 ·· 176

模块三　劳动合同对职业的保障 ··· 177
　　一、劳动合同的订立 ·· 177
　　二、劳动合同的变更 ·· 180
　　三、劳动合同的解除与终止 ··· 180

模块四　劳动争议的处理 ·· 185
　　一、劳动争议处理机制 ·· 185
　　二、劳动争议调解 ··· 185
　　三、劳动争议仲裁 ··· 186
　　四、劳动争议诉讼 ··· 187

【案例任务】 ·· 189

第十讲　劳动关系与未来职业

【导入案例】 ·· 191

模块一　新型劳动的背景 ·· 192
　　一、新技术 ·· 192
　　二、新经济 ·· 193
　　三、新业态 ·· 196

模块二　新职业与未来工作 ··· 198
　　一、新职业 ·· 198
　　二、未来工作 ·· 200

模块三　新型劳动关系 ··· 205
　　一、新业态企业的劳动关系 ··· 205
　　二、劳动关系协调的新特征 ··· 206

模块四　互联网平台的劳动关系 ··· 207
　　一、两种劳动力市场的划分 ··· 207
　　二、两种劳动力市场的特征 ··· 208
　　三、互联网平台的劳动经济效应 ·· 209
　　四、互联网平台的劳动权益风险 ·· 211

【案例任务】 ·· 212

参考文献 ··· 214

第一讲

劳动类型与劳动组织

本讲概要

人们在生活和工作中需要从事各种各样的劳动,有的关乎生存,有的关乎发展。劳动是个人幸福的基础,是社会进步的动力。今天的大学生是明天各行各业的劳动者,面临着到哪儿工作,从事哪些劳动的人生选择。本讲在讲述劳动概念、劳动种类的基础上,介绍政府、企业、事业单位和非营利或非政府组织等常见的劳动组织及其运作方式,便于学生选择适合自己的职业方向。

学习目标

1. 理解劳动对人类和人类社会的意义。
2. 列举不同分类标准下的劳动种类。
3. 列举并比较常见的劳动组织。
4. 描述各类组织是如何组织劳动的。

内容导图

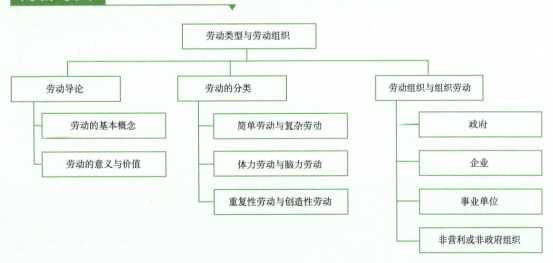

> **导入案例**

95后杭州"快递小哥"成高层次人才

2020年5月,一位名叫李庆恒的杭州95后"快递小哥"获评杭州市高层次人才(图1-1)。根据相关政策,他除了在杭州购买首套房可获100万元补贴外,还能在医疗保健、子女就学、车辆上牌等方面享受照顾。

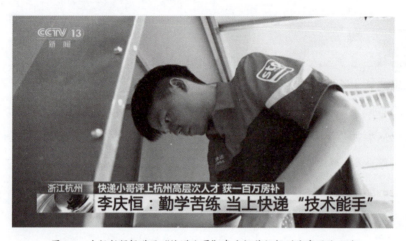

图1-1 央视新闻报道了"快递小哥"李庆恒获评杭州市高层次人才

李庆恒2015年开始在杭州从事快递业工作,如今是浙江申通快递有限公司质控部组长,曾获浙江省第三届快递职业技能大赛快递员项目的第一名。

李庆恒高中辍学,此前在一家咖啡店工作,因为喜欢"快递小哥"风风火火的工作状态而进入快递业。从入职第一天起,他就兢兢业业,刻苦钻研,不断提升自己的业务技能。2019年8月,李庆恒被选派参加浙江省第三届快递职业技能大赛暨第二届全国邮政行业职业技能竞赛浙江省初赛。竞赛项目包括理论知识和实际操作两部分,要求参赛者既要熟悉诸如全国各地邮编、城市号码、航空代码等,还要从数百件物品里,一眼就把固体胶、U盘、打火机、人民币、乒乓球等航空禁寄物品挑出来。据说此次大赛最难的部分是"画地图",要在12分钟内在电脑上完成19票件的派送路线设计。既要保证每一个快件的时效,又要考虑路线优化的合理性,即用最少的时间、最短的路线,确保快件准时、准确送达。

凭借过硬的业务能力,李庆恒获得该赛事快递员项目的第一名。他还被浙江省人力资源和社会保障厅授予"浙江省技术能手"称号。2020年5月,经中共杭州市委人才办、杭州市人力资源和社会保障局认定,李庆恒获评杭州市高层次人才,认定类别为D类,可享受国内外顶尖人才、国家级领军人才、省级领军人才、市级领军人才、高级人才政策。

李庆恒说：因为杭州高昂的房价，以前根本不敢想在杭州定居，现在有了政府的补贴，准备在杭州买房了。

记者从浙江省邮政管理局了解到，作为快递大省，2019年浙江省快递业务量达132亿件，占全球业务总量的11.8%；从业人员有近30万人。自2011年开展快递员职业技能鉴定以来，浙江省目前共有初、中、高级快递员56311人，其中高级快递员1113人、业务师18人。

摘编自《中国青年报》（2020年7月2日）

请思考：

1. 李庆恒所从事的工作有什么社会价值？
2. 李庆恒为什么称得上是高层次人才？

模块一　劳动导论

一、劳动的基本概念

（一）劳动

《现代汉语词典》中，"劳动"有三层含义：人类创造物质或精神财富的活动；专指体力劳动；进行体力劳动。《辞海》中，劳动的首要含义是"人们改变劳动对象使之适合自己需要的有目的的活动，即劳动力的支出或使用"，也有"操作""体力劳动""劳驾"的含义。

劳动是人类区别于其他动物的一种普遍特质，是人类维持自我生存和自我发展的唯一手段。人类生产物质资料就是对外输出劳动量或劳动价值的过程，然而这与动物本能意义上的"生产"有着本质的区别。"诚然，动物也生产，它也为自己营造巢穴或住所，如蜜蜂、海狸、蚂蚁等。但是动物只生产它自己或它的幼子所直接需要的东西；动物的生产是片面的，而人的生产是全面的；动物只是在直接的肉体需要的支配下生产，而人甚至不受肉体需要的支配也进行生产，并且只有不受这种需要的影响才进行真正的生产；动物只生产自身，而人再生产整个自然界；动物的产品直接属于它的肉体，而人则自由地面对自己的产品。动物只是按照它所属的那个种的尺度和需要来构造，而人却懂得按照任何一个种的尺度来进行生产，并且懂得怎样处处都把固有的尺度运用于对象；因此，人也按照美的规律来构造。①"

人们常将"劳动"与"工作"两个概念混淆,其实二者存在区别。工作是劳动的一个层面,工作更多的是指人类通过劳动分工而进行的、有组织的以获得劳动报酬为目的的生产活动。因此,工作更强调以获得报酬为目的,比如我们在家打扫卫生是一种劳动,但不是一种工作,保洁员在写字楼打扫卫生是一种劳动,也是一种工作。

(二)劳动力

"劳动"一词也容易与"劳动力"混同。《辞海》对劳动力的定义为"人的劳动能力,即人所具有的能运用于劳动过程的体力和脑力的总和。有时也指具有劳动能力的人"。从这个定义来看,劳动力有两层意思:一是指具有劳动能力的人口,比如在统计劳动力人数时,通常会考虑劳动年龄和劳动能力,这两方面同时达标才称得上是劳动力;另一方面,劳动力是社会生产力中的能动要素,指劳动过程的体力和脑力的总和。在马克思主义学说中,劳动和劳动力是两个不同的概念,劳动要么是具体的行动,要么是抽象的行为,劳动力更多与剩余价值有关,是"肉体力和精神力的总体,存在于人的身体中,存在于活的人格中,其发动,通常会生产某种使用价值②"。马克思主义学说认为,雇佣劳动的特点是劳动者出卖他们自己的劳动力,这样劳动力就成为一种商品,具有价值。

(三)劳动者

跟"劳动"和"劳动力"相关的概念还有劳动者。劳动者是在一定的社会分工体系下,具有一定的劳动能力,处于一定的劳动岗位,遵循一定的劳动规范,有目的、相对持续地从事或向他人提供有价值物品或服务的社会人。

二、劳动的意义与价值

(一)劳动创造人本身

恩格斯在《劳动在从猿到人转变过程中的作用》一文指出,在动物转化为人的过程中,劳动起了不可或缺的作用。早期的猿为了获取食物,为了生存而劳动,在劳动过程中手逐渐变得灵巧,大脑也得到锻炼,并产生了意识和语言。"动物仅仅利用外部自然界,简单地通过自身的存在在自然界中引导起变化;而人则通过他所作出的改变来使自然界为自己的目的服务,来支配自然界。这便是人同其他动物的最终的本质的差别,而造成这一差别的又是劳动。③"因此,人本质上是在劳动过程中生成和发展完善的,劳动创造了人本身。

---

① 马克思.1844年经济学哲学手稿[M].北京:人民出版社,2018:53.
② 马克思.资本论:第1卷[M].上海:上海三联书店,2011:101.
③ 中共中央马克思恩格斯列宁斯大林著作编译局.马克思恩格斯文集:第9卷[M].北京:人民出版社,2009:559.

（二）劳动实现自我

劳动是人类真正的生命活动，是人本质力量的外在表现。通过劳动，人们不仅获得自身的物质需要，而且还获得精神上的满足感、成就感、快乐感。劳动不仅是一种谋生手段，而且还是生命的一部分，如阳光、空气一样不可或缺，劳动不是我们受罪和痛苦的根源，恰恰相反，劳动是激发我们创造力的源泉。正如高尔基所说："我们世界上最美好的东西，都是由劳动、由人的聪明的手创造出来的。"

（三）劳动促进社会进步

人可以在不断劳动的过程中探索大自然，获取新的知识和技能，并将之转化为新技术和生产力。例如鲁班发明了锯，牛顿从落下的苹果中发现了万有引力，瓦特改良了蒸汽机，屠呦呦发现了青蒿素等。马克思在《1844年经济学哲学手稿》中就指出，创造力是人在不断劳动中形成的"本质力量"，正因为这种人类所特有的"本质力量"，才使得一个个发明创造不断改变我们的生活，人类社会才得以不断地发展、进步。

专栏 1-1

关于劳动的名人名言

锄禾日当午（图1-2），汗滴禾下土。谁知盘中餐，粒粒皆辛苦。

——李绅

图1-2　锄禾日当午

> 我觉得人生求乐的方法，最好莫过于尊重劳动。一切乐境，都可由劳动得来，一切苦境，都可由劳动解脱。
>
> ——李大钊
>
> 劳动是一切知识的源泉。
>
> ——陶铸
>
> 劳动是社会中每个人不可避免的义务。
>
> ——让·雅克·卢梭（法国）
>
> 劳动是财富之父，土地是财富之母。
>
> ——威廉·配第（英国）
>
> 完善的新人应该是在劳动之中和为了劳动而培养起来的。
>
> ——约翰·欧文（美国）
>
> 劳动是产生一切力量、一切道德和一切幸福的威力无比的源泉。
>
> ——拉法埃洛·乔万尼奥里（意大利）
>
> 我知道什么是劳动：劳动是世界上一切欢乐和一切美好事情的源泉。
>
> ——马克西姆·高尔基（苏联）
>
> 有总是从无开始的；是靠两只手和一个聪明的脑袋变出来的。
>
> ——松苏内吉·伊·洛雷多（西班牙）

模块二　劳动的分类

按照不同的标准，劳动有不同的分类结果。各种分类从不同角度揭示劳动的多样性，说明劳动的内在差异。

一、简单劳动与复杂劳动

从价值分析的角度，劳动可分为简单劳动与复杂劳动。所谓简单劳动，就是没有太大难度、不需要专长、普通人都可以进行的劳动。复杂劳动是比简单劳动更高级、更复杂的劳动，需要花费更多的劳动时间，或需要经过专业训练才能从事的劳动，因此，它具有更高的价值。比如，搬砖通常被认为是简单劳动，编程通常被认为是复杂劳动。

二、体力劳动与脑力劳动

从呈现方式的角度,劳动可分为体力劳动与脑力劳动。体力劳动与脑力劳动的分工是人类劳动发展到一定阶段出现的。原始社会中,由于共同体内部不能提供剩余产品,有劳动能力的人都要参加体力劳动,还没有出现专门从事脑力劳动的人。随着分工的发展,社会生产力水平提高,共同体内部产生了剩余产品,就逐渐形成了"从事单纯体力劳动的群众同管理劳动、经营商业和掌管国事以及后来从事艺术和科学的少数特权分子之间的大分工①"。随着资本主义的发展,科学技术融入机器大工业生产过程,从事科学技术研发和生产管理的人员从直接生产活动中分离出来,实现了脑力劳动与体力劳动的分离。

脑力劳动与体力劳动具有相互依存、相互促进、互为补充的辩证统一关系。一般的人类劳动由脑力劳动和体力劳动按照不同的比例关系组合而成。通常意义上的脑力劳动是指那些脑力劳动占主要比例的复合劳动,体力劳动是指那些体力劳动占主要比例的复合劳动。

三、重复性劳动与创造性劳动

从创造性程度的角度,劳动可分为重复性劳动和创造性劳动。重复性劳动主要是工作流程和内容基本固定的体力劳动。比如,发传单、搬运物品、送外卖、工厂流水线员工的分拣工作等。

创造性劳动即创新性劳动,是主要通过人的脑力劳动萌发出新技术、新知识或新思维,从而创造出新型社会财富或成果的劳动。创造性劳动中,每一次劳动的流程或内容均与之前不太相同,具有一定的新元素。

人类社会的日常运转要靠重复性劳动,人类社会的进步要靠创造性劳动。比如,城市里保洁工人每天的工作是重复性劳动,保证了城市的干净整洁;城市里的公交驾驶员、地铁驾驶员、快递小哥的日常工作以重复性劳动为主,保证了城市的正常运转。作家、科研人员、艺术家、企业家的工作以创造性劳动为主,他们创作新的故事、发明新的产品、设计新的图纸、推出新的方案,为社会增加了新的观念、事物或财富,有利于促进社会进步和人类安居乐业。

案例 1-1

全国唯一高铁女总工程师梁建英

2019 年 8 月 10 日,2019 "最美科技工作者"名单及事迹正式发布。由青岛市委宣传部、市科协、市科技局推荐的中车青岛四方机车车辆股份有限公司副总经理、总工程师梁建英上榜,成为全国十名"最美科技工作者"中的一员。

---

① 中共中央马克思恩格斯列宁斯大林著作编译局. 反杜林论[M]. 北京:人民出版社,2015:192.

梁建英是中国高速铁路装备行业唯一的女总工程师、高速动车组技术专家,是让中国高速列车享誉世界的巾帼女杰(图1-3)。1995年,梁建英从上海铁道大学毕业,被分配到中车青岛四方机车车辆股份有限公司,成为一名设计师。2006年,中车青岛四方机车车辆股份有限公司启动速度300km/h高速动车组的研发,这次不再是联合设计,而是完全自主进行设计。梁建英担任了这个车型的主任设计师,这也是她第一次亲手设计高速列车。高速动车组是一个庞大的系统工程,每列动车组上的零部件就达五十多万个,几万张图纸需要设计,需要分析的试验电子数据记录就达数百兆,技术含量之高、难度之大可想而知。在一千多个日夜里,梁建英几乎每天"早八晚九",没有节假日成为生活的常态。在长达两年的线路试验研究后,梁建英和团队终于成功研制出CRH380A高速动车组。2010年12月,CRH380A高速动车组在京沪高速铁路先导段创造了速度486.1km/h的世界铁路运营试验最高速,这标志着中国高速铁路开始实现由"跟随"到"领跑"的飞跃!

图1-3 梁建英做客央视《开讲啦》分享中国高速铁路背后的故事

2013年,"复兴号"动车组项目启动,开启了中国高速铁路的新征程。研发团队进一步深化创新,目标是使我国的高速动车组在方便运用、节能降耗、降低全寿命周期成本、进一步提高安全冗余等方面实现全面升级。2015年6月,"复兴号"样车下线后,开始进行线路试验。梁建英带领研发团队跟车试验,从铁科院环形试验基地到大同线、哈大线、郑徐线。这段日子,研发团队每天凌晨四点就开始整备,白天跟车试验十多个小时,晚上还要整理当天试验数据,制定第二天的试验方案,每天休息的时间不超过四小时。最热的时候,车厢里的温度高达四五十摄氏度;而最冷的时候,试验现场最低温度到了零下二十多摄氏度。2017年,"复兴号"正式投入运营,并于9月开始在京沪高速铁路以350km/h的速度运营,使我国成为世界上高速铁路商业运营速度最快的国家,为全球高速铁路运营树立了新的标杆。

摘编自《齐鲁晚报》(2019年8月12日)

模块三　劳动组织与组织劳动

组织通常是指人们为了达到特定的目标，按照一定的原则、制度、系统建立起来的共同活动集体。组织有清楚的界限、明确的目标，内部实行明确的分工，并建立起正式的成员关系结构。劳动组织是社会组织的一种类型，它是按照一定的劳动规范建立起来，为社会提供产品、服务的组织。劳动组织具备一般社会组织的要素、特征和结构。劳动组织一方面承担一定的社会功能，另一方面也受到社会环境的影响。劳动组织通常包括政府、企业、事业单位及非营利或非政府组织。

一、政府

（一）政府的概念

政府是指国家进行统治和社会管理的正式组织，是国家表明意志、发布命令和处理事务的机关。政府的概念一般有广义和狭义之分。广义的政府是指行使国家权力的所有机关，包括立法、行政和司法机关，代表着社会公共权力；狭义的政府是指国家权力的执行机关，即国家行政机关。政府的特征包括公共性、普遍性、强制性和非营利性。

（二）政府如何组织劳动

政府以整个社会为管理对象。为实现整个社会的稳定与繁荣，政府需要拥有一定的人力、物力和财力，开展各项工作。

1. 保持共同的价值观

价值观即信仰和使命。政府职员通常被称为公务员，需要有为人民服务的公仆意识，胸怀大局，恪尽职守，坚持马克思主义，立志于为社会稳定健康发展贡献自己的智慧和力量。领导干部必须牢记立党为公、执政为民，吃苦在先、享乐在后，为官一任、造福一方。那些为了发财、以公谋私的想法与政府组织的总体价值观不符，政府开展持续性的培训学习和反腐工作，就是为了保证政府组织风清气正，全体公务员秉承共同的价值观，齐心协力开展各项工作。

2. 建立健全的组织机构

政府的职能涉及社会运行的方方面面。每种职能的实现均要靠一定的人员，因此需建立一定的组织机构，将各领域的人员分门别类，既进行职责分工，又保证互相之间的协调配合。中国的政府组织包括中央人民政府、省级人民政府、市级人民政府、县级人民政府、乡镇人民政府等多个层级。每一个层级包含有类似的职能部门或机构，比如中央人民政府有财政部、教育部、交通运输部、文化和旅游部、工业和信息化部等，在省级、市级、县级人民政府层面，也均有类似的部门或机构。各地的部门既受当地政府的领导，也受上一级同类部门或机构的垂直管理。

3. 制定规范的管理制度

在政府的组织机构内部，需要规范的制度，引导人员的行为、财产物资的使用。各个组织机构需要确定自身的人员数量，即组织机构的规模。一般而言，越重要的部门，人员越多，该机构的规模越大。政府部门的资金来源于财政拨款，各部门需要在前一年年底上报下一年的资金预算，下一年按照预算使用资金，如遇特殊情况可以向上级部门申请专项经费，在每年年底进行财务决算，以考核本年度资金的使用情况。政府部门花费所有资金均需要严格执行财务报销制度，违规报销将依情节严重情况受到惩罚。

二、企业

（一）企业的概念与分类

企业是指为从事生产、流通或服务等经济活动，实行独立经济核算、自主经营、自负盈亏，具有法人资格的基本经济单位。企业是个历史性概念，它是生产力发展到一定阶段，随着商品生产的发展而产生的。

按生产资料所有制形式，企业可以分为全民所有制企业、集体所有制企业、私营企业、合营企业、外资企业和混合企业。

按生产要素所占比重，企业可以分为劳动密集型企业、资金密集型企业和知识密集型企业。

按股东承担责任，企业可以分为无限责任公司、有限责任公司和股份有限公司。

（二）企业如何组织劳动

企业组织劳动通常是指企业按照生产的过程或工艺流程，组织劳动者分工与协作，使之成为协调统一的整体，进行有序劳动，并正确处理劳动者之间、劳动者与劳动工具之间以及劳动者与劳动对象之间的关系，不断调整和改善劳动组织的形式，创造良好的劳动条件与环境，以发挥劳动者积极性。

企业组织劳动的着力点包括以下几个方面：

一是建立现代企业制度。包括组织形式、领导制度和法人治理结构三个部分，组建公司的决策机构、执行机构、监督机构，三者各自独立、权责分明、相互制约，既能够赋予经营者充分的自主权，又能切实保障所有者的权益，同时充分调动生产者的积极性。

二是合理配置与有效利用现有生产要素。具体地说，就是把企业现有的劳动资料、劳动对象、劳动者和生产技术等生产要素合理地组织到一起，并恰当地协调要素间的关系，使企业生产组织合理化，从而实现物尽其用、人尽其才。

三是不断改进生产技术，优化商业模式。通过技术创新改造生产工艺、生产流程，提高生产效率；通过优化商业模式释放企业活力，提高员工的积极性，发挥员工的创造性。

四是建立激励约束机制，挖掘员工潜力。激励和约束就是奖励和惩罚，激励可以激发被管理者的工作动力，约束可以控制被管理者做出偏离组织目标的行为。在管理实践中，激励方式包括物质激励和非物质激励，前者包括薪资激励、福利激励、股权激励等，后者包括职业发展、带薪休假、荣誉激励等。约束机制包括公司内部规章制度、组织机构约束、合同约束等。

五是建立优秀的企业文化。使员工具有共同的价值观，使员工的个人行为与企业整体战略统一起来，朝着共同的目标努力。同时，企业文化具有约束功能，能够促进员工形成内在的行为准则，进行自我约束。

案例 1-2

世界知名企业的管理绝活

丰田汽车：精益生产模式

丰田公司提倡的精益生产模式就是及时制造，消除一切浪费，向零缺陷、零库存进军。丰田公司采取拉动式准时化生产，以最终用户的需求为生产起点，强调物流平衡，追求零库存，要求上一道工序加工完的零件立即可以进入下一道工序，组织生产线依靠一种称为"看板"的形式。在生产流程下游的顾客需要的时候，供应给他们正确数量的正确东西。材料的补充由消费量决定，这是准时生产的基本原则。精益生产模式使在制品及仓库存货减至最少，每项产品只维持少量存货，从而避免了生产过剩。

惠普公司："敞开式"办公室

美国惠普公司鼓励各级责任人深入基层。为此，惠普公司的办公室布局采用一种"敞开式大房间"，即全体人员都在一间敞厅中办公，各部门之间用短隔离段分隔，除保留少量会议室、会客室外，无论哪级领导都不设单独的办公室，同时不称职衔，即使对董事长也直呼其名，形成了开放合作的工作气氛。

韩国精密机械株式会社："一日厂长制"

韩国精密机械株式会社实行了这一独特的管理制度，即让职工轮流当厂长管理厂务。

一日厂长和真正厂长一样,拥有处理公务的权力。当一日厂长对工人有批评意见时,要详细记录在工作日记上,并让各部门的员工收阅。各部门、各车间的主管依据批评意见随时修正自己的工作。通过"一日厂长制",员工责任意识增强,同事间沟通更顺畅,每年可节约生产成本300多万美元。

通用公司:"全员决策"管理制度

1981年杰克·韦尔奇担任通用集团总裁后,认为应该更多地把管理权交给员工,为此实行了"全员决策"制度,那些平时没有机会互相交流的职工、中层管理人员都能出席决策讨论会并提出建议,公司重要决策都要听取员工意见。"全员决策"的开展,打击了公司中存在的官僚主义,减少了过去很多烦琐、低效的流程,使公司在经济不景气的情况下取得了巨大进步。他本人也被誉为全美最优秀的企业家之一。

麦当劳:将所有经理的椅子靠背锯掉

麦当劳曾有一段时间面临严重亏损的危机,创始人雷·克罗克发现其中一个重要原因是公司各职能部门的经理有严重的官僚主义,习惯靠在舒适的椅背上指手画脚,把许多宝贵时间耗费在抽烟和闲聊上。于是雷·克罗克想出一个"奇招",将所有的经理的椅子靠背锯掉,并立即执行(图1-4)。开始很多人骂雷·克罗克是个疯子,但后来不久大家就体会到了他的一番"苦心"。他们纷纷走出办公室,深入基层,开展"走动管理",及时了解情况,现场解决问题,终于使公司扭亏转盈。

图1-4 麦当劳创始人雷·克罗克的"奇招"

三、事业单位

（一）事业单位的概念

事业单位指由国家行政机关举办，受国家行政机关领导，所需经费由公共财政支出，主要提供教育、科技、文化、卫生、体育等非物质生产和劳务服务的社会公共组织。事业单位接受政府领导，表现形式为组织或机构的法人实体。事业单位是我国传统体制下产生和发展起来的社会服务机构，在管理体制上与党政机关一样，归各级编制部门管理。随着市场经济的发展和政府行政管理体制改革，各类事业单位已逐步走上改革的道路，越来越具有现代社会组织的属性和特点。

按照资金来源，事业单位可以分为四种类型，分别是参照公务员事业单位、全额拨款事业单位、差额拨款事业单位和自收自支事业单位。

按照业务内容，事业单位可以分为四种类型，分别是行政类、生产经营类、公益一类和公益二类。公益一类主要承担义务教育、基础性科研、公共文化、公共卫生及基层的基本医疗服务等基本公益服务，不能或不宜由市场配置资源。公益二类主要承担高等教育、非营利性医疗等公益服务，可部分由市场配置资源。

（二）事业单位如何组织劳动

事业单位在很大程度上是计划经济的产物，随着市场经济的发展，事业单位改革也正在逐步推进。目前，事业单位组织劳动的着力点主要体现人员和岗位两方面。

人员方面，事业单位人事制度中不可动摇的根本原则是党管干部、党管人才。所有具有编制的事业单位人员均纳入党和国家的统一管理中，与政府公务员一样受到政府的统一管理，需要在思想上同党和政府保持一致，在行为上支持并贯彻党和政府的文件精神。没有编制的工作人员按照签订劳务合同的形式进行管理，工资水平和待遇参照事业编制人员，进行动态调整。

岗位方面，事业单位坚持科学设岗的原则，及时取消一些过时的岗位，新增一些急需的岗位，整合一些职责重叠的岗位。岗位设置与行政组织、社会职能、自主权力、工资制度等紧密相关。

四、非营利或非政府组织

（一）非营利或非政府组织的概念

非营利组织是指不以营利为目的，主要开展各种志愿性的公益或互益活动的非政府社会组织。非营利组织具有非营利性、非政府性、志愿公益性或互益性等特征。在不同的语境下，非营利组织也被称为非政府组织、公民社会组织、第三部门等。

按照登记管理制度，中国的非政府组织分为社会团体、基金型组织与民办非企业三大类。其中，社会团体主要指一些采用会员制的组织，比如公益型组织和互益型组织，公益型组织如妇联、残联等，互益型组织如商会、职业团体等；基金型组织包括各种慈善募捐协会、基金会等；民办非企业主要指一些民办的养老院、医院、剧团等。

专栏 1-2

中国红十字会简介

中国红十字会是中华人民共和国统一的红十字组织，是从事人道主义工作的社会救助团体，是国际红十字运动的重要成员。中国红十字会以保护人的生命和健康，维护人的尊严，发扬人道主义精神，促进和平进步事业为宗旨。

中国红十字会成立于1904年，建会以后从事救助难民、救护伤兵和赈济灾民活动，为减轻遭受战乱和自然灾害侵袭的民众的痛苦而积极工作，并参加国际人道主义救援活动。新中国成立后，中国红十字会于1950年进行了协商改组，周恩来总理亲自主持并修改了《中国红十字会章程》。1952年，中国红十字会恢复了在国际红十字运动中的合法席位。

长期以来，中国红十字会遵守宪法和法律，遵循国际红十字运动基本原则，依照中国参加的《日内瓦公约》及其附加议定书，认真履行法定职责，充分发挥其在人道领域的政府助手作用，为我国经济社会发展作出了重要贡献，成为社会主义和谐社会建设的重要力量、精神文明建设的生力军和民间外交的重要渠道。

（二）非营利或非政府组织如何组织劳动

非营利或非政府组织的内部管理主要包括人事管理机制、财务管理机制和议事决策机制等。

1. 人事管理机制

非营利或非政府组织的领导人素质直接关系到内部管理的成效，其中以理事长和秘书长为首的领导者和管理者是此类组织的核心。此类组织的人事管理机制主要由选拔、考核、薪酬等机制构成。

2. 财务管理机制

非营利或非政府组织的资金更多地来自组织外部，如社会捐赠、政府拨款。因此，非政府组织在运作过程中需要严格贯彻"利润非分配"原则，建立健全其财务管理机制。

3. 议事决策机制

非营利或非政府组织的议事决策机制以理事会决策为核心。作为民主制度的产物，此类组织在议事决策中应坚持民主化，将民主视为议事决策的基石。当然，在民主性指导下，此类组织的内部议事与决策机制还体现在科学性与专业性上，例如引入外部独立理事，合理控制理事会人员规模，建立并严格执行决策制度和程序，防止决策缺乏专业性，以使组织决策更加客观、有效。

互动交流

1. 劳动对个人和社会的意义有哪些？
2. 不同种类的劳动有何社会价值？
3. 劳动组织有哪些种类，彼此有何区别？

案例任务

阿里"合伙人制度"与华为员工持股计划

2014年9月19日，阿里巴巴（以下简称阿里）在美国纽约证券交易所上市，其"合伙人制度"备受关注。阿里的"合伙人制度"中，一个合伙人团队可以提名董事会半数以上的董事，通过影响董事会成员组成，保持对重要事项的控制权和决策权。合伙人总数没有限制，当选合伙人需满足一定条件，并由3/4以上现有合伙人投票同意。当然，阿里的"合伙人"不是一般法律意义上的合伙人。一般意义上的合伙人是公司的大股东，合伙人以其资产合伙投资，合伙经营，对公司债务承担无限或有限责任，而阿里"合伙人"并非公司的大股东，并不对公司债务承担清偿责任。

阿里的合伙人是公司的运营者，业务的建设者，文化的传承者。"合伙人制度"能使"合伙人——即公司业务的核心管理者，拥有较大的战略决策权，减少资本市场短期波动的影响，从而确保客户、公司以及所有股东的长期利益"。从战略的角度看，"合伙人制度"是阿里实现基业常青的一种手段或方式。

华为在公司治理、组织运营上也进行了大量创新。华为实行员工持股计划，股权非常分散，创始人持股不到2%，后续继承人无法通过资本力量实现权力制衡和集中，与阿里一样，面临着控制权难题。华为创始人也同样希望基业常青，因此实行持股员工代表会制度，定期遴选持股代表，参与公司重要事项的决策。并独创了轮值CEO制度，在董事会领导下，授权一群"聪明人"轮值CEO，在一定边界内，面对多变世界有权做出决策。阿里借鉴了华为的基业常青之道，"合伙人制度"和轮值CEO制度的共同点是，公司的命运不再系于一人，而是由集体决策，避免个人偏执带来的僵化，并规避意外风险。与此同时，"合伙人制度"兼顾了控制权，在一定程度上具有进步意义。

根据阿里的规划，未来合伙人数量将增加，有可能突破百人，甚至达300人左右。届时，合伙人会议将类似于华为的持股员工代表会。经过二三十年的沉淀，阿里可能回归到公司治理的普遍模式上来。"合伙人制度"的存续，在很大程度上取决于其战略规划和执行的长期正确性，能够保证公司在复杂多变的市场环境中立于不败之地。

摘编自《清华管理评论》（2015年第4期）

请分析：

阿里和华为在组织运营中，分别选择"合伙人制度"和员工持股计划，这两种制度与两家公司商业模式的契合性体现在哪些地方？

第二讲

产业发展与职业要求

本讲概要

　　行业人才的数量和质量决定了产业发展状况，产业发展又反过来促进行业人才的培养质量，二者相互依存、相互促进。就业者要有正确的劳动价值观，充分掌握所从事行业的劳动技能，提升自身劳动素养，努力成为行业发展所需的人才。本讲从产业发展的角度呈现社会分工和产业发展历程，介绍 1949—1977 年、1978—2011 年和 2012 年以来的产业发展特点、各个行业劳动数量变化趋势和相关的人才素质要求。

学习目标

1. 概述原始社会、农耕社会和工业社会的产业发展历程。
2. 分析 1949—1977 年的产业发展特点和职业要求。
3. 分析 1978—2011 年的产业发展特点和职业要求。
4. 阐述 2012 年以来服务业快速发展对劳动者素质的新要求。

内容导图

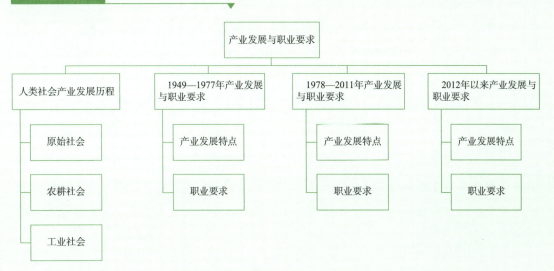

> **导入案例**

人才引领产业，产业集聚人才

2018年10月，中国·平湖（第六届）机器人与智能装备大会隆重召开。平湖市是浙江嘉兴的县级市，产业基础雄厚，拥有独特的现代工业产业体系，其中以先进装备制造、新材料为主的战略性主导产业产值已占规模以上工业总产值的二分之一。2018年以来，智能制造产业产值增长20.2%、利税增长59.3%、利润增长74.2%。在这一系列高质量发展的背后，是人才引领产业，产业集聚人才，不断发展壮大的生动实践。截至2018年10月，平湖市已累计引进54位国家级、省级高端人才，98位嘉兴级高端人才创业创新。全市领军人才企业销售总收入突破8亿元，培育销售收入亿元以上企业3家、超千万元以上企业17家、国家高新技术企业9家。

人才聚，事业兴。作为产业兴旺的源头活水，人才是经济发展的第一资源。平湖市全面落实人才工作责任，全力优化人才生态环境，大力发挥政府的引导作用，出台了一系列人才政策，引人才、聚动能。出台了史上最具含金量的人才新政"二十九条"，在鼓励人才创业创新，帮助企业吸引人才、留住人才等方面进行调高调优。又将创业创新环境推介会举办到了上海，向上海优质人才伸出"橄榄枝"。随后举办的首届"才聚金平湖·引领新崛起"创业创新大赛更是聚焦新技术、新材料、新工艺、新设施设备等符合"四新"经济发展导向的项目，以赛引项目、以项目引人才。

大平台集聚大发展，特色平台则集聚特色产业和专业人才。平湖经济技术开发区和同济大学合作成立的021AUTO平湖孵化器平台顺利开业，为新能源汽车产业发展再聚科技人才智慧和力量。位于平湖经济技术开发区的车创园，是平湖政企合作推动产业升级的创新基地，将打造平湖汽车零部件产业创新服务共享平台。同时，平湖市还精心打造了平湖市智创园、星星众创空间、平湖服装文化创意园等一批特色创业创新载体，皆为人才的集聚创建了有利条件。

优人才，人才产业共振。"自2013年成立以来，2014年销售额仅约300万元，2015年接近1200万元，2016年突破5000万元，2017年突破亿元大关，呈现了几何式增长，2018年计划突破3亿元，……"这是嘉兴高正新材料科技股份有限公司的成长轨迹，而其依靠的正是人才的驱动力。人才是十分重要的生产力，对于企业的转型升级和高质量发展有着不可估量的推动作用，不管是引进的高科技企业还是本土企业，对于科技人才都十分渴求。

摘编自《嘉兴日报》（2018年10月28日）

请思考：

人才如何引领产业发展？产业发展如何集聚人才？

模块一　人类社会产业发展历程

一、原始社会

原始社会是人类历史上出现的第一个社会形态，也是迄今为止存续时间最长的社会发展阶段。原始社会经济发展缓慢，生产力水平低下，劳动与人类的生存浑然一体，是一种自发状态。社会生产力进步的主要标志是使用石器工具，劳动的结合方式主要是简单协作，人们之间主要是按性别、年龄进行自然分工。由于只靠一个人的微薄力量无法与自然界进行斗争，因此，人们为谋取生活资源必须共同劳动，共同抵抗自然界的种种磨难，在劳动中形成平等互助的合作关系，生产资料共同占有，并且实行平均分配。

与生产资料公有制相适应，原始社会的社会组织经历了原始群、母系氏族组织、父系氏族组织等发展过程。原始社会的氏族组织是以血缘关系为基础形成的一种自然联盟，也是全体氏族成员进行民主管理的自治组织。在社会生产和管理活动中产生出来的氏族首领，一般情况下是氏族中德高望重的长者，他们与其他氏族成员一样参加劳动和分配劳动产品，没有任何特权，氏族首领的权威通常是来自他们自身的领袖气质和全体氏族成员的信任。

二、农耕社会

农耕社会的显著特点是社会成员靠农业耕作谋生，是自给自足的自然经济。在以农为本的地区之间，也会发生不同程度的交往，并且地区之间相互影响，因此，农耕社会也有手工业和商业。

在距今约一万年前，世界上开始出现农耕和畜牧的劳动。世界上先后出现了几个颇具特色的农耕中心。最早的农耕中心是西亚的美索不达米亚平原及周边区域，这里的居民最早发现并食用野生麦类，后来这一地区发展为种植小麦、大麦的农耕中心。随后是包括中国在内的东亚、东南亚地区，中国的黄河流域培育了小麦等农作物，从中国长江以南直到南亚、印度恒河一带，以栽培水稻为主。除此以外，墨西哥和秘鲁是种植玉米的中心。农耕中心形成以后，就缓慢地向易于农耕的区域逐步扩展。经过几千年后，就欧亚大陆而言，欧洲由地中海沿岸，西亚、中亚由安那托尼亚至伊朗、阿富汗，中国由黄河至长江，印度由狮泉河至恒河，都先后发展成为农耕和半农耕地带。其中，西亚和中亚居于亚欧大陆之间，形成了一个长弧形地带，史学界称之为农耕世界。

最初的农耕与畜牧不可分离。但与游牧民族相比，农耕地区生产力增长较快，这是由于农耕人口定居，产业发展相对稳定。食物生产得到保障之后，一部分劳动力从农耕生产中走出来，从事农耕以外的劳动。因此，农耕世界较快地产生了文明，较早地出现了阶级分化，同时也在更广阔的范围内建立起了有利于扩大再生产的社会经济秩序和政治秩序。

农耕经济对中国文化的发展具有非常重大的影响，使中国成为世界上最早的文明古国之一，同时也使中国形成了农业和家庭手工业相结合的自给自足的自然经济，并且在历史的长河中得以较长时间延续。

三、工业社会

工业社会是继农业社会之后出现的社会发展阶段。工业社会的发展可以分成两个大的阶段：前期以轻工业发展为主，后期则以重工业发展为主。总体上来说，工业社会具有以下明显的特征：科学技术高度发达，生产效率全面提高，以大机器为核心的专业化社会化大生产成为生产的主要方式，居于社会经济的主导地位，社会分工逐步精细。社会成员的流动性明显增强，个人发展的机会也越来越多，人的思想观念不断更新，竞争和创新意识加强，尊重知识、尊重人才、追求真理成为社会价值取向。以往的社会形态以血缘或地缘关系作为维系人们社会关系的主要纽带，而在工业社会里，业缘关系成为人们社会交往的重要基础。在政治体制方面，法治取代人治，社会的民主化程度逐步提高。城市化速度提高、城市规模逐步加大、城市人口增多，农业人口的比重逐步降低。从基础建设方面，通信方式和交通运输工具更加便捷、高效。

工业文明是以工业化、城市化、法治化与民主化为重要标志的一种现代社会文明状态，其主要特点表现为基础设施完备、教育普及、信息便捷等，这些特征也是推动传统农耕文明向工业文明转轨的重要因素。

与农耕社会相比，工业社会更加富有活力和创造性。工业社会下的规模化生产使社会商品数量和种类都更加丰富，但是对自然资源的消耗与污染也是不容忽视的问题。农业社会也曾有过发明和革新，但是其创新的数量、水平和影响远不及工业社会，工业社会的本质要求持续的创新和变化。

工业社会中，社会分工促进了社会生产率的提高，高度发达的生产率又促进了社会经济显著增长。创新促使社会分工处于不断的、有时甚至是迅速的变化过程中，从而为社会带来新的分工、新的产业。因此，工业社会出现了许许多多的新职业、新模式，创新的大环境下，人们可能无法终身固定在同一个工作岗位上，不管是主动的还是被动的，都必须时刻准备着从一种职业转换到另一种职业，或者从一种岗位转换到另一种岗位。因此，在一个成熟的工业社会中，劳动者须能在职业间自由流动，反之，如果在任何分工之间设置无法逾越的障碍，就会影响某个产业的发展，从而抑制整个经济的良性循环和健康发展。

模块二 1949—1977年产业发展与职业要求

1949年，中华人民共和国宣告成立，新中国成立后至改革开放前，农业在国民经济中占主导地位。教育系统培养了大批量工农人才，为国民经济恢复和发展做出了重要贡献。

一、产业发展特点

1949—1977年是我国国民经济恢复和工业化建设时期，产业布局由中华人民共和国成立初期的"一三二"①结构逐步转化成"二一三"结构，逐步形成了以工业为主导、农业为基础的国民经济体系（图2-1）。

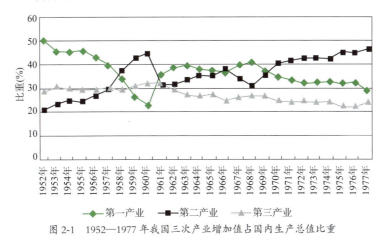

图2-1 1952—1977年我国三次产业增加值占国内生产总值比重

（数据来源：国家统计局公开资料）

专栏2-1

我国三次产业及行业

根据我国《国民经济行业分类》（GB/T 4754—2017），第一产业是指农、林、牧、渔业（不含农、林、牧、渔专业及辅助性活动）；第二产业是指采矿业（不含开采专业及辅助性活动），制造业（不含金属制品、机械和设备修理业），电力、热力、燃气及

---

① "一三二"是指第一产业、第三产业、第二产业，按照其在国民经济中的比重大小依次排列。以下类似表述与此同理。

水生产和供应业，建筑业；第三产业即服务业，是指除第一产业、第二产业以外的其他行业。第三产业包括：批发和零售业，交通运输、装卸搬运和仓储业和邮政业，住宿和餐饮业，信息传输、软件和信息技术服务业，金融业，房地产业，租赁和商务服务业，科学研究和技术服务业，水利、环境和公共设施管理业，居民服务、修理和其他服务业，教育，卫生和社会工作，文化、体育和娱乐业，公共管理、社会保障和社会组织，国际组织，以及农、林、牧、渔业中的农、林、牧、渔专业及辅助性活动，开采专业及辅助性活动，制造业中的金属制品、机械和设备修理业。

从就业人员在三大产业中的占比来看，中华人民共和国成立之初，以农业为生的人口占绝大多数比重，1952年，第一产业就业人员占比高达83.5%。随着现代工业基础逐步建立，三次产业内部出现劳动力由农业向工业转换的趋势（图2-2）。

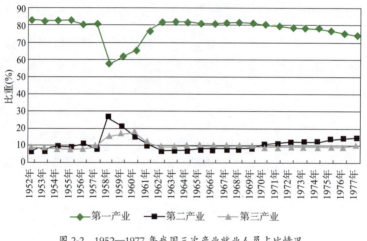

图2-2　1952—1977年我国三次产业就业人员占比情况

（数据来源：国家统计局公开资料）

二、职业要求

中华人民共和国成立之初的20多年是依托农业、奋力发展工业的时期，面对工业化基础极其薄弱、工农业生产人才短缺、劳动意识淡化的现实，如何为社会提供数量充足、拥有正确劳动价值观和工农业生产技能的劳动者成为这一时期的紧要问题。

（一）职业道德要求

爱劳动是国民公德，在新的历史时期，国民树立正确的劳动态度十分重要，国民要以劳动作为一种道德或一种权利，把劳动视为无上的光荣，只有把劳动的道德、权利、义务三者结合起来，才能巩固劳动纪律①。为此，国家出台了一系列政策文件，对于引导公民

---

① 徐特立.论国民公德[J]//何东昌.中华人民共和国重要教育文献（1949—1997年）.海口：海南出版社，1998：37.

形成正确的劳动观、树立当时社会的劳动风气起到重要作用。

由于历史原因，中华人民共和国成立初期，很多人的头脑中还存在着"劳心者治人，劳力者治于人"的思想，与此同时，1949—1977年这一时期的工农业建设任务异常艰巨，需要全国人民齐心协力地劳动和工作。因此，引导全社会树立正确的劳动观念，强化劳动态度和劳动纪律教育，及时纠正轻视劳动的思想痼疾是大势所趋。引导社会成员树立正确的劳动价值观，提升劳动能力，关乎国家的建设发展，特别是在百废待兴、急需大量工农业生产领域的劳动者和技术人才之时，劳动价值观的培养异常关键。

案例 2-1

共和国的脊梁——铁人王进喜

王进喜是中华人民共和国成立后第一代石油工人，全国著名的劳动模范。

1959年，他作为石油战线的劳模到北京参加群英会，看到汽车顶上有个大气包，他问别人："上边装那家伙干什么？"人家说是没有汽油，烧的煤气。这话像锥子一样把他刺得生疼。"真急人呀！我们这么大国家没有石油烧还了得！我一个石油工人，眼看没有油，让国家作这么大难，还有脸问？"王进喜后来说："北京汽车上的煤气包，把我压醒了，我真真切切地感到国家的压力、民族的压力，呼地一下子都落到了自己肩上。"

1960年初，王进喜率1205钻井队从玉门到大庆参加石油会战。钻机到了，吊车不够用，几十吨的设备怎么从车上卸下来？王进喜说："咱们一刻也不能等，就是人拉肩扛也要把钻机运到井场。有条件要上，没有条件创造条件也要上。"

他们用滚杠加撬杠，靠双手和肩膀，奋战三天三夜，38米高、22吨重的井架迎着寒风矗立荒原。这就是会战史上著名的"人拉肩扛运钻机"。

要开钻了，可水管还没有接通。王进喜振臂一呼，带领工人到附近的水泡子里破冰取水，硬是用脸盆、水桶，一盆盆、一桶桶地往井场端了50吨水。经过艰苦奋战，仅用5天零4小时就钻完了大庆油田的第一口生产井。

王进喜说过，"宁肯少活二十年，拼命也要拿下大油田。"

1960年5月，打会战第二口井时，王进喜被砸伤的腿肿得很厉害，他两次从医院跑回井队，拄着拐坚持工作。

一天，突然出现井喷，当时没有压井用的重晶粉，王进喜当即决定用水泥代替。成袋的水泥倒入泥浆池搅拌不开，王进喜就甩掉拐杖，大喊一声"跳"，便跃进齐腰深的泥浆池中，戴祝文、丁国堂等七八个人也跟着跳了进去。奋战了3个多小时，终于制服了井喷。王进喜累得起不来了。房东赵大娘心疼地说："王队长，你可真是铁人啊！""铁人"的名字就是这样传开的。

有一次打试验井，王进喜废寝忘食连轴转，刚端起饭碗便靠在钻杆边打起盹来。大家劝他多保重身体，他却说："我早就豁出去了，只要上午拿下个大油田，哪怕下午倒在钻台上也痛快，也值得！"

1963年，我国向全世界庄严宣告：中国石油基本自给。以铁人为首的创业者们奋战3年，高速度、高水平地拿下了我国的头号大油田。

至1966年，铁人指挥他的钻井队突破年进尺10万米大关，攀上了当时世界钻井的峰巅，再一次为中华民族争了光。

铁人精神鼓舞和激励了一代又一代人。现任1205队队长盛文革说，虽然45名队员谁也没见过铁人，但铁人精神一直是支撑这个队的灵魂。现在1205队已经采用了液、汽、电一体化的国产先进钻井设备，司钻坐在操作室里转动手柄，操作钻井，安全系数和工作效率大大提高。盛文革认为，在新时期继承和学习铁人精神应该增加新的内涵，那就是用铁人精神去掌握先进技术和科学的管理方法，提高社会效益和经济效益。1205队，仍是我国石油战线一面永不褪色的红旗。

摘编自《人民日报》（1999年8月29日）

（二）职业技能要求

为了与经济发展战略和产业结构布局相适应，1949—1977年这一时期需要大量工农业生产领域的劳动者。

1950年，我国明确提出教育要为工农服务、为生产建设服务，一方面学生需要熟练掌握生产科学常识，同时还要通过技术教育学习掌握生产基本技能，中小学生要学会使用生产中的简单工具，大学生要做到将理论学习与生产实际相结合。结合当下生产建设和长期计划的要求，有计划有步骤地在高校组织长短期培训，对接生产建设所需人才①。

1954年9月，周恩来总理在第一届全国人民代表大会第一次会议上的政府工作报告中指出，高等教育的专业设置和课程建设应该服务于产业发展；鉴于大多数中小学毕业生在工农业领域就业，掌握劳动技能对产业发展也意义重大。

（三）职业知识要求

基于三次产业对于就业人员的需求，特别是农业技术人员和工业技术人员的需求量特别大，这一时期我国在全日制中学设置了"生产知识"课，在全日制小学设置了"生产常识"课，以便通过中小学教育提高农村学生文化水平，培养技术后备力量，并满足大多数

---

① 钱俊瑞. 当前教育建设的方针 [J]// 何东昌. 中华人民共和国重要教育文献（1949—1997年）. 海口：海南出版社，1998:24.

中小学生毕业后到社会主义农业建设和工业建设中就业的需求。

职业知识来自课本，也来自实践。社会需要有实践能力的劳动者，为满足这一人才需求，学校充分结合学生的年龄特点，采取丰富多样的形式开展课外活动。例如，当时北京市组织大中学生暑假参加苏联展览馆挖湖工程的义务劳动，实践证明，适当组织学生参加义务劳动不仅有助于国家建设，对学生也是一次生动的劳动教育，可以提高同学的思想觉悟[①]。同时，中小学生开展义务植树活动，可以使少年儿童学会使用简单工具，应用已经学得的知识，在劳动实践中获得初步的种植技术，巩固和拓展课堂知识，培养热爱劳动的习惯和对园艺的兴趣[②]。

模块三　1978—2011年产业发展与职业要求

1978年，党的十一届三中全会召开，在改革开放的进程中，产业发展进入新的阶段，产业工人队伍逐渐壮大。

一、产业发展特点

1978—2011年，我国产业结构由"二一三"转化成"二三一"，第二产业内部结构进一步完善，工业门类更加健全，现代工业体系逐步建立起来。伴随着现代服务业的发展，第三产业占比进入持续增长阶段（图2-3）。我国逐步形成以农业为基础、高新技术产业为先导、基础工业和制造业为支撑、服务业全面发展的产业格局。

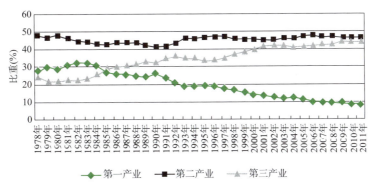

图2-3　1978—2011年我国三次产业增加值占国内生产总值比重

（数据来源：国家统计局公开资料）

---

① 青年团北京市委组织大中学生参加义务劳动的报告[R]// 何东昌.中华人民共和国重要教育文献（1949—1997年）.海口：海南出版社，1998:37.
② 教育部 青年团中央关于在全国中、小学生中开展种植活动的通知[Z]// 何东昌.中华人民共和国重要教育文献（1949—1997年）.海口：海南出版社，1998:445.

在此期间，我国就业人员在三次产业中的分布情况发生很大变化。1978年第一产业就业人员占比高达70.5%。2011年，第一产业就业人员占比降至34.8%（图2-4）。1994年，第三产业吸纳的就业人员首次超过第二产业，2011年，超过了第一产业，服务业成为就业人员占比最高的产业。

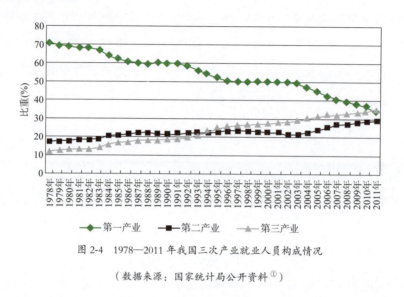

图2-4　1978—2011年我国三次产业就业人员构成情况

（数据来源：国家统计局公开资料①）

二、职业要求

在1978—2011年期间，我国三大产业快速发展，劳动者整体素质逐渐提升。

（一）职业素养与技能要求

职业素养和技能的培养从中小学阶段就要打下坚实的基础。对于小学生来说，可以通过各科教学、常规训练、班队活动、课外活动和家庭教育等多种途径培养其爱劳动的好习惯。劳动技术教育是中学教育不可缺少的组成部分，目的在于培养学生的劳动观点、劳动习惯和热爱劳动人民的思想感情，养成遵守纪律、关心集体、珍惜劳动成果的优良品质，学生需要初步掌握一些生产劳动技能和通用的职业技能。

由于这一时期工业在国民经济中居于主导地位，高等学校学生参加的生产劳动主要是工业劳动，此外还有农业劳动和公益劳动。针对工科和农科的学生，学校与校外工矿企业、农场、农村组成教学科研生产联合体，建立校外实践和劳动基地的方式，组织学生参加生产劳动；针对文科学生，学校加强与工厂和公社的联系，组织学校参加生产劳动。所有高校学生都需要参加以市政建设、校园建设、植树造林为主要内容的公益劳动，把学生参加劳动和革命传统教育结合起来。

---

① 全国就业人员数据依据：1990—2000年的数据根据劳动力调查、人口普查推算，2001年及以后的数据根据第六次人口普查数据重新修订。

（二）职业知识要求

与产业发展政策相适应，我国加强培养具有高度科学文化水平的劳动者，努力造就宏大的又红又专的工人阶级知识分子队伍。教育工作的任务是进一步提高劳动者素质，培养大批有用人才，建立适应社会主义市场经济体制和政治、科技体制需要的教育体制，更好地为社会主义现代化建设服务。在培养社会主义建设所需要的合格人才方面，我国强调教育必须与生产劳动相结合，重视新的社会条件对劳动者的职业知识的新要求，在升学与就业的引导下，学生全面学习通用知识和与职业相关的专业知识。学校在教育方法上不断改革创新，各级各类学校对学生参加什么样的劳动、花多少时间、怎样同教学密切结合，都要有恰当的安排。

案例 2-2

王选：引领汉字印刷术的第二次革命

王选，这位从江苏无锡和南洋模范学校一路走到北大的学人，为汉字印刷术做出了巨大贡献。

1974年8月，经周总理批准，我国开始了被命名为"748工程"的科研项目，工程分三个子项目：汉字通信、汉字情报检索和汉字精密照排。王选对汉字精密照排最感兴趣。他决定用自己的智慧和心血熔化铅字，给活字印刷术来一场脱胎换骨的革命。在他的带领下，汉字印刷技术不断取得新的突破。汉字激光照排系统获国内外十几项大奖，取得了重大的经济和社会效益，为新闻、出版全过程的计算机化奠定了基础，被誉为"汉字印刷术的第二次革命"，引发了我国报业和印刷出版业"告别铅与火，迈入光与电"的技术革命，彻底改造了我国沿用上百年的铅字印刷技术。

王选1986年获第14届日内瓦国际发明展金奖；1987年获国家科技进步一等奖，首届毕升奖；1990年获陈嘉庚奖；1991年获国家重大技术装备研制特等奖；1995年获国家科技进步一等奖，联合国教科文组织科学奖，何梁何利基金奖；1996年获王丹萍科学奖；1997年获台湾潘文渊文教基金奖；1999年获香港蒋氏科技成就奖；2002年获2001年度国家最高科学技术奖。1993年、1995年及1999年、2000年还分别被授予全国劳动模范、全国先进工作者及首都楷模、首都精神文明建设奖等光荣称号。

王选曾经反复告诫学生：科研人员不能为得奖而工作，要把为国民经济和科学事业作出实际贡献当作奋斗目标；有才华的青年科技工作者不要把做官当成一种奋斗目标，甚至也不要把当院士作为奋斗目标，如果老想着当院士，就不可能全心全意做好事业；"打麻将"是孤军作战，看住上家，防住下家，自己和不了，也不让别人和，这种做派不好，

> 不能团结合作，听不进不同意见的人不易做出大成绩，能接受别人正确意见的人才是真正的强者；要有很强的市场意识，善于从市场和用户中吸取灵感，并善于预见未来的市场；一旦发现某个方向对社会有重要价值时，应有"人生能有几回搏"的精神，献身科学的人就没有权利再过普通人的生活，必然会失掉一些"常人能享受的乐趣"，但也会得到不少"常人不能得到的乐趣"。
>
> 有人说，在中华文明的历史上，我们不应忘记这些人：仓颉创造了汉字，让文明可以沉淀下来；毕升发明了活字印刷，让文明传播到世界的每一个角落；王选把汉字带进了信息时代，让中华汉字文化源远流长。
>
> 摘编自《光明日报》（2006年2月15日）

（三）社会实践能力要求

社会实践能力的培养着眼于使劳动者未来在各行各业的工作岗位上将理论应用于实践、指导实践，真正实现劳动创造价值。

1995年，我国颁布《中华人民共和国教育法》，明确了教育要同社会实践相结合。1999年颁发的《中共中央 国务院关于深化教育改革 全面推进素质教育的决定》中增加了"艰苦奋斗的精神"和"热爱劳动的习惯"等有关劳动教育的内容，提出"学校教育不仅要抓智育，更要重视德育，要加强体育、美育、劳动技术教育和社会实践，使诸方面教育相互渗透、协调发展，促进学生的全面和健康成长"，强调社会实践活动是提升劳动者技能的方式之一，同时也明确了在社会实践活动中对未来劳动者进行教育的重要意义。学生参与社会实践的方式有所不同，但目的都是提高学生对未来就业岗位的适应性。例如，高校大学生要选择专业对口的行业单位进行实习，体验不同行业劳动方式与劳动技能。

模块四　2012年以来产业发展与职业要求

2012年，党的十八大召开，我国进入新的发展阶段。在新时代，服务业在国民经济的比重超过第二产业，并不断上升，成为国民经济的主导产业。服务业人才也成为教育的培养重点，服务业发展对专业化人才的培养提出了多重要求。

一、产业发展特点

2012年，我国三次产业增加值占比依次为9.1%、45.4%、45.5%，第三产业迅猛发展，占国内生产总值比重首次超过第二产业，成为拉动国民经济的第一推动力。到 2020 年，服务业在国民经济中已经稳居主导地位（图 2-5）。

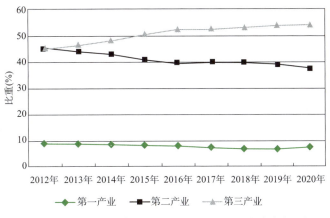

图 2-5　2012—2020 年我国三次产业增加值占国内生产总值比重

（数据来源：国家统计局公开资料）

2012—2019 年，我国就业人员在三次产业中的分布情况发生显著变化。2012 年，我国第一、第二和第三产业就业人员占比分别为 33.6%、30.3% 和 36.1%。2019 年，第三产业就业人员占比达 47.4%，第三产业成为吸纳就业人员的主要产业（图 2-6）。

图 2-6　2012—2019 年我国三次产业就业人员构成情况

（数据来源：国家统计局公开资料）

二、职业要求

（一）正确的劳动价值观

新时代产业结构以现代服务业为主导，信息技术的快速发展推动三次产业的升级改造，新业态、新模式的出现使劳动形态发生显著变化。技术发展和产业变革对新时代劳动者提出新的要求，教育也更加面向创新型社会所需人才的培养。

2018年9月，全国教育大会在京召开，习近平总书记提出要"培养德智体美劳全面发展的社会主义建设者和接班人"。2020年3月，中共中央、国务院发布《关于全面加强新时代大中小学劳动教育的意见》，指出"劳动教育是中国特色社会主义教育制度的重要内容，直接决定社会主义建设者和接班人的劳动精神面貌、劳动价值取向和劳动技能水平""坚持立德树人，坚持培育和践行社会主义核心价值观，把劳动教育纳入人才培养全过程"。

社会需要全面发展的人，一个全面发展的人不仅需要掌握劳动技能、具备劳动素养，还应该树立起牢固的社会主义核心价值观，形成正确的世界观、人生观。教育领域立足培养社会主义建设者和接班人的根本宗旨，以培养有担当精神和创新能力的未来劳动者为目标，培养学生树立正确的劳动观。劳动者要紧密结合经济社会发展变化，从我国当前产业发展的现状出发，深入理解劳动形态的多样性和复杂性，以正确的价值观引领学习和工作。

案例 2-3

在服务业人才培养中融入劳动价值观教育

随着服务业在国民经济中的比重不断提高，服务业对专业化人才的需求不断增加（图2-7）。高等教育承担着为社会培养专业化人才的重要使命，在新的时代背景下，需要为服务业培养更多更优秀的专业化人才。服务业人才不仅要具备基本的道德水平和专业知识，还需要具备专业的服务技能和职业素质，更需要具备良好的服务意识和服务精神，这些都要通过高校的综合育人体系来实现。

图 2-7 服务业对专业人才需求增加

酒店属于服务业，服务是酒店的无形产品，服务也是酒店从业者的主要劳动内容。

酒店业人才培养中，关于服务意识、服务技能和服务精神的培养是必不可少的，与其相关的劳动教育是本专业的一大特点。2012年以来，中国劳动关系学院酒店管理专业立足于劳动思想教育、劳动技能培育和劳动实践锻炼三方面，将劳动教育融入人才培养的全过程。劳动思想教育包括所有教师全过程劳育、专业理论课程劳育、酒店参观交流、实践导师和劳模讲堂。劳动技能培育包括专业实训课程、酒店实训中心仿真运营、专业竞赛和教学成果展示会。劳动实践锻炼包括体验式教学、工学结合和毕业实习、公益劳动和志愿服务、创新创业项目。

一项针对本专业毕业生的抽样调查显示，每年有将近一半的学生毕业后在酒店业工作，1/4的学生从事除酒店外的大住宿业、餐饮业或旅游业；毕业后三年内从事大住宿业、餐饮业或旅游业的学生超过一半，在一线城市从事以上行业的学生最多，二三线城市次之。毕业后升职的学生中，大多是三年内晋升为部门主管，五年内晋升为部门副经理，也有一些学生经过十年左右的时间，晋升为单体酒店的高管或酒店集团的高管。以上育人结果表明，劳动思想教育、劳动技能培育和劳动实践锻炼的综合劳育体系具有成效，成为人才培养质量的支撑和保障。

摘编自《劳动教育评论》（2020年3期）

（二）对知识型人才的要求

劳动知识、劳动信息和劳动技术在经济发展中具有不可替代的重要作用。随着信息化、数字化与产业发展的深度融合，以及现代服务业的快速发展，新时代劳动者首先需要成为知识型人才。

知识型劳动不同于简单的重复型体力劳动，也不等同于一般的脑力劳动，知识型劳动需要劳动者将脑力劳动和体力劳动有机结合。2015年，国务院印发《中国制造2025》，提出政府要加大落后产能淘汰力度，推动传统产业升级改造，加大科研投入力度，突破工业机器人、新能源汽车、现代农业装备等领域发展瓶颈，培育战略性新兴产业。传统产业的升级改造和新兴产业的快速发展颠覆了传统意义上的劳动形态，信息化和数字化成为劳动过程的基本特征，掌握和运用信息技术成为劳动者的必备技能。劳动者拥有越多的生产劳动知识和技能，就越有机会参与到社会生产中，反之就将被社会生产所淘汰。知识、信息和技术作为生产要素在产业发展中的作用愈加突显，产业发展对劳动者的知识和技能要求越来越高。

（三）对创新型人才的要求

在人类历史的发展过程中，劳动者总是不断突破固有的思维方式、摈弃落后的物质生产方式，在一次又一次的社会进步中推动历史向前发展。新技术、新业态、新模式的出现丰富了创造性劳动内涵，也对劳动者提出了更高的要求，当今社会对创新型人才的需求比以往任何时期都更为迫切。

当前，实施"互联网+"战略是我国产业结构调整的重要途径，大数据、人工智能与实体经济深度融合。电子商务也呈现出创造性劳动的新特点，社交电商和内容电商的出现丰富了电子商务的发展模式，跨境电商、中小城市和农村电商的快速发展扩大了电子商务市场规模。国家统计局数据显示，2018年，我国电子商务交易额达到31.6万亿元，同比增长8.5%，电子商务相关就业人员达到4700万人。传统零售业借助互联网激发出强大的市场消费潜力，2018年，网上零售额超过9万亿元，同比增长23.9%。物流行业借助互联网技术实现智慧物流，大大降低了运营成本，提高了运营效率。此外，互联网还助推了制造业和农业的发展。

在制造业领域，互联网的深度融合使原材料供应商、生产制造商与消费者之间信息沟通渠道更加顺畅，以消费者需求为导向的生产模式使产销成本得以控制。

在农业生产领域，云计算、物联网技术的应用实现了农业生产各个环节的精准管理、远程控制、产销对接等，推动了智慧农业的快速发展。

创造型劳动正在各行各业中发挥出前所未有的作用，未来互联网还将渗透到更多更广阔的领域，更多的产业创新模式也将出现，激发出更多的创造型劳动形态，带动产业经济领域的深度变革，对未来劳动者的创新性要求会越来越高。

（四）对复合型人才的要求

新时代以来，三次产业相互融合的趋势愈加明显。现代农业的发展促进了农业产业链的延伸，多元化农村产业主体的融合推动了城镇化发展，传统的农业生产者在从事农业劳作的同时，还参与到加工生产和销售环节的收益分配中。与此同时，制造业、服务业以及互联网行业的界限也在逐步淡化，制造业企业不仅面临着传统市场上的竞争者，还需要应对更加复杂的新竞争者，例如，一些互联网企业采取多元化经营策略进入到制造行业中，或者依靠其强大的互联网基础优势进入服务领域；而传统的制造商和服务供应商也会投资信息化产品，向"智能服务"领域迈进。

新商业模式的出现使行业之间的界限越来越模糊，这会成为一种经济新常态，不同行业领域通过创新的方式相互影响，使劳动形态更加复杂化、多元化。因此，社会对劳动者素质的要求也具有复合型特点，就业人员需要从具备单一产业劳动素质向具有复合型劳动素质逐渐转换，要想胜任一个岗位，往往需要多学科、多领域的知识，这就要求劳动者能用开放的态度和终身学习的理念不断提升自己的职业能力。

互动交流

1. 阐述产业发展的历史过程。
2. 在1949—1977年期间，我国为什么倡导爱劳动的国民公德？
3. 1978—2011年期间的职业人才要求有哪些？
4. 为什么新时代对知识型人才的需求更为迫切？

案例任务

重点产业紧缺人才需求目录出炉，哪些人才最吃香？

2020年5月28日，南京市人社局发布2020年度重点产业紧缺人才需求目录，六成以上企业仍要招人，最缺计算机科学与技术、机械设计制造等专业技术类人才。市人才服务中心相关负责人介绍，与2019年紧缺人才目录相比，今年调研范围从1200家企业增加到4422家企业，首次对2942名人才进行了调研，并与第三方平台猎聘的全年人才需求大数据进行了比对，更能如实反映南京市重点产业的人才需求趋势。

1. 六成以上企业需要招人

调查对人才需求趋势进行了分析。结果显示，65.0%的企业表示未来一年将增加员工人数，16.2%的企业表示人才非常紧缺，32.0%的企业表示人才比较紧缺。在出现人才紧缺的企业中，44.0%的企业缺少专业技术类人才，23.1%的企业缺少经营管理类人才，16.4%的企业缺少技能操作类人才。

2. 软件信息和金融科技服务行业最缺人

调查显示，随着南京创新名城建设的推进，整体上人才紧缺程度呈上升趋势。软件和信息服务产业、金融和科技服务产业的人才紧缺程度位居前列，其中，软件和信息服务产业的互联网用户基数极大，产业本身迅速更新迭代，银行业竞争激烈，引进人才的难度较大，而金融和科技服务产业需求经验丰富、专业水平高的人才，企业在人才引进时也比较困难。

互联网、大数据和人工智能等新兴产业快速发展，催生出一批新服务、新模式、新业态，相关产业具有较大的人才吸纳空间。

在样本企业的需求专业中，排名前五的是计算机科学与技术、机械设计制造及其自动化、电子信息工程、电气工程及其自动化、工商管理。总体而言，企业偏向于招聘具有理工科类专业背景和商科类专业背景的人才，反映出了科技迅速发展和经济社会商业繁荣。

3. 超七成企业期待更加完善的人才政策支持

南京市委"一号文件"连续三年聚焦"创新名城",诸多人才政策的落地,提升了南京的城市吸引力,非常有利于企业引才、留才。

调查显示,在政策满意度方面,超过70%的企业对政府政策表示满意;接受调研的个人对于人才引进、人才培养、人才评价、人才激励、人才服务、人才保障等相关政策比较满意,不过仍有进一步提升空间。比如,有人才希望政策覆盖的人群范围扩大,并且能够落实到位、简化申报政策的手续及流程。

摘编自《南京日报》(2020年5月28日)

请分析:

南京市重点产业人才需求趋势反映出新时代人才需求的哪些特点?

第三讲

劳动精神与职业发展

本讲概要

劳动精神表现为"崇尚劳动、热爱劳动、辛勤劳动、诚实劳动",既包含对劳动的理解和态度,也包括个体在职业生涯中体现出的种种心理素质和精神追求。本讲首先讲述人生幸福、职业与劳动精神三者之间的关系,并指出新时代、新社会形态下需要哪些新的劳动精神。劳动精神是要落实在职业生涯中的,本讲以职业发展为线索,分析了执行性、管理性、决策性工作及相对独立的职业需要哪些相应的劳动精神。一个人活在社会中,他的底气、动力和能力都与劳动精神有关。作为一名新时代中国特色社会主义劳动者,劳动精神在很大程度上决定着我们的职业和幸福。

学习目标

1. 想象你未来的幸福生活画面,思考实现的条件和路径。
2. 对照自己的已有职业观念,理解劳动精神的内涵。
3. 为自己写一份职业生涯规划,列出不同阶段所需的劳动精神。

内容导图

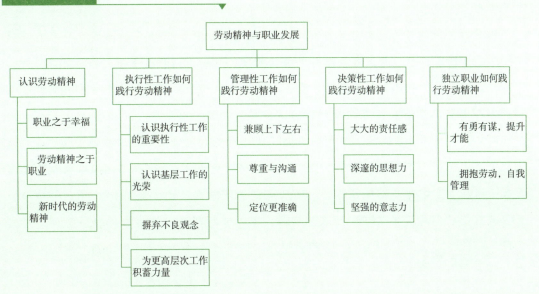

> **导入案例**

地铁检修中的劳动精神

尹星是青岛地铁集团有限公司运营分公司运营二中心车辆部一名工程车检修工,荣获"2020年全国劳动模范"称号。

尹星虽年近不惑,但学业务理论钻劲十足;言语不多,但在疑难故障面前眼睛发亮。多年来,他主导实施技术创新项目20多项,获得国家实用新型专利10项;发表技术论文35篇。为实现"科技保安全"目标,他主导完成的科技创新项目《运行监控系统在青岛地铁工程车的应用研究》在深圳地铁全线网内47辆车上得到了广泛应用,推广应用效益1070万元,实现了将"机器人+机器视觉+信息化"手段融入轨道交通列车检修作业中,是国内外首次在城市轨道交通车辆日常检修领域应用人工智能机器人技术的项目,每年可节省人工成本3000万元以上。

在这背后,是尹星多年来扎根一线、大胆实践、心无旁骛致力轨道技术研究的成果。他19岁技校毕业后,在工程车检修工作岗位上一干就是26年,参与完成的科技创新项目,填补了国内城市轨道交通行业轨道车安全防护设备的空白,他用脚步丈量轨道,用双手为青岛地铁安全运行保驾护航。他力求每一件事情都做到最完美,在每一次检修作业当中,他总是把螺丝拧到最好,不会放过任何一个细节。根据安全运行的要求,工程车每月都进行检修,一台车检修下来,需要三四个人通力合作3天。而每次检修完毕,尹星必须要对整车1000多个螺丝再检查一遍。对尹星而言,干一行、爱一行、精一行是技术工人的职业准则,他从一名普通检修工成长为地铁技工行业中的佼佼者,他在坚持自己梦想的道路上不断前进。

尹星的付出和努力得到了人们的认可,他先后荣获山东省劳动模范、齐鲁首席技师、山东省创新能手、山东省富民兴鲁劳动奖章、青岛市创新能手、青岛市首席技师、青岛大工匠、青岛地铁集团优秀共产党员等称号。他充分发挥高技能人才引领作用,组织开展各类劳动竞赛和技术比武活动5次,技能培训200余次,3000多人次受训,授课培训时间达到500多课时。多年来,他带领培养多人成为技师和工程师,其中1人既具有钳工技师职业资格又具有电工技师职业资格,成为"双师人才",1人荣获青岛市首席技师和青岛市劳动模范等称号,团队成员共获得市级荣誉奖励10余项,为城市轨道交通事业的发展提供了坚实的人才保障,为青岛地铁的"畅达幸福"服务品牌增光添彩。

摘编自青岛新闻网(2020年11月25日)

请思考：

1. 尹星在多年的工作中，哪些行为体现了劳动精神？
2. 劳动精神对尹星的日常工作有哪些促进作用？

模块一　认识劳动精神

一、职业之于幸福

（一）幸福与职业有关

哈佛大学泰勒·本·沙哈尔教授关于幸福的公开课一度在我国引起巨大的关注。课堂上，教授博古通今，从各种观点、各个角度去介绍、讨论人类对于幸福的理解。哈佛大学也做过一项关于幸福的长期的实证研究，研究表明：幸福确实是跟人与人之间的关系有关，包括亲密的亲子关系、男女关系，也包括友谊、个体与社会的关系，甚至个体与天地宇宙的关系。而所有的这些关系，都离不开一个现实的东西来建立与体现——职业！

（二）职业的过程与职业的结果

从职业的过程来看，职业的过程或劳动的过程本身就是幸福的另一个名字。《十日谈》作者薄伽丘说过："经过费力才得到的东西，要比不费力就得到的东西更能令人喜爱。一目了然的真理不费力就可以懂，懂了也只是感到暂时的愉快，但是很快就被遗忘了。"英国思想家大卫·休谟说过："正是劳动本身构成了你追求的幸福的主要因素，任何不是靠辛勤努力而获得的享受，很快就会变得枯燥无聊，索然无味。"通过劳动过程获得的结果，我们才能欣然领受并由衷欢喜，反之，"十指不沾泥，鳞鳞居大厦"式的不劳而获，是不会有多少深度的快乐可言的，富二代、官二代中拼命进取的有的是，而对于那些只想不劳而获的同学，罗曼·罗兰有一句名言："生活中最沉重的负担，不是工作，而是无聊。"另外，每个职业过程本身就是帮助我们拓展认知、升华生命的过程，比如演员的工作，天然就可能去认识到很多人、去到很多地方，这就是一种天然的学习、历练；再比如学者的工作，天然就会带领人去见识到人类思想的神妙深邃；再比如从政或从商，都会让我们见识到人性或瑰丽、或疯狂、或波澜壮阔、或执着痴迷的风景，人生况味自在其中。不同的职业带来人不同的成长和阅历，所以说，拥抱职业就是拥抱幸福。

从职业的结果来看，职业可以带给我们生存所需的生活资料、名誉、影响力，也可以带来安全感、社会归属感、价值感和自我实现。总之，人性不同层次的需要，基本都要靠职业来满足，即便是爱情之类的人际交往，很多时代也经常受职业的影响，这是因为，首先，你的朋友圈跟职业密切相关，其次，你从事某个职业就会相应具备这一职业的一些思维方式、气质、习惯等，再者，你的职业节奏会规定你时间使用方式的可能性，你遇到的人、事、物都是以职业为轴、为原点展开，并逐步演化，这是无可避讳的事实。

职业与人生意义、人生幸福直接相关，而职业或工作的本质就是劳动。判断一个人的成功、地位、贡献，都与其劳动的量和质直接相关，一个人付出的劳动越多，价值越大，就越容易得到社会的认可，人生就越有意义。

（三）个体的职业与群体的职业

个体的职业与群体的职业密不可分，也与全社会劳动者的职业密不可分。

从个体来讲，正如恩格斯所言："生产劳动给每一个人提供全面发展和表现自己全部（即体力的和脑力的）能力的机会，这样，劳动就不再是奴役人的手段，而成了解放人的手段，因此，劳动就从一种负担变成一种快乐[①]。"每个人尽可能按照自己的自由意志去劳动并能因此获得生存的丰足、生活的丰富、生命的升华，那就是最美好不过的事情。

一些人的劳动没有与自己的天分或人生的使命结合起来，所以，多多少少是错位的、不够幸福的，但反过来讲，个体对于自我认识得越充分，对人生意义的信念越清晰、正向，他就越可能在职业道路上走出自己的风采，也越容易获得很多人都无法体验到的深度幸福。正如马克思在他中学毕业论文《青年在选择职业时的考虑》中所写："如果我们选择了最能为人类福利而劳动的职业，那么，重担就不能把我们压倒，因为这是为大家作出的牺牲；那时我们所感到的就不是可怜的、有限的、自私的乐趣，我们的幸福将属于千百万人，我们的事业将默默地、但是永恒发挥作用地存在下去，面对我们的骨灰，高尚的人们将洒下热泪。"你有没有被激励到呢？

从群体来讲，劳动就是人类有意识地、自觉地改变环境和世界的活动，是人类社会赖以生存和发展的前提，劳动不仅创造了世界，创造了历史，创造了人本身，还是改变世界的根本力量。随着社会发展，分工越来越多元和精细，很多新职业是我们以前根本无法想象的，比如剥虾师、地铁助推员、球鞋鉴定师等，这说明群体的劳动让我们的生活变得丰富多彩了，也催生了新的需求和供给。

[①] 恩格斯. 反杜林论[M]. 北京：人民出版社，2018：317.

专栏 3-1

职业选择与幸福工作

职业选择就是选择自己想要做的事情并坚持下去（图 3-1）；坚持自己的兴趣，有一些东西并不是马上可以立竿见影，而要看到它未来的价值；不要让他人的观点所发出的噪音淹没你内心的声音，最为重要的是，要有遵从你的内心和直觉的勇气。

图 3-1　真正让科比成功的原因，并非他的天赋，而是他的坚持

费恩海姆和阿盖尔合著的《金钱心理学》中谈到金钱和幸福的关系，"许多学者对金钱与幸福的关系进行了研究，无一例外地指出两者的相关性约为 0.25。"金钱不是职业当中最重要的收获，也是这一生中最不重要的东西。同时，职场中真正稳定的并不是被人们追捧的公务员、事业单位或是学校老师等稳定工作，而是你所具备的核心能力。

生活的重要目的是获得幸福。其实幸福就是"感受你当前的快乐，同时对未来又有很好的展望和憧憬"。幸福模式中有一个"汉堡模型"，是以现在利益和未来利益为坐标分为四个象限，即忙碌奔波型、享乐主义型、虚无主义型、幸福型。幸福汉堡型的人既抓住了当前利益，同时也能展望到未来希望，活在现在和未来完美的结合点上。然而连接现在和未来最好的东西就是"职业"。

职场人士在选择职业时至少要把握三个原则，选择能够激发自身的才华和潜力的职业，选择能够获得更大空间、扮演更重要角色的职业，选择认为自己的业绩是有意义的职业。要把握人生发展和职业发展的各个阶段，抓住各阶段的关键词，走出职业选择的安全主义模式和完美主义模式，学会运用"MPS"即意义（Meaning）、快乐（Pleasure）、优势（Strengths）帮助自己正确定位。

摘编自凤凰网（2012 年 2 月 19 日）

二、劳动精神之于职业

今天的中国处在世界历史、国家历史交变的大关口，一方面，传统文化的复兴正在以前所未有的广度和深度进行，另一方面，习近平新时代中国特色社会主义思想的旗帜在历史进程中让全国人民信心满怀。从整个世界观察，人类社会已进入高科技绑定的、一荣俱荣一损俱损的人类命运共同体状态。

2013年4月28日，习近平总书记同全国劳模代表座谈并发表重要讲话："必须牢固树立劳动最光荣、劳动最崇高、劳动最伟大、劳动最美丽的观念，让全体人民进一步焕发劳动热情、释放创造潜能，通过劳动创造更加美好的生活。"2015年4月28日，习近平总书记在庆祝"五一"国际劳动节暨表彰全国劳动模范和先进工作者大会上讲："我们的根扎在劳动人民之中。在我们社会主义国家，一切劳动，无论是体力劳动还是脑力劳动，都值得尊重和鼓励；一切创造，无论是个人创造还是集体创造，也都值得尊重和鼓励。全社会都要贯彻尊重劳动、尊重知识、尊重人才、尊重创造的重大方针，全社会都要以辛勤劳动为荣、以好逸恶劳为耻，任何时候任何人都不能看不起普通劳动者，都不能贪图不劳而获的生活。""一切劳动者，只要肯学肯干肯钻研，练就一身真本领，掌握一手好技术，就能立足岗位成长成才，就都能在劳动中发现广阔的天地，在劳动中体现价值、展现风采、感受快乐。" 2016年4月26日，习近平总书记在知识分子、劳动模范、青年代表座谈会上讲："人类是劳动创造的，社会是劳动创造的。劳动没有高低贵贱之分，任何一份职业都很光荣。"

纵观人类历史，所有梦想的实现、人世间所有的重大成就都跟秉持劳动精神的劳动有关，所以，我们从事一份职业，应该辛勤地、诚实地、创造性地去做。劳动是一个人、一个国家不断进步并创造价值的源泉。

三、新时代的劳动精神

从最近几十年中国社会的巨变来看，国家所取得的成绩归功于亿万人民在各自的职业岗位上付出的巨大劳动。这些巨大劳动的背后有一种劳动精神，它是中国劳动人民为创造美好生活、实现中国梦而在劳动过程中展现的劳动态度、劳动理念、劳动品质和劳动风貌的总和。2020年11月24日，习近平总书记在全国劳动模范和先进工作者表彰大会上的讲话中指出，要大力弘扬"崇尚劳动、热爱劳动、辛勤劳动、诚实劳动"的劳动精神。这是对新时代劳动精神的总体概括。

新时代的劳动精神根植于人类发展和中华民族的悠久历史，具有鲜明的中华传统文化特征和社会主义特征，对于树立时代新人的正确劳动价值观，培养时代新人的崇高劳动品质，塑造时代新人的健全人格等都具有重要意义。

（一）崇尚劳动

在《马克思恩格斯选集》（人民出版社 1995 年版）第 4 卷第 377 页、374 页中，恩格斯分别写道："首先是劳动，然后是语言和劳动一起，成为两个最主要的推动力，在它们的影响下，猿脑就逐渐地过渡到人脑。""劳动创造了人本身。"习近平总书记指出："劳动创造了中华民族，造就了中华民族的辉煌历史，也必将创造出中华民族的光明未来①。"一言以蔽之，劳动创造了人类社会的一切文明，也创造了中华民族的过去、现在、未来。所有的社会进步都是劳动的结果，不是空想和机巧的结果，崇尚劳动既是对社会历史的科学认识，也是人文精神的强烈体现。

（二）热爱劳动

劳动对于一个奴隶来说，是痛苦的，但对于一个自由发展的人来说，是幸福的。人的自由潜能被挖掘、激发、培养、展现出来的时候，他一定会热爱这种潜能在社会上对应的劳动。同时，像凡高所说的"你爱得越多，就知道得越多"，一个人对自己的劳动越热爱，他能学到和体会到的就更多、更丰富。热爱劳动是符合人性的，同时也是需要不断付出主观能动性的。

（三）辛勤劳动

辛勤劳动表现为勤奋工作，只争朝夕，不辞劳苦，长期坚持。勤劳是中华民族的传统美德，我们自古流传精卫填海、愚公移山的劳动精神，赞美"谁知盘中餐，粒粒皆辛苦"的珍惜劳动成果精神。孔子的"力行近乎仁"，陆游的"纸上得来终觉浅，绝知此事要躬行"，王阳明的"知行合一"，《弟子规》的"不力行，但学文，长浮华，成何人"，讲的都是努力、实践、探索的精神。改革开放四十多年来，中国取得了伟大的成绩，这是全体中国人民共同奋斗、勤奋劳动的结果。在新时代，我国面临大量发展任务，依然需要辛勤劳动。

（四）诚实劳动

随着国家的不断繁荣富强，随着民主法治的不断推进，随着社会信用体系的不断升级加强，国民对诚信的重视越来越成为一种社会共识。与此同时，社会创新也需要诚实劳动作为坚实的基础。在新时代的中国，没有创新就很难取得更大的成就。如果没有对知识产权的尊重，没有对诚信、诚实底线的基本坚守，就没有对原创的保护与鼓励，而未来依然需要中国人巨大的创新精神去推动各行各业进步。

---

① 习近平. 习近平谈治国理政[M]. 北京：外文出版社，2014：40.

模块二　执行性工作如何践行劳动精神

按照工作岗位的级别，常见的工作类型包括某组织机构中的基层工作、中层工作和高层工作。当然，在组织机构外，也有自由职业者、独立职业者或自主创业者从事的工作。事实上，科层的高低划分是相对的，市长在县长面前是上级，在省长面前就是下级了。在不同的组织角色下，工作的性质也会有相应的改变。如果我们将执行性工作对应基层工作、将管理性工作对应中层工作、将决策性工作对应高层工作，那么，其实每个被组织机构雇佣的劳动者几乎都要面对不同程度、不同比重的执行性工作、管理性工作和决策性工作，包括独立职业的劳动者。

一、认识执行性工作的重要性

古语云：千里之行始于足下，不积跬步无以至千里。再大的理想、再宏大的计划，都要从最基本的执行性工作开始，而反过来，在一个个实际、具体、琐碎的小任务的执行过程中，才能不断生出更符合现实、更科学合理的计划和理想。执行性工作关乎工作的实际成效，需要践行劳动精神。

对于大学生来说，既要在职业生涯的曲折进步中明确自己面对的工作性质，从而有更好的表现，又要在每个岗位上灵活地看待和扮演好自己的角色，而不是标签化、脸谱化地看待，比如，"基层就是螺丝钉不用调动自己的主观能动性，高层就可以随心所欲不用受任何委屈"等不正确的思想。

大学生刚毕业时，一般从事基层的执行性工作，问一问自己：你能保持多久不看手机？又能持续专注学习多久？你的人生目标是什么？你的短期目标又是什么？有把握实现么？实现方式能让你周围的亲朋好友信服认同吗？好高骛远、眼高手低、自我估值与社会认知严重不符，这都是大学生非常容易出现的问题。真的进入社会工作时，刚毕业的大学生更需要调整对劳动的认识，建立符合人性和社会需要的劳动精神。

二、认识基层工作的光荣

《道德经》有云："贵以贱为本，高以下为基。"高星级酒店金碧辉煌或唯美宜人的环境带给客人的尊贵，难道背后不都是酒店基层员工的汗水挥洒而成？一线城市一望无际的万丈高楼、明亮闪耀的万家灯火，难道不都是没日没夜奋斗的中国新工人建设出来的？所以，何为高贵、何为低贱呢？不过是脑中一个执念而已。"劳动最光荣、劳动最崇高、劳动最伟大、劳动最美丽"，我们确实要去维护劳动者的权益、提高劳动者的待遇，但同时更需要树立正确劳动观念，培育积极的劳动精神，基层可能就是费力不讨好，但仍然需要把工作不折不扣地做好。

积极地讲，如李大钊所言："我觉得人生求乐的方法，最好莫过于尊重劳动。一切乐境，都可由劳动得来，一切苦境，都可由劳动解脱。"投入劳动，尤其是自己有兴趣的劳动，确实能让人乐而忘忧。

很多时候，基层工作容易让人迷失、迷茫、倦怠，于是产生一大堆抱怨，这个时候，不妨想想如果自己是中层、高层的领导的话，会怎么继续工作，还会这么抱怨下去么？抱怨下去能使得自己晋升么？所以与其抱怨不公、不满、不平，不如把时间花在提升自己、提高本事上，并且假想你将成为你想成为的人，尽可能带着这种人的意识去工作。试试看，你会做得很好的，哪怕你就是一个小小的班长。这种从基层蓄势待发准备成长为中流砥柱的样子，也是劳动美丽的体现。

三、摒弃不良观念

（一）价值观过度功利

许多人看到美妆主播李佳琦丰厚的收入以后就开始盲目模仿，忽略了他背后付出的巨大劳动，比如他每天长时间的工作、不间断地熬夜，因为要反复涂抹擦拭口红导致嘴唇干裂出血，他常年处于过劳的状态，这种代价并非一般人可以承受。

还有早年流传的"宁可在宝马车里哭，也不愿在自行车上笑"的段子，为了使自己在人前显得光亮，一些人宁愿做很多违背内心真善美的事情，可主宰他（她）们行为的动机是什么呢？通常是为了虚荣和物质上的一些享受而已，但又是什么造成他（她）们这样的追求呢？通常是由于理想信念缺乏，价值观混乱，精神上空心化，导致没有安全感、归属感；由于没有精神上的深度幸福体验，就造成自尊水平低、物欲强；由于对很多正能量的东西信念感弱，人就会表现为过度的功利主义，唯功利之马首是瞻，原则、底线和温情丧失，产生一连串影响。

因此，我们的大学生务必要多学多干，广开见识，多寻体验，探索出适合自己人格和能力的目标，并努力践行实现之。大发明家爱迪生曾说："世间没有一种具有真正价值的东西，可以不经过艰苦辛勤劳动而能够得到。"何况是我们普通人呢？戒骄戒躁，辛勤诚实，这些几近生活的真理，应该作为我们每个人的行为理念。

（二）认知上存在误区

一些同学家境优越，一毕业就想当老总、当领导，可是我们现在来想象一下：你现在就是你喜欢的一个机构的负责人了，接下来有五个部门的经理来给你汇报工作，你知道如何回应可以既使企业效率提高，又能让部门之间的利益平衡协调吗？第二天，有三员大将突然集体辞职，同时市场波动，股价下跌，你的身价突然缩水10倍，你连要买给你太太结婚纪念日的礼物都买不起了，你准备怎么面对？

有些时候，我们想要的并不是光荣和梦想，而不过是名利的虚妄。我们以为那样就是美丽生活，却根本不知道生活内在的复杂性与微妙性是多么难以琢磨和操作，我们连对生活的敬畏心都没有，就以一个孩子的实质去冒充大人的样子，那显然会遭到生活的教训。连大作家王朔都说："生活面前，我们永远都是孩子。"何况我们这些涉世未深、努力未到位的小青年呢？

还有一些同学家境艰难，从小多灾多难，刚上大学，已经经历了很多生活的沉重打击，有些自卑，不知道如何去开拓、建立自己独立的小世界，在周围浮躁气氛的影响下，就可能选择一些不那么健康的方式去生存，或者更糟糕地，自暴自弃，走上邪路。

马云曾在一次演讲中谈到，他愿意用他所有的财富换取一个青春！年轻人的未来充满无限可能，但如果不建立脚踏实地、积极向上的思想认知，未来也可能是一片灰暗。所以不论你身处何种艰难，只要我们正视困难和挑战，勇敢面对，就有希望。当然这里需要很多技术性的操作，比如你离不开手机，那就可以固定在一段时间内不去看，再比如你忍不住想跟某同学一样打游戏、吃喝玩乐，那你就要翻开你经常记在本子上的励志语录，激励自己要提高自制力。

认知决定格局，格局决定结局。不断审视自己的认知，按《论语》的教导"一日三省吾身"，是青年人成才的必然路径。

四、为更高层次工作积蓄力量

找寻一份合适的工作，不应该是毕业的时候才开始动手，正如寻找一个心爱的人，不能说今天想谈恋爱明天就"得逞"。职业规划很重要，大学生需要尽早进行规划和准备。

（一）做好职业生涯规划

职业生涯规划越早越好，要一直去思索和调整，直到达到明晰、现实、心安的结果为止。怎么找、怎么规划？符合自己的志趣和能力特点最重要。工作的薪水待遇如同你要追求对象的财富，公司名气与形象像是你要追求对象的相貌，这些都是看似重要却次要的。我们还是要倾听自己内心的声音，看看哪个工作最能调动我们的激情，或者值得我们去构思未来五年、十年的梦想。这就需要诚实面对自己的内心和水平，广泛地了解社会各行各业，理性地思考自己的前途未来。

同时，人生之路往往一环扣一环，除非你总是有勇气和能量重启。第一份工作会对职业生涯产生路径依赖。一个年轻人对社会的认知和信念往往从第一份工作来，如果第一份工作太不适合自己，风险就很多。比如你可能会很痛苦，这个痛苦会影响到你身心健康；再比如，你可能对社会、人性的认知走向负面，这种负能量可能会拦截和遮蔽掉你本可以发挥出的潜能；再比如，你偏好守成，虽然自己不喜欢这份工作，却又不知如何跳槽，继续下去，直到中年，那就可能一路南辕北辙，再回头为时已晚。老话叫"男怕入错行"，今天，男女平等，女也怕入错行。这里讲的"第一份工作"，未必是那么狭义地讨论你第一份工作，应该广义地指你毕业以后的两三年中，你应该谨慎选择自己的职业，因为后面的人生很可能就以你这两三年的选择为起点和基础。

（二）练好基本功

有的毕业生进入一个单位以后，突然发现现实和理想差距很大，灰心丧气，羡慕别人，但其实你改变不了什么又离不开的时候，正是磨炼自己心态和基本功的时候。拿不到宝刀宝剑，那就全力站你的桩、练你的马步，不要太计较琐碎得失，这会为你未来打下坚实的基础。历练来自多方面，工作本身的、人际的、意志力的、心性的，等等。否则，在一个风雨交加的夜里，机会真正来敲门的时候，你可能又受不了风雨中的泥泞。

（三）挖掘内在潜力

近年似乎流行"斜杠青年"，但细看这个群体，大多都身处基层，本职的工作无法满足自己的物质需要与精神自由，逐渐在本职工作之外发挥自己的特长。第二职业源于"爱好"，但发展好了，就会变成"爱"，那就是转型的时候。可是转型成功的人又总是占比小的那一小拨人，你可能只能斜杠过过瘾、稍微贴补家用，从业余到职业这段路，往往比看起来的要长得多。

总体而言，一方面，我们要多元地发展自己的能力，深入挖掘自己的各方面潜能，有机会也不妨趁着年轻广泛尝试；另一方面，要善于把时间精力管理起来，凡不构成正向累计的事情，要想想是不是可以放弃，然后把火力都放在最能带给自己发展的事情上。所以，技不压身的意思应该是，尽可能地发展自己的综合素质，但是在做事的时候要有取舍，而且最好把多才多能落实在自己选择的主业中，构成正向累积。青年时间宝贵而短暂，要管理好每一天，才能越走越远。

（四）知行合一

不论是生理状态还是心理状态，血气方刚又阅历不足的大学生在行为选择上，往往会有鲁莽冲动、随波逐流、好高骛远、说得多做得少。这涉及经典的知行命题，古圣先贤已有诸多经典论述。

孔子曰："知及之，仁不能守之，虽得之，必失之。"就是说，你虽然知道了，但心意、行动不到位,你脑子里得到的东西也会丧失。

朱熹:"知行常相须,如目无足不行,足无目不见。论先后,知为先;论轻重,行为重。"知如眼,行如脚,眼先行,但脚步更重要。

王阳明:"知者行之始,行者知之成。圣学只一个工夫,知行不可分作两回事。""行之明觉精察处便是知,知之真切笃实处便是行。若行而不能明觉精察便是冥行,所以必须说个知。知而不能真切笃实,便是妄想,所以必须说个行。"知行严格讲是一体的,是辩证统一的,真正的知以行来证明,真正的行才意味着真正的知。

案例 3-1

抗疫英雄李彩芹——保守了 34 天的秘密

2020 年的春节,面对突如其来的新冠肺炎疫情,全国各地打响了抗击疫情防控阻击战。疫情就是命令,防控就是责任,医院就是战场。山西省古交矿区总医院领导身先士卒,一大批优秀的医务工作者心怀大爱甘愿逆行,在抗疫一线勇于担当、无私奉献,始终坚守在这场没有硝烟的战场上。其中一位基层医生就是李彩芹。李医生是 1975 年生人,系古交矿区总医院重症监护治疗病房副主任护师。从 2 月 15 日出征到 3 月 19 日平安归来,离晋整整 34 天,她不敢也不能给妈妈打电话,因为她是瞒着妈妈走上前线的。

出发当天,她拨通了姐姐的电话,再三叮嘱姐姐不要把自己去武汉的消息告诉妈妈,并且要告诉家中的亲朋好友一定替她保守秘密。姐姐含泪答应,她心里清楚,肆虐的新冠病毒正疯狂的席卷武汉乃至全国,但她毅然奔赴武汉,并做了最坏的打算。

在李彩芹赴武汉后,妈妈使用的手机竟没来由地坏了,李彩芹却在心中窃喜,这样长时间不给妈妈打电话,就不会引起妈妈的怀疑了。直到她返回太原的 3 月 21 日,姐姐才把新买的手机给妈妈送去,她才和妈妈痛痛快快聊了个够。之前不是姐姐舍不得给妈妈买个新手机,是她不敢买,她要在妹妹不在的这段日子里为她保守秘密!

2 月 18 日,进入方舱医院第一天。班次是下午 14:00—20:00,12:30 医疗队准时从驻地出发赶往光谷科技会展中心方舱医院。面对陌生的环境,未知的患者,紧张和恐惧如影随形。第一次进舱,穿防护服用了整整一个小时,生怕哪一步没做好而前功尽弃。入舱后不久她就感觉憋气,头晕恶心,可面对患者们无助又焦灼的眼神,她不再感到害怕,恐惧感早已烟消云散,她为患者们测量指脉氧、呼吸频率、体温,发放药品,……短短一天,班组收治了 150 多名新冠肺炎患者,当班的 1 名医生 6 名护士全力以赴迎接新病人,新一轮的战役再次打响。晚上 20:00,与下一班次的战友们交接工作后,乘车返回驻地已是晚上 10:30。消杀，洗澡，清洗被汗水湿透的衣服，用开水泡些中午从餐厅拿回来的凉饭当作晚餐，她终于可以坐下来休息一下。看表已是夜里 12：00 多，十几个未接来电也随之映入眼帘。她赶紧回拨电话给家人，传来的是丈夫和女儿的焦急与惶恐，……她嘱咐家人不要再看新闻了，看新闻就会联想到前线的自己，就会有各种猜测。为了不让家人担心，李彩芹把所有的艰难都深深埋在心底。直到有一次丈夫看到一篇报道后才知道，她由于过度劳累，血压升高，巡视病房时走路摇晃险些摔倒，电话中半是责怪，半是怜惜，……

完成使命平安归来后，三晋大地用最高的礼遇迎接李彩芹等英雄回家。幸福！而那份保守了 34 天的秘密，也终于可以公开了！

摘编自澎湃新闻（2020 年 4 月 11 日）

模块三　管理性工作如何践行劳动精神

在管理性工作岗位上的人，就不能只考虑自己的专业工作内容了，他需要环顾四周，顾及上下左右乃至周边一切关系和资源，同时还要逐渐对自己有更准确的定位，才能在未来有更大的发展。

一、兼顾上下左右

工作了一段时间，累积了足够的经验和能力、人脉和资源，你可能会在一个单位或组织成长为中层领导，从事一些管理性工作，而此时你可能也建立了家庭，上有老下有小，职业生涯也不敢有大的变动，你成了一只"骆驼"！

骆驼只能顶着炎炎烈日在沙漠上行走，脚下是滚烫的沙子，太阳就像领导，沙子就像下属，两相煎熬，漫漫黄沙，一望无际，你只能默默前行。如果你的工作非常稳定还好，然而在大部分企业里边，在这个时代，你一定会受到巨大的挑战：新人辈出、业务知识迭代加快、竞争压力加大，遇到职业发展瓶颈。骆驼只有在夜里匍匐休息的时候，看着天边的流星，可能会许个愿：求解脱！

孜孜不倦、任劳任怨、勇于担当、令人信赖，这对于中层干部来说，不是晋升的充分条件，而只是标配的必要条件。除了在业务方面"苟日新，日日新，又日新"以外，中层干部需要比基层更坚强的劳动精神（图 3-2）。

图 3-2　中层干部需要骆驼精神

二、尊重与沟通

从人情角度讲，我们每天跟亲密的人厮守的时间也比不上跟一些同事相处的时间，我们对自己深爱事物付出的时间，也比不上处理手里工作的时间。善待同事，善待工作，其实就是对自己生命最大的善待。

所以中层干部要学会尊重和沟通。苏霍姆林斯基在《写给儿子的信》中写道："任何时候都不要忘记，你生活在人们中间。任何时候都要记住，同你一起劳动的人，他们都有自己各自的忧虑、牵挂、思想和感受，各自的喜怒哀乐。要学会尊重每一个同你一起生活和劳动的人，看来，这是人最大的技能。"从自己做起，尊重劳动，尊重那些尊重劳动的人，让尊重劳动蔚然成风，不仅能成就自己，更能成就一个团队。

为了更好地沟通，闲暇时可以不去玩耍，多学学文学、哲学、宗教、心理学等领域的知识，丰富自身的知识结构和人文素养，不断提高自己的情商。否则，正如我们在生活中观察到的大量现象，很多中层干部辛勤劳碌，到头来落得领导不信任、下属不喜欢，谈及此人，皆是怨声载道，那岂不很委屈？子曰：反求诸己。著名媒体人王小峰在文章《粉丝的三十种可能》里写过一段话："中国有一个自古以来形成的'优良糟粕'，喜欢替别人操心，喜欢劝人向善，总能在别人身上寻求到一丝能活下去的希望。一旦他关注的人在言行上超出他智力所能企及的伦理道德范围时，他们热爱所谓'传统'的一面就体现出来了。他们真的很善良，和颜悦色，话语温暖，如涓涓细流，沁人心田。能改变一个人一向是中国人传统价值观念里不可忽略的成就感，但他们为什么不用这样的方式去完善自己呢？"这段话不光对粉丝有反省价值，对于所有人都有反省价值，就是说我们有很多善良的出发点、希望优秀的动机，但是别人未必会接受，这就需要换位思考，进行更真诚、更智慧的沟通。

三、定位更准确

这个行业、这个工作，真的适合我吗？下一步要怎么走？这个问题对中层干部有更重要的意义，因为再往前到高层领导的时候，问这个问题就已经太晚。

中层干部要明确自身的定位，经典的讲法是，走业务还是走行政，或者，走创造型还是走交换型？前者是专家方向，后者以资源调配为主。中层干部的压力未必是最大的，但一定非常煎熬，中层干部的诱惑也未必最大，但他们很可能是比上不足比下有余（包括比较同事和同行）的一个群体。

这个时候需要认清自己的能力和需求，并且要时刻提高自己的本领，"生处能熟"，还要"熟处能生"，最重要的，要调节好心态，保持必要的信心。

信心能带领我们从黑暗走向光明。应对自如、潇洒前进，要相信自己；创伤累累、匍匐前进，要相信自己；困顿颠簸、原地盘旋，要相信自己；机缘未到、前后夹攻，要相信自己。上司、下属、子女、父母，都离不开自己，黄沙烈日，骆驼只能与自己的影子为伴，默默前行，有时，信心就是一切。

专栏 3-2

人力资源总监的岗位职责、应具备的能力及任职条件

（一）人力资源总监岗位职责

人力资源承担着把人力资源纳入企业运作体系中的任务，关系着企业的发展，其岗位职责如下。

1. 根据公司的实际情况和经营发展目标制定公司人力资源计划，并报公司审批；
2. 负责组织实施并监督公司人力资源计划；
3. 负责建立畅通并有效的沟通渠道以及有效的激励机制：建立有效的沟通渠道，就能及时了解员工的想法和建议，提高员工与公司的沟通效率；建立有效的激励机制，能激发员工的积极性和创造性，能为企业带来更大的收益；
4. 负责人力资源部门的日常工作，为公司招聘优秀合适的人才，组织员工参加培训，提高员工的能力，培养人才；负责员工的业绩考核工作；
5. 塑造维护和传播公司的企业文化，让员工对公司有更好的了解；
6. 处理公司的重大人力资源问题；
7. 完成领导交给的其他任务。

（二）人力资源总监应具备的能力

管理大师彼得·德鲁克曾经说过"企业或事业唯一的真正资源是人"。在人力资源

管理过程中，人是一种可开发并能带来收益的资源，作为人力资源的管理者，人力资源总监应具备以下能力或素质。

1. 丰富的专业知识和管理才能；

2. 具有创造力，能把新颖独特的想法变成现实；

3. 具有构造力，职业的人力资源总监需要在组织结构中工作，不能被组织结构影响工作；擅长构建组织结构，指导他人在组织结构的规定和限制中优秀的工作；

4. 直觉和敏锐的洞察力，直觉是一种不需要经过思维处理就可以知晓的能力，它是情商的基础。敏锐洞察力能够感觉到其他人的感受和想法，因此，人力资源总监能根据他们自身的理解，正确地回应他人的想法；

5. 人性化、平易近人、尊重员工，职业的人力资源总监平易近人和尊重员工才能赢得员工的尊重和信赖；

6. 自律和楷模，人力资源总监以身作则能够赢得整个团队的尊重，也是团队充满激情和战斗力的保证；

7. 果断决策，难以决断却必须决定时，人力资源总监必须抛开个人得失，以企业利益为重，做出符合企业利益的决定；

8. 承担责任，不敢或不愿意承担责任的人力资源总监，绝对不是称职的人力资源总监，也绝对不会取得成功。

（三）人力资源总监的任职条件

1. 人力资源管理或相关专业的本科以上学历；

2. 5年以上行政人事管理经验，3年以上人力资源总监或人力资源部经理工作经验；

3. 有很强的计划性和执行能力；

4. 具有良好的沟通协调能力、组织能力。

摘编自好猎头网（2017年11月30日）

模块四　决策性工作如何践行劳动精神

年轻人容易好高骛远，被高层领导指点江山的位置和光鲜所吸引，却不一定理解或体会决策性工作所需的综合素质之高与承受压力之大。决策性工作所对应的劳动精神需要在实践中不断磨砺，不断提升。

一、大大的责任感

中层干部更上一层楼,终于有了更多的主动性,看到了更大的局面,骆驼一下子跃入广阔的天空或大海,变成自由翱翔的飞鹰或自由游弋的鲸鱼,别人祝贺,自己期许,生活更大的蛋糕俨然出现,是这样吗?

是,也不是。

更大的自由空间意味着更大的责任和压力,阳光灿烂是你的,狂风暴雨也是你的(图 3-3)。你要带着集体前进,没有停歇,飞鹰就要频繁飞翔,鲸鱼不能经常搁浅。你要做出一个又一个决策,其中一个决策失误,就有可能带来一连串不良后果,有时失策会造成无法挽回的巨大损失。

图 3-3 更大的空间意味着更大的责任

有个公式比较形象地说明这一点:

责任 =(公司的营业额 + 公司的商誉)× 公司的人数 ×(享受的权力、待遇、光彩的百分比)/ 公司职位排名①

所以,在权力和财富的诱惑面前,你准备好承担这么大的责任了吗?

看多了因一己私欲将自己搞到身败名裂的领导落马的新闻,也听说了很多永远进取、永远付出、理想坚定的领导故事,其实你会发现,领导也是一个社会角色而已,而这个角色最需要的,恰恰就是强烈意识到自己的角色特点并有魄力地承担起责任。

二、深邃的思想力

到高层的位置,光埋头苦干、辛勤诚实是不够的,可以带领众人前行的,必是深邃高远的思想。到达高层,已经不太需要再为事务性的工作纠结,但有一件自由而充满挑战的事摆在眼前:如何确定长中短期的目标,又如何带领团队一步步接近目标。

---

① 郝明义. 工作 DNA [M]. 海口:海南出版社,2007:194.

深邃的思想力既是对国际、国内、社会、经济、政治、文化等领域有丰富的认知和独特的思考，又是本单位的发展战略从实际出发且顺应时代潮流的前提。但很多思想需要很长时间才能体现出价值，这就要求领导的思想确实符合事物深处的规律，说到底，是考验领导的价值观是否能尽可能地符合人道、天道。这时候的思想力，绝不是聪明绝顶、技压众人的概念，而是一种将理性、感性、悟性都融会贯通的智慧。

三、坚强的意志力

稻盛和夫在《思维方式》中写过："逆境是上天的赏赐，目的是让我变得更出色更强大。"很多出色的人都会这样对待逆境和挫折，一个人真正的精神品质也都是在糟糕的处境下才能体现出来，古今中外，概莫能外。如果我们真的渴望成功，那我们必须拥抱失败，迎难而上，奋起而行，那才是我们成功的开始。领导在别人都不相信可能性的时候，他会相信；在别人都不能坚持的时候，他会坚持。没有人能随随便便成功，越往高层走，需要的精神品质越强。

总而言之，高层领导需要德才兼备的内功、高度的自律、高瞻远瞩的远见、宰相肚里能撑船的胸怀、铁肩担道义的责任感，绝非一般人可以胜任。不过要想在未来成为高层，那就需要从基层开始就非常有意识地往应然的方向培养，否则应然永远是应然，无法变成实然。

案例 3-2

武昌站"580"服务台值班站长的一天

4 月 10 日，是 2021 年全国铁路二季度调图的日子，武昌火车站候车大厅学雷锋服务示范点"580"服务台前，值班站长于安琪开始忙碌起来。

从"温习工作礼仪、检查仪容仪表、参与早点名会"到"查询重点预约工单、回复旅客网上求助"，于安琪将计划任务依先后顺序逐条记在本子上，还特意标记新的列车时刻图。

"健康码是出行的重要凭证，需要出示的时候您就按刚才的方法操作一遍。"9 时，一名去无锡的湖北老人第一次出远门，不会使用智能手机，于安琪为老人申请了健康码，并耐心讲解了铁路乘车使用方法。随后，引导老人刷脸进站、帮扶如厕，周到的服务，让老人倍感温馨。

9 时 35 分，于安琪又收到"一名盲人旅客需要接站服务"的信息，做好了准备，于安琪向列车停靠站台走去。

"因为列车调图，您所乘坐的车次由一楼 1 检改到了二楼 8 检，请乘电梯上楼候车。""改签，从这个出口出去，往右前行50米到售票厅即可。""您好，请稍等，我正在帮您查询车次。"客流高峰时期，旅客问题一个接一个，于安琪没有片刻休息，一一熟练回答。

于安琪的工作日志上，前10页密密麻麻记满了全国各个车站服务台的电话号码，"服务旅客时经常会需要。"于安琪说。

14时30分，于安琪巡视时，发现一位旅客没有赶上去荆门的火车，十分着急，于安琪走上前去。"师傅您别急，今天铁路调图，车站新增了K8106去荆门的车，您出门右转至售票厅改签就可以了。"说完，于安琪带着旅客去办理改签，并将其带到重点旅客候车区候车。

每次铁路调图前，于安琪总是把武昌站的变化列车、换乘车次和时刻背得滚瓜烂熟，平时利用休班时间了解交通旅游信息，对公交、地铁接驳线路对答如流，被大家誉为"活地图""义务导游""电子时刻表"。

摘编自《湖北日报》（2021年4月14日）

模块五　独立职业如何践行劳动精神

有志青年的内心可能有从事自由职业、独立职业的冲动，不过须知悉此类职业可能会遇到螺丝钉般的重复劳动、不得施展的委屈、复杂波澜的人事关系……如果想从事自由职业，更需要全面践行劳动精神。

一、有勇有谋，提升才能

所谓独立职业或自由职业，是相对而言的，主要是指不依赖于系统或单位的支持，主要凭借自己的能力获得一方天地。这类职业在今天的社会越来越多，比如直播网红、脱口秀演员、淘宝店主、独立音乐人、独立设计师、独立策划人、私家侦探、独立记者、导演、咖啡店老板等五彩缤纷的独立创业者。通俗讲，虽然也有很多需要与别人一起合作、一起工作的地方，但归根结底是为自己打工，自己依靠自己的本事开创出一条自己的道路。

敢于选择这条道路的人，必须具备很多优秀的品质。很多年轻人喜欢说自己想从事自由职业，但没意识到自由职业往往比普通职业需要更复杂、更严苛的素质和能力。

风险偏好与人格特质有关，这没有对错好坏，而"明知山有虎，偏向虎山行"地为超越自己，不满的现实就奋力一搏，这涉及从事独立职业的要求之一：理智的勇气！

同时，既然不依赖于集体的、系统的平台，那就需要足够的才华和综合能力了，因为，所有你能提供的内容输出、分销、品牌宣传、后勤、财务和安保等，都需要自己一个人操心，收益自然是自己一个人的，但反过来讲风险也是必然的，如果没有足够的反脆弱性，全靠自己是不现实的。这就需要综合的谋划，系统地实施。

正因为如此，青年人初出茅庐，在不忘初心的同时，需稳扎稳打，慢慢积累，提升基本能力和专业化才能，"不经一番寒彻骨，怎得梅花扑鼻香"，才能非一日之功，勇气更是！

二、拥抱劳动，自我管理

苏联科学家斯米尔诺夫说过："天才不能使人不必工作，不能代替劳动，要成为天才，必须长时间地学习和高度紧张地工作，人越有天才，他面临的任务也就越复杂、越重要。"巴尔扎克也说："持续不断地劳动是人生的铁律，也是艺术的铁律。"我们普通人取得一点成绩需要付出很多才行，天才也不外乎如此，而且他们恰恰是最勤奋、付出最多的人。连大思想家尼采这样百年不遇的大天才都说："天才所做的无非是学着奠基、建筑，时时寻找着原料，时时琢磨着加工"。被誉为"篮球之神"的迈克尔·乔丹也说过："我很自信是因为全联盟没有比我更努力的球员了。"

细腻的、细小的、琐碎的和复杂的、不可思议的劳动，在任何一个时代都不可或缺。然而，随着时代发展，人们对劳动成果的品质追求越来越高，对蕴含其中的劳动技能的要求越来越高，尤其是各行各业日新月异飞速发展的今天，人才开始出现越来越综合型、智能型的趋势，在如此激烈的竞争中，每个人的职业生涯如逆水行舟，不进则退。

有的同学可能会想，我不是竞争偏好型，我回老家简单过日子就挺好。回老家生活、建设家乡是个很好的选择。不过，回老家后也有竞争，也要辛勤劳动，日子可能也并不简单。时代变化太快了，家乡也在快速发展，每个人都有目不暇接的感觉，要在老家过得幸福，同样需要解决各种复杂琐碎的事情，需要大量劳动，不论我们愿意还是不愿意，我们只能面对。因此，不论在哪里，劳动都是免不了的，出成绩又需要大量的劳动，那我们就拥抱劳动吧！

劳作是一方面，生活管理、情绪管理、心理关怀是另一方面。员工过劳导致生命健康严重受损的新闻已经屡见不鲜。劳动者需要充分认识自己的潜力，进行良好的自我管理，做到劳逸结合，以健康的身体投入长期的工作。与此同时，不同职业有不同的属性和要求，也有不同的风险和代价，管理好自己的心理健康和保护好自己的身体健康一样重要。独立职业者尤其需要及时调整心态，保持强大的心理和乐观向上的精神。

互动交流

1. 如果让你和王思聪、欧阳娜娜或其他你喜欢的明星、网红互换生活，你愿意吗？为什么？
2. 搜索你喜欢的行业精英的奋斗史，找出你最欣赏和最愿意学习的地方。
3. 思考自己最想从事的职业，找出自己最擅长的地方和最不足的地方。
4. 你周围的朋友如何评价你的劳动精神？跟你想的一样吗？差异的原因是什么？
5. 在你即将实习的岗位上，你准备如何完成这段从学生到职业人的过渡？

案例任务

李子柒的劳作生活

和许多同龄人比，幸运并不是一直眷顾着李子柒。父母离异，父亲早逝，她打小就和爷爷一起做木工，陪婆婆一起做饭，下地干活。小学五年级，爷爷去世，婆婆抚养她到14岁，生活难以为继。她孤身一人去城市打工，端过盘子，做过DJ，睡过桥洞，一包方便面掰成两半吃。

生活让李子柒练就了能吃苦的本事。她的手比较粗糙，看得出来是长期劳作的结果。她的手也很灵巧，随手拿起桌上的餐巾，七叠八叠，一个漂亮的折花就成了。"这个是'文竹'，这个是'黛尾'……都是在餐厅打工时学的。除了折花，还要给客人报菜名，介绍每道菜的原料、制作方法以及味型。"

李子柒的短视频全程都是在干活。她会剪窗花、写对联、绣花染布、酿造烘焙、造纸刻字……新打下的稻谷，水分大，一袋至少七八十斤，她能背背上，爬坡上坎。才砍下的毛竹，五六米长，三四根一捆，扛在肩上就走。

网友很好奇她怎么能掌握那么多生活技能。李子柒回答说："大家眼中的生活技能，只是我的求生本能。以前是为了生存，现在是生活。"她坦言自己并非什么都会，比如木工、刺绣、书画等，都是提前学的，即使是厨艺，在她自己看来也不完美，"比如我包饺子，从来就包不好那个褶，不止一次被嫌弃包得丑。"

摄影也是李子柒自己去钻研的。她手机里保存着3年前自学摄影的笔记：WB键是白平衡，P档是自动档，光圈越大背景就越虚化……那时候，她每天到论坛上去看去学。最初拍视频时，就简单写写有哪些流程，要拍些什么场景就完了，两三行字，其余的都在脑子里。白天拍，晚上剪，经常一干就是通宵。

在拍《水稻的一生》时，她从播种到收获，耙田、抛秧、插秧、守水、巡水，全程亲力亲为。拍水稻的一生、辣椒的一生、黄豆的一生，拍大米怎么来，酱油怎么酿，李子柒在视频里对农作物的生长追根溯源，从头到尾讲得清清楚楚。画面里，她忙里忙外，播种犁地、插秧打谷、劈柴生火、飞针走线，张罗一家人的生计，动作娴熟麻利。画面外，她要构思视频架构，思考拍摄内容，处理后期剪辑。

李子柒的努力获得了认可，新浪微博粉丝2185万、抖音粉丝3485万、B站粉丝310.2万、Youtube开通两年多订阅人数超过800万……

摘编自《人民日报（海外版）》（2020年1月20日）

请分析：

李子柒的劳作生活中，劳动精神体现在哪些方面？

第四讲

劳模精神与职业道德

本讲概要

　　劳模是优秀劳动者的代表,劳模精神对新时代中国特色社会主义建设具有重要的意义。职业道德在规范劳动者职业行为、提高劳动效率、提升劳动者职业素质等方面有举足轻重的作用。如何结合劳模精神,提升自己的职业道德,对当代大学生和劳动者的职业发展意义重大。本讲从劳模的社会贡献及不同时期劳模评选标准等方面认识劳模,介绍劳模精神的时代价值和具体内涵;结合职业道德的主要范畴和行为准则,讲述劳模精神与职业道德的内在联系;最后分析劳动者如何弘扬劳模精神,提升职业道德。

学习目标

1. 阐述劳模精神的时代价值。
2. 描述劳模精神的内涵。
3. 列举职业道德的主要范畴和行为规范。
4. 总结弘扬劳模精神和提升职业道德修养的路径。

内容导图

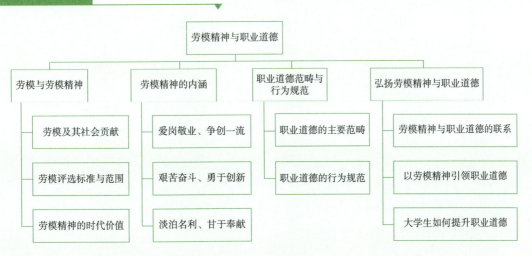

导入案例

习近平给中国劳动关系学院劳模本科班学员的回信

中国劳动关系学院劳模本科班的同志们：

你们好！"五一"国际劳动节前夕，收到你们的来信，我感到十分高兴。你们为党和国家事业发展作出了突出贡献，被评为劳动模范，如今又在读书深造，这是对大家辛勤劳动、无私奉献的褒奖，也是党和国家对劳动者的关怀。

社会主义是干出来的，新时代也是干出来的。希望你们珍惜荣誉、努力学习，在各自岗位上继续拼搏、再创佳绩，用你们的干劲、闯劲、钻劲鼓舞更多的人，激励广大劳动群众争做新时代的奋斗者。

我一直强调，劳动最光荣、劳动最崇高、劳动最伟大、劳动最美丽。全社会都应该尊敬劳动模范、弘扬劳模精神，让诚实劳动、勤勉工作蔚然成风。

值此"五一"国际劳动节之际，我向你们、向全国所有劳动模范、向全国广大劳动者，致以节日的问候。

习近平

2018年4月30日

摘自《人民日报》（2018年5月1日）

图 4-1　学生们阅读习近平给中国劳动关系学院劳模本科班学员回信

请思考：

1. 劳动模范可以在哪些方面激励广大劳动者？

2. 普通劳动者如何弘扬劳模精神？

模块一　劳模与劳模精神

一、劳模及其社会贡献

（一）劳模的定义

劳模，即劳动模范。劳模有两种定义，第一种是在社会主义建设事业中成绩卓著的劳动者，经职工民主评选，有关部门审核和政府审批后被授的荣誉称号；第二种是我们党在新民主主义革命、社会主义建设和改革开放不同历史阶段，为调动和激发工人阶级的先进性、创造性、历史主动精神，通过发现并开展选树先进典型活动而造就的优秀人物[①]。"劳"，表示劳动，这是劳模的基本前提。"模"，体现了一种"示范"和"楷模"的价值导向，一种可近、可亲、可信、可学的榜样作用。"劳模"是对生产建设中先进人物的一种崇高称号，以表彰劳动中有显著成绩或重大贡献，可以作为榜样的人。

劳动模范分为全国劳动模范与省、部委级劳动模范、市级劳动模范和县级劳动模范等。一些大企业也评选企业劳动模范。另外，"五一劳动奖章"和"五一劳动奖状"是中华全国总工会为表彰在技术创新、管理创新和体制创新中取得显著成绩，为经济建设和社会发展做出了突出贡献的先进个人和集体，是中国劳动者最高奖项之一。

（二）劳模的社会贡献

在国家建设发展中，劳模是各行各业的杰出代表，在他们身上体现着社会对某一类劳动方式、劳动精神的最高评价。劳模是先进生产力、先进生产关系的优秀代表，也是先进文化的优秀代表。同时，劳模及其群体也是巩固国家政权的社会支柱、党和政府联系人民群众的桥梁与纽带。劳模以自己的聪明才智和奉献精神为国家经济建设默默无闻地作贡献，以自己的创造性劳动推动着社会进步，以自己的崇高思想和先进事迹为全国人民树立了学习的榜样和光辉的旗帜。

习近平总书记在一系列重要讲话中多次提及劳动模范，并用较多篇幅论述劳动模范的历史贡献和劳模精神的宝贵价值。2013年以来，他先后指出，"劳动模范是民族的精英、人民的楷模""一代又一代的劳动模范和先进工作者、先进人物，是我国劳动人民的杰出代表，是祖国和人民的骄傲""劳动模范和先进工作者是坚持中国道路、弘扬中国精神、凝聚中国力量的楷模""劳动模范是劳动群众的杰出代表，是最美的劳动者"，充分肯定

---

① 杨冬梅、赵健杰.劳模学概论［M］.北京：人民出版社.2020：13.

广大劳动模范和先进工作者①。2020年11月24日，习近平总书记在全国劳动模范和先进工作者表彰大会上发表的重要讲话中强调，"劳动模范是民族的精英、人民的楷模，是共和国的功臣。我国是人民当家作主的社会主义国家，党和国家始终坚持全心全意依靠工人阶级方针，始终高度重视工人阶级和广大劳动群众在党和国家事业发展中的重要地位，始终高度重视发挥劳动模范和先进工作者的重要作用。"这些重要论述充分体现出中共中央对劳动模范成绩的高度认可，对劳动模范的殷殷关怀。

二、劳模评选标准与范围

我国的劳模评选可回溯至20世纪50年代初，每届劳动模范和先进工作者的评选标准和评选范围存在差异。

（一）中华人民共和国成立初期

我国分别于1950年、1956年、1959年和1960年召开了四次劳模大会。这个时期百废待兴，为恢复发展国民经济，进行社会主义建设，劳动模范评选标准沿用了革命战争时期的经验做法，围绕社会主义劳动竞赛和生产运动，强调超额完成任务、推广先进经验、大搞技术革新、提出合理化建议等在经济生产方面的贡献，加班加点、努力工作是主要标准。

其中，1959年劳模大会评选范围以工业、交通运输、基本建设、财贸等领域为主，1960年劳模大会增加了教育、文化、卫生、体育、新闻等领域，参评范围进一步扩大。这一时期的劳模主要来源于基层，一线产业工人是主流，这与国家恢复生产、发展工业、提高劳动生产力水平的需求紧密呼应。

这一时期劳动模范代表人物有李凤莲、孟泰、林巧稚、钱学森、张秉贵、王进喜等人。他们勤勤恳恳、任劳任怨、勤俭节约、艰苦奋斗的"老黄牛"精神，影响了整整一代人。

（二）改革开放初期

20世纪70年代召开了5次劳动模范和先进工作者表彰大会，其中1977年1次、1978年2次、1979年2次。这样频繁和密集的主要原因是20世纪60年代中期至70年代中期国家的经济及社会发展遭受了很大的冲击，亟须发挥劳模的模范带头作用，引导广大劳动者投入到社会主义现代化建设中。

改革开放的号角吹响后，在"实现四个现代化"的宏伟目标下，广大劳动者充满理想，劳动模范们更是富有激情。1979年，中共中央、国务院第一次对"劳模"和"先进"进行了理论概括——他们"必须是先进生产力的优秀代表，能体现社会发展的方向。判断一

---

① 周昭成，曾嘉雯.这些年，总书记点赞过的劳模[Z/OL].(2020-05-01)[2021-05-01].http://www.qstheory.cn/zhuanqu/2020-05/01/c_1125932410.htm.

个职工是不是模范,要看其在推动生产力方面是不是起了显著的作用,对社会主义事业是不是做出了较大贡献"。具体的评选指标有多项,第一项就是"对超额完成全国先进定额和计划指标有重大贡献者"。

随着邓小平同志关于"科技是生产力""知识分子是工人阶级的一部分"等论断的提出,部分科技人员也进入了劳模行列,这不仅扩大了劳模队伍的外延,也极大地鼓舞了广大知识分子和脑力劳动者的工作热情。

这一时期劳动模范代表人物有王崇伦、陈景润、申纪兰、袁隆平等,他们身上深刻地体现了"淡泊名利,献身科学"的崇高精神。

(三)劳模评选常态化时期

从1979年到1988年,受各种因素影响,没有开展全国性的劳模评选工作。1989年4月,国务院印发了《关于召开全国劳模和先进工作者表彰大会的通知》,要求"全国劳动模范和先进工作者必须热爱祖国、坚持四项基本原则,拥护改革开放方针"。这个评选标准延续至今。

1989年9月,全国劳动模范和先进工作者表彰大会召开。1995年至今,每隔五年召开一次,劳模评选进入常态化时期。2000年的评选条件为"在本职工作岗位上勇于开拓创新,为经济建设和社会发展做出突出贡献,有较为广泛的群众基础"。2005年首次允许私营企业主、进城务工人员和下岗再就业人员参选。2010年全国劳模评选条件增加到十条,再次明确外国人、港澳台人员及持有外国绿卡的人员都不能参加评选。随着改革的深化和劳动竞赛形式的不断创新,涌现了一大批具有时代特色的知识型、专家型、复合型的劳动模范和先进人物,专业技术人员占比不断提高,劳模群体涵盖的范围也更加广泛。

这一时期劳动模范代表人物有徐虎、包起帆、邓稼先、聂卫平、孔繁森、李素丽、许振超、窦铁成、巨晓林等。

时代在变化,劳模的评选随着改革开放不断深入推进,劳模的评判标准和人员构成也在不断变化。总体而言,劳模评选工作呈现出评选方式更加科学、评选标准更加合理、评选范围更加广泛以及评选规模日趋稳定的良好趋势。同时劳模精神也不是单一的、静止的,而是随着人们劳动活动、工作实践的深化和拓展不断丰富发展、与时俱进。

三、劳模精神的时代价值

在不同的历史阶段,劳模始终是彰显革命精神、民族精神和时代精神的一面旗帜,始终是推动社会进步的带头羊,始终是催人奋进的时代领跑者,劳模精神具有丰富的时代价值。

(一)国家层面

劳模精神为实现中华民族伟大复兴的中国梦注入强大的精神动力。中国梦是强国之梦,是实现国家富强之梦。推动事业发展、实现美好蓝图，要依靠全体劳动人民的智慧和创造。"空谈误国，实干兴邦"，只有脚踏实地地劳动，真抓实干、埋头苦干才能实现个人发展和社会发展，从而实现国家发展。劳模精神是引领中华民族发展的先进的、科学的、文明的思想道德和价值取向，代表的是优秀的价值观、道德观，展示的是中华民族顽强拼搏、自强不息的崇高品格，体现的是中华民族与时俱进、开拓创新的精神风貌。

（二）社会层面

劳模精神有利于营造崇尚劳动的浓厚氛围和精益求精的敬业风气。榜样蕴藏无穷力量，精神激发奋斗意志。劳模的最大价值在于给广大职工群众精神上的感染和鼓舞，影响和带动周围的人。劳模精神凝结着中华民族的优秀品德，闪烁着时代发展的光芒，为社会发展凝聚积极向上的氛围。大力弘扬劳模精神，有利于进一步激发人们心中蕴藏的道德热情，提升人们的工作积极性；有利于引导人们树立尊重劳动、学习劳模、争当劳模的思想意识；有利于营造社会良好的劳动氛围，促进社会公平正义的发展。劳模精神已经逐渐得到全体劳动人民的认同，各行各业都掀起了学劳模、做劳模的新风尚。

（三）个人层面

劳模精神可以感染并引领广大劳动者勤奋做事、勤勉为人、勤劳致富，培育并践行社会主义核心价值观，有利于培养德智体美劳全面发展的社会主义建设者和接班人。2018年9月10日，在全国教育大会上，习近平总书记再次指出："要在学生中弘扬劳动精神，教育引导学生崇尚劳动、尊重劳动，懂得劳动最光荣、劳动最崇高、劳动最伟大、劳动最美丽的道理，长大后能够辛勤劳动、诚实劳动、创造性劳动。"中国特色社会主义伟大事业需要依靠一代又一代中国人辛勤劳动、接续奋斗来实现。加强劳动教育，培育青少年深厚的劳动情怀，对于实现中华民族伟大复兴的中国梦至关重要。

案例 4-1

把青春和生命献给脱贫事业的黄文秀

在 2020 年的新年贺词中，习近平总书记点赞了一些"以普通人的平凡书写了不平凡的人生"的英雄，这些英雄中就有把青春和生命献给脱贫事业的黄文秀。这不是习近平总书记第一次点赞她，在此之前，习近平总书记对黄文秀先进事迹做出重要指示并强调：黄文秀研究生毕业后，放弃大城市的工作机会毅然回到家乡，在脱贫攻坚第一线倾情投入、奉献自我，用美好青春诠释了共产党人的初心使命，谱写了新时代的青春之歌。

黄文秀生前是广西壮族自治区百色市委宣传部干部。2016 年，她从北京师范大学研究生毕业后，回到家乡百色工作。2018年3月，黄文秀积极响应组织号召，到乐业县百坭村担任驻村第一书记，埋头苦干，带领88户418名贫困群众脱贫，全村贫困发生率下降20%以上。2019年6月16日，黄文秀周末回田阳县看望病重手术不久的父亲后，当日暴雨，她心系所驻村群众的生命财产安全，连夜开车返回工作岗位，途中遭遇山洪暴发，不幸遇难，年仅30岁。黄文秀是在习近平新时代中国特色社会主义思想指引下成长起来的优秀青年代表，是在脱贫攻坚一线挥洒血汗、忘我奉献的基层党员干部的缩影。2019年7月17日，中华全国总工会追授黄文秀全国五一劳动奖章。

摘编自求是网（2020年5月1日）

模块二　劳模精神的内涵

据新华社2020年11月24日报道，习近平总书记在全国劳动模范和先进工作者表彰大会上的讲话中指出，要大力弘扬"爱岗敬业、争创一流，艰苦奋斗、勇于创新，淡泊名利、甘于奉献"的劳模精神。24字劳模精神是对劳模们崇高精神的全面概括，也是引领各行业劳动人民共同奋斗的精神指引。

一、爱岗敬业、争创一流

爱岗敬业是爱岗与敬业的总称。爱岗，就是热爱自己的工作岗位，热爱本职工作。工作岗位没有高低贵贱之分，也没有价值大小之别。敬业，就是以高度负责的态度对待自己的工作，忠于职守，把职业当事业。爱岗和敬业互为前提，相辅相成。爱岗是敬业的基石，敬业是爱岗的升华。

争创一流是一种积极奋发的精神风貌，是一种凝心聚力的目标追求，可以内化为每个人的工作动力之源。劳模们积极参加技术革新、技术协作、发明创造活动，充分焕发创新潜能和创造活力，创造一流的工艺、一流的质量、一流的管理、一流的服务，推动我国社会生产力水平不断跃升。

"爱岗敬业、争创一流"是劳模的奋斗目标，是劳模精神的本质特征。劳动模范用自身模范行为带动广大群众立足本职、尽职尽责、精益求精，在平凡工作岗位上做出不平凡的业绩。

全国劳动模范李素丽把"全心全意为人民服务"作为座右铭，真诚、热情地为乘客服务，被誉为"老人的拐杖，盲人的眼睛，外地人的向导，病人的护士，群众的贴心人"。全国劳动模范李斌自主设计了刀具，改进工装夹具，先后开发新产品55项、工艺攻关201项、加工工艺编程1500多条，直接创造经济效益830多万元。

二、艰苦奋斗、勇于创新

艰苦奋斗是一种精神追求、工作作风和生活态度，也是我们党的优良传统。劳模的艰苦奋斗精神是综合性、全方位的"精神链"，渗透、贯穿于劳模精神的各个方面。在建设中国特色社会主义现代化的今天，艰苦奋斗精神不仅没有过时，而且应该进一步发扬光大。劳动者需要继续发扬艰苦奋斗精神，始终保持昂扬向上、奋发进取的精神状态。

勇于创新的精神是各行各业创新精神的总结，是一个民族进步的灵魂，是事业发展的不竭动力。在很多职工看来，技术创新是专家、技术人员的专利。其实，普通职工经过反复研究同样可以创造出令人瞩目的新技术。一线工人将科学家的实验成果、工程师设计的图纸变成现实的产品，也是个再创造的过程。

"艰苦奋斗、勇于创新"是劳模的精神风貌和品质体现。全国劳动模范马军武和妻子在极端艰苦的环境下，以哨所为家，23年风雨无阻地在20多公里长的边境线上从事巡边、护林、机守水任务，从未发生一起违反边防政策的事件。全国劳动模范孔祥瑞坚持学习、坚持实践、坚持创新，从一名只有初中文凭的码头工人，成长为一名享誉全国的"蓝领专家"。他主持开展的技术创新项目200余项，创造效益过亿元，多个项目获得国家实用新型专利。

三、淡泊名利、甘于奉献

淡泊名利是以超脱世俗、豁达客观的态度看待一切。劳模具有淡泊以明志、宁静以致远的优秀品格，把为理想奋斗当作人生快乐的源泉，用高尚的理想和情操充实自己的精神世界，努力实现人生价值。许多劳模几年、十几年，甚至几十年如一日，在平凡的工作岗位上默默耕耘，并且能做到清心寡欲、淡泊名利、脚踏实地地实现人生理想和生命价值，成为广大职工和全社会尊敬的先进劳动者。

甘于奉献是指为了维护社会集体利益或他人利益，个人能够自觉地让渡、舍弃自身利益的一种高尚品格，是中华民族世世代代自强不息的精髓。奉献是一种高尚的情操，无论时代发生怎样的变化，奉献永远是鼓舞和激励人们奋发向上的巨大力量。

"淡泊名利、甘于奉献"是劳模精神中凝结的恒久不变的核心价值和内在动力，体现了他们不求索取、不为名利的精神品质。申纪兰曾于1952年、1978年、1989年三次被评为全国劳动模范。1954年她提出男女同工同酬的权利，后来被写入中华人民共和国1954年的宪法。她当选山西省妇联主任时，她郑重地向组织提出："我永远是一个普通农民，不领工资，不转户口，不定级别，不配专车。"申纪兰生活拮据，每年除了国家的一点补助和村里的几百元补贴外，她的收入主要依靠1亩4分责任田，其他贴补她一概不要。她对此有一个朴素的解释："党员干部的本色是啥？是劳动，是奉献，是服务。"

案例4-2

"最美驾驶员"吴斌

2012年5月29日，杭州长运驾驶员吴斌驾驶客车从无锡返回杭州。途中，一块从空中飞落的铁块迎面击碎车辆前挡风玻璃，击中了吴斌的腹部和手臂，致其重伤。吴斌强忍着剧痛将车辆缓缓停下，安全疏散旅客，最终挽救了24名乘客的生命，而吴斌却因受伤严重不幸去世。"最美驾驶员"吴斌荣获由交通运输部追授的"爱岗敬业驾驶员楷模"称号。吴斌精神是我们全社会共同的精神财富。

杭州长运公司党委副书记李远龙说："每次检查车辆，吴斌都会用铁锤敲打车胎，边敲，边把耳朵贴近，细细听，容不得一丝异响。每次出车回来，他都要花上一两个小时彻底清洗车辆。连轮胎上黏着的口香糖、嵌着的小石子都不放过。"

吴斌生前的同事余伟哽咽着讲述："吴斌就是个把别人的困难记在心里的人，你需要时，他会主动帮你。"今年春运期间，余伟腰疼得厉害，吴斌知道后主动把他送到省中医院看病，回家时已经深夜11时了。

俞冰清来自杭州，是交通行业的一名职工，她说："吴斌事迹感人，因为他用生命最后能量回报了一车乘客的安全托付，在交通事故屡引信任危机的当下，完成了一次'聚合良心'的道德救赎。"

杭州市已授予吴斌见义勇为奖，省总工会授予其"浙江省劳模"称号。

摘编自《工人日报》（2012年7月17日）

模块三 职业道德范畴与行为规范

职业道德是从业者在职业活动中应该遵循的符合自身职业特点的职业行为规范，是人们通过学习与实践养成的优良职业品质。职业道德行为规范是根据职业特点确定的，它是指导和评价人们职业行为善恶的准则。

一、职业道德的主要范畴

职业道德与职业义务、职业权力、职业责任、职业纪律、职业良心、职业荣誉、职业幸福和职业理想等紧密相关,这些都是职业道德在职业活动不同方面、不同层次的反映和折射。

(一)职业义务

职业义务是指从业人员在职业活动中对他人、对社会应尽的责任和不要报酬的奉献。它是一定社会、一定阶级、一定职业对从业人员在职业活动中提出的道德要求,又是从业人员对他人、对社会应该承担的道德责任。比如,"救死扶伤,实行革命的人道主义"既是医疗职业对医生提出的职业道德要求,又是医生对病人应承担的道德责任。

职业义务具有利他性,也就是从业人员在履行职业义务时,实际上做出了有利于他人、有利于社会的行为,这种行为的客观效果是对他人有利,而不是对自己有利,甚至有时还要做出某种程度上的自我牺牲。比如司机在履行"安全行驶"的义务时,就要全神贯注而不去观赏沿途的风光;交警在履行"站岗执勤"的义务时,就要经受严冬酷暑的考验;教师在尽"教书育人"的义务时,就要像蜡烛照亮别人,"燃烧"自己。职业义务具有无偿性,是指从业人员在履行职业义务时,不把谋求个人权利和回报与履行职业义务相联系或相对应。比如国家安全工作人员要履行"保守国家机密"的义务,共产党员要履行"执行党的决定,服从组织分配"的义务。履行职业义务是每个从业人员义不容辞的责任,忽视或者逃避职业义务是违反职业道德的行为。

(二)职业权力

职业权力是指从业人员在自己的职业范围内或职业活动中拥有的支配人、财、物的力量。职业权力不只属于有领导权的人,所有从业人员,哪怕是最基层最普通的人员,都有相应的职业权力。例如,交通警察在交通岗位上,有指挥来往车辆行驶与否的权力,有对违反交通规则的驾驶员进行罚款、没收驾照、予以相应处罚等权力。每个从业人员都有相应的职业权力,其核心是如何使自己手中的职业权力为广大人民群众服务。

一些行业腐败和不正之风恰恰就和滥用职业权力有关。"冷、硬、拖、抵、推"的工作态度,"门难进、口难开、脸难看、事难办、理难辩"的衙门作风,干哪行吃哪行带来的"吃、喝、卡、拿、要"的工作行为,"电老虎""税老虎""路霸""水霸"等负面现象都是滥用职业权力导致的行业不正之风。在职业权力的执行中,从业人员要严于律己,不该得的不得、不该拿的不拿,绝不能以权谋私、损公肥私、化公为私,敢于抵制滥用职业权力的不正之风。

（三）职业责任

职业责任是指从事某种职业的个人对他人、集体和社会所应承担的责任。职业责任是社会义务、使命、任务的具体体现。由于职业分工不同，行业特点不同，职业的作用不同，从业人员承担的职业责任也就有所不同。职业责任一般用岗位职责、业务规范、规章制度、任务目标或行为公约等形式来表现。例如，工人的职业责任主要是坚守生产岗位，维护生产秩序，学习科学文化，钻研业务技术，文明生产，保质保量完成生产任务，创造更多的物质财富。

各行各业的职业责任各不相同，但忠于职守、尽心尽力，保质保量，按时完成党和国家、行业、单位交给自己的各项任务，安心本职工作，以主人翁的态度对待本职工作等，都是共同的职业责任要求。达到了这些要求，就是具体地履行了自己的职业责任。

案例 4-3

习近平会见四川航空"中国民航英雄机组"全体成员

中共中央总书记、国家主席、中央军委主席习近平专门邀请四川航空"中国民航英雄机组"全体成员参加庆祝中华人民共和国成立 69 周年招待会。

习近平表示，5 月 14 日，你们在执行航班任务时，在万米高空突然发生驾驶舱风挡玻璃爆裂脱落、座舱释压的紧急状况，这是一种极端而罕见的险情。生死关头，你们临危不乱、果断应对、正确处置，确保了机上 119 名旅客生命安全。危难时方显英雄本色。你们化险为夷的英雄壮举感动了无数人。得知你们的英雄事迹，我很感动，为你们感到骄傲。授予你们"英雄机组""英雄机长"的光荣称号，是当之无愧的。

习近平强调，平时多流汗，战时少流血。危急关头表现出来的沉着冷静和勇敢精神，来自你们平时养成的强烈责任意识、严谨工作作风、精湛专业技能。你们不愧为民航职工队伍的优秀代表。我们要在全社会提倡学习英雄机组的英雄事迹，更要提倡学习英雄机组忠诚担当、忠于职守的政治品格和职业操守。

习近平指出，伟大出自平凡，英雄来自人民。把每一项平凡工作做好就是不平凡。新时代中国特色社会主义伟大事业需要千千万万个英雄群体、英雄人物。学习英雄事迹，弘扬英雄精神，就是要把非凡英雄精神体现在平凡工作岗位上，体现在对人民生命安全高度负责的责任意识上。

四川航空"中国民航英雄机组"全体成员分别是：飞行机组责任机长刘传健、第二机长梁鹏、副驾驶徐瑞辰、客舱乘务组成员毕楠、张秋奕、杨婷、黄婷、周彦雯，航空安全员吴诗翼。为表彰他们成功处置"5·14"事件，6 月 8 日，中国民航局和四川省政府授予川航 3U8633 航班机组"中国民航英雄机组"称号,授予机长刘传健"中国民航英雄机长"称号。

摘编自央广网(2018 年 10 月 1 日)

(四)职业纪律

职业纪律是在特定的职业范围内从事某种职业的人们要共同遵守的行为准则。人们常说,党有党纪,国有国法,家有家规,厂有厂律。为了维护正常的生活和工作秩序,确保安全生产,确保产品质量,各行业、各单位、各岗位都要制定自己的行为规则,这些行为规则对本行业、本单位、本岗位的从业人员来说都是职业纪律。这种由不同组织制定的规章制度,就是人们通常所说的纪律。比如,在银行工作的职员,必须为存款人的姓名、地址、金额、密码保密。

不同职业的职业纪律有共同性,比如个人服从组织,下级服从上级;上班不迟到、不早退、不旷工;要照章办事等。同时职业纪律也有特殊性,比如一些工作内容涉密,不该问的不问,不能打听的不打听等。这些职业纪律都是维护国家、集体、个人利益的行为准则,要求有关从业人员在职业活动中必须遵守,具有强制性。制定纪律的目的是维护集体和人民的共同利益,确保大家正常的工作秩序和生产秩序。

(五)职业良心

职业良心是指从业人员在职业活动中对工作的负责精神、对他人的同情感、对社会的责任感、对自己职业行为的是非感和对错误行为的羞耻感。

职业良心与职业义务相辅相成,互相促进。职业义务是他人和社会对从业人员提出的客观要求和愿望,为了满足人们的这些要求和愿望,必然要借助于职业良心这一内在驱动力,通过尽到职业义务来实现。因此,职业义务迫使人们要讲良心;而职业良心又使职业义务的履行得到切实保证。这样,人们在职业良心促使下履行职业义务,在履行职业义务的过程中培养他人和社会期待的职业良心,以实现职业义务与职业良心互相促进的良性循环。在工作中,做到事前"扪心自问",事中"良心发现",事后"问心无愧",既是讲职业良心应有的要求,也是培养职业良心有效的手段。

(六)职业荣誉

职业荣誉是社会对职业行为的社会价值所作出的肯定性评价,也是从业人员对自己的职业行为所具有的社会价值的自我意识和自我体验。换句话说,职业荣誉就是从业人员的职业行为得到社会的公认、肯定和褒奖以及从业人员对自己的职业行为的肯定和欣赏。

在职业生涯中，劳动者需要树立正确的职业荣辱观，在职业活动中明辨是非，分清善恶美丑，判断和选择正确的职业行为。劳动者争取职业荣誉的动机要纯洁、纯正、不能太功利，不以金钱的多少和地位的高低来评价贡献的多少。同时，获得职业荣誉的手段要正当，不能对荣誉斤斤计较，也不能靠毁坏他人的声誉来抬高自己的身价和地位，更不能欺上瞒下、弄虚作假骗取荣誉。最后，对待职业荣誉的态度要谦虚，要把它作为新的起点，以更加谦虚的态度、更加努力的工作来回报单位和社会的认可和表彰。

（七）职业幸福

职业幸福是指从业人员经过辛勤奋斗后实现职业理想而获得的精神满足和愉悦。比如保质保量完成生产任务后就会产生一种心情愉快的感觉；通过钻研努力，解决了某一项技术难题，得到领导和同事高度评价，就会产生一种精神上的满足感；攻克难关做出某项创新和发明，就会产生一种自豪感。所有这些，都是职业幸福的具体体现。

每一种职业、每位从业人员都有自己的职业幸福。环卫工人起早摸黑地保洁劳动使人们生活在整洁卫生的城市，他会为此感到幸福；交通警察春夏秋冬不分昼夜、不畏严寒地在现场指挥，保证了群众出行安全，他也会为此感到幸福。

（八）职业理想

职业理想是指人们对未来职业和所要取得何种成就，对社会作出哪些贡献的向往和追求。一个理想的职业不仅是人们谋生的手段，而且能更好地发挥人的聪明才智，在实现为人民服务、奉献社会的同时，实现个人的人生价值。

树立正确的职业理想，才能明确个人奋斗的正确方向，坚定为中国特色社会主义事业奋斗的信念，增强为追求事业成功而战胜困难的力量，最终实现人生价值。

二、职业道德的行为规范

职业道德的行为规范包括爱岗敬业、奉献社会、诚实守信、办事公道、服务群众等五个方面[①]，前两个方面与劳模精神高度契合，这里介绍后三个方面。

（一）诚实守信

诚实守信是做人的基本准则，也是社会道德和职业道德的基本规范。诚实就是表里如一，说老实话，办老实事，做老实人。守信就是信守诺言，讲信誉，重信用，忠实履行自己承担的义务。

---

① 张伟. 职业道德与法律 [M]. 2 版. 北京：高等教育出版社，2020：42.

（二）办事公道

办事公道是指人们在办事情、处理问题时，要站在公正的立场上，对当事双方公平合理、不偏不倚，不论对谁都是按照一个标准办事。办事公道要求从业者在职业活动中坚持工作原则，做到办事公开、公平、公正，做到办事合法、合情、合理，并充分体现追求公正，维护公共利益的精神。

（三）服务群众

服务群众就是为人民群众服务。服务群众不仅是对领导干部的要求，也是对每一位普通从业者的要求；服务群众不仅是对服务性行业的要求，也是对各行各业的共同要求。一切依靠人民群众，一切服务于人民群众，是我们党的群众路线的重要内容。

案例 4-4

全国劳动模范陆远秀：用情为民服务 用心为民分忧

"用情为民服务，用心为民分忧。"这是重庆市渝中区大溪沟街道人和街社区党委书记、居委会主任陆远秀同志多年来开展工作所一直秉承的宗旨。自2002年5月担任人和街社区居委会主任以来，陆远秀同志始终保持朴实、严谨的作风，用无私的奉献诠释了共产党员的风采。在她的带领下，人和街社区先后获得"全国创先争优先进基层党组织""全国文明社区""全国和谐社区建设示范社区""全国计生协先进单位"等10余项国家级荣誉。陆远秀个人也荣获全国"小巷总理"之星、"全国劳动模范"等荣誉称号。

作为社区党委书记，她切实履行党建工作"第一责任人"职责。人和街社区是重庆第一个党组织诞生地，结合这一特色，她着手打造离退休支部，带动其他支部一起学习、活动。打造重庆市首家"微型展览馆"，动员党员收集老物件，开展"红旗下的故事"、快闪"我和我的祖国""传承红色薪火"等特色活动。开展"十佳最美居民"评比，表彰110名热心社区工作、主动服务群众的党员，带动群众积极参与社区事务。尽心工作，为民排忧解难。

2020年新冠肺炎疫情形势严峻，防控工作任务重。她在脚骨折未愈的情况下，仍然心系居民群众，坚持到社区指挥工作，为打赢疫情防控阻击战而努力！多年来，她参加各种党员志愿服务活动上百次，帮助的辖区群众解决就业、化解纠纷、消除安全隐患，真正起到了党员模范带头作用。

摘编自央广网（2020年11月26日）

模块四　弘扬劳模精神与职业道德

劳模精神源于广大劳动者的从业经历,不仅与外在的职业有关,也与内在的道德有关。劳模精神与职业道德有共通性,弘扬劳模精神可以引领职业道德,良好的职业道德对弘扬劳模精神也有促进作用。大学生需要充分认识两者关系,同步弘扬劳模精神和职业道德。

一、劳模精神与职业道德的联系

（一）劳模精神囊括了职业道德的基本内容

"爱岗敬业、争创一流、艰苦奋斗、勇于创新、淡泊名利、甘于奉献"的24字劳模精神内涵与职业道德基本准则的"爱岗敬业、奉献社会、诚实守信、办事公道、服务群众"的内容高度契合。广大劳模不仅业务水平精湛,也具有高尚的职业道德。

（二）劳模精神为职业道德的培养提供方向和目标

劳模精神和职业道德均以社会劳动过程为依托。在职业道德教育中融入劳模精神,可以起到鼓舞人心、振奋精神的作用,给劳动者以积极引导。劳模是各条战线上的劳动能手,不同企业、行业、产业中的劳模所体现的劳模精神具有不同的品格,对各行各业的职业道德养成都提供了明确的培养方向和目标。

（三）劳模精神促进职业道德修养的养成

学习职业道德理论知识是提升职业道德品质的基础,但职业道德认知并不等于职业道德的养成,必须将职业道德与工作岗位实践相结合。劳模在工作岗位上表现出的艰苦创业精神、忘我的劳动热情、强烈的奉献精神、锲而不舍的开拓意识,很好地体现了职业实际中的道德规范。因此,全社会需要弘扬劳模精神、以劳模高尚人格和动人事例来教育和感染劳动者,使劳动者能够明白职业道德修养的重要性。

二、以劳模精神引领职业道德

（一）摆正心态,人人皆可学劳模

劳模绝不平凡,并非人人皆能为劳模,但平凡人完全可以学习劳模精神。劳模的典型事迹,普通职工也能做到,只要我们愿意去做,只要有心、用心、恒心,从今天做起,做好本职工作,以平常心把每一件事情都做到尽心尽力,就是践行了劳模精神。

（二）以劳模为目标，找到差距，找准自身定位

与劳模的先进事迹相比，大多数普通劳动者确实存在一定甚至很大的差距。学习劳模精神，就要以劳模为榜样，主动找出差距，学习领会劳模先进事迹的精神实质，学习劳模的优秀品质。只要认真领会，认真践行，普通劳动者也会取得不平凡的成绩，逐渐成长为行业内的佼佼者。

（三）激发职业热情，在本职工作中作出贡献

对每一个普通职工来说，学习劳模精神并不需要有惊天动地的业绩，更多的是享受向劳模先进学习的过程，发现劳动的乐趣，激发对职业的热情，并最终在实际工作生活中取得进步，作出贡献。学习劳模精神绝不是盲目照抄照搬。不能因为某劳模是钢铁公司的炉前工，就改行当炉前工；不能因为某劳模是企业家，从此就想下海经商。我们要细细体会劳模精神的实质，只要尽心尽力做好每一件事情，只要有水滴石穿的坚忍精神，终将放射出耀眼的光彩。

三、大学生如何提升职业道德

职业道德修养是一种自律行为，是从事各种职业活动的人员按照职业道德基本原则和规范，在职业活动中所进行的自我教育、自我改造、自我完善，使自己形成良好的职业道德品质，达到一定的职业道德境界。提升职业道德修养，提高职业道德水平，不仅是建设和谐社会、实现中国梦的基本要求，也是形成职业个体和群体美好形象、促进行业兴旺发达的内在要求。

（一）学习理论，以模范人物为榜样

只有学习和掌握了科学理论，才能坚持职业道德修养的正确方向。新时代的劳模为我们加强社会主义职业道德修养树立了榜样。大学毕业生要虚心了解职业模范的典型事迹，不但要向这些模范人物学习，还要向身边的老师、同学、工厂的师傅学习，学习他们的长处，克服自己的缺点，把职业道德境界提升到一个新的高度。

（二）自觉提高职业道德修养

在职业道德修养上，自觉是非常重要的。人一旦有了自觉性，就能处处留心，时时提醒自己，严格要求自己，提升自己的职业道德水平。良好的习惯一经形成就是终身受用的资本；反之，不良的习惯则会成为一生的羁绊，阻碍自己的发展（图4-2）。一个整天喜欢蒙头大睡，在宿舍沉迷游戏的人，不可能在梦中成就他的事业。

大学生的自我管理和约束能力相对较低，但具有很强的可塑性和可引导性，若能从自

己内心培植职业道德的土壤，建立长效自我约束机制，就会在工作中爱岗敬业、谦逊礼让、严于律己、宽以待人；在感情上，以为社会多做贡献为荣，以自己的劳动成果能为社会和他人带来幸福为乐，从而更好地在自我教育中提升职业道德水平。

图 4-2　阻碍自己发展的常常是自己

（三）积极参加社会实践活动

参加社会实践是提高职业道德修养的根本途径。人的道德品质不是与生俱来的，是在长期的社会实践中逐步形成和发展的。实践是人们养成道德品质的源泉，也是进行职业道德修养的目的和归宿。大学生在学习职业道德理论的基础上，只有不断融入社会，把自己的学习和社会实践活动联系起来，才能更深刻地认识自身的价值所在，正确审视自己的不足，并在社会实践中锻炼自己，陶冶自己，完善自己，最终提升职业道德水平。

互动交流

1. 各个时期的劳模有哪些共同点？
2. 劳模精神的内涵是什么？
3. 大学生应如何弘扬劳模精神？
4. 联系自身实际，如何提升职业道德？

案例任务

"马班邮路"上的传奇

1984 年，19 岁的王顺友接过父亲的班，当上了木里县邮政局的邮递员，从此过上了与马为伴的日子。在 21 世纪以前，木里大部分的乡镇都不通公路和电话。以马驮人送为手段的邮路是当地乡政府和百姓与外界保持联系的唯一途径。全县除县城外，15 条邮路全部是"马班邮路",而且绝大部分在海拔4000米以上的高山上。王顺友负责的是从木里县城至白碉乡、三桷桠乡、倮波乡、卡拉乡的邮路,一个月里,他有28天奔走在路上,往返584公里。

先翻越海拔5000米、一年中有一半时间被冰雪覆盖的察尔瓦梁子,再走进海拔1000米、最热时气温高达40摄氏度的雅砻江河谷,途中穿越大大小小的原始森林和山峰沟梁……季节的变换浓缩在每一趟28天的路途中。有时候,甚至在一天里也能经历从严冬到酷暑。

冬天一身雪,夏天一身泥,饿了吞几口糌粑面,渴了喝几口山泉水或啃几口冰块,晚上蜷缩在山洞里、大树下或草丛中与马相伴而眠,如果赶上下雨,就得裹着雨衣在雨水中躺一夜。冰雹、暴雪、大雨、泥石流,不期而遇的自然灾害让这条无人相伴的道路变得危机四伏。

1988年7月,在去倮波乡路上,他滑着溜索横渡雅砻江,眼看就要滑溜到对岸时,挂在索道上的绳子突然断开,他从两米多高的空中重重地摔了下去。幸好这一摔只是摔在了沙滩上,人没事,邮包却掉入了江里。不懂水性的他心急如焚,从地上抓起一根树枝跳进江中,拼命地找邮包。当他费尽全力把邮包捞起来时,人已累得趴在沙滩上久久无法动弹。

1995年的秋天,在雅砻江边一个叫"九十九道拐"的地方,一只山鸡突然飞了出来,受惊的马狠狠地踢了王顺友的肚子一脚。尽管当时钻心的痛让他直不起腰,但他坚持把所有邮件送完。回到县城医院检查时才知道大肠已被踢破,死神再一次擦肩而过。

1998年8月,木里县遭遇泥石流,进入白碉乡的路、桥全被冲毁,白碉乡成为"孤岛"。按规定,王顺友可以不跑这趟邮班,但当他在邮件中发现两封大学录取通知书时,骑上了马,急急忙忙地出发了。到达目的地时,15公斤的邮件干干净净、完好无损,而污水、泥土和鲜血却沾了他一身。看到手捧通知书的王顺友,学生和家长眼泪止不住地流。

"乡亲们需要我,我也离不开他们。"王顺友总这么说。王顺友以深沉和质朴,把生命中壮丽的青春无私无求无怨无悔地奉献给邮政事业,在平凡中铸造不平凡,在普通中彰显着崇高,他是爱岗敬业的楷模。他被授予"优秀共产党员"称号,还被评为全国劳动模范和全国道德模范。

摘编自《人民日报》(2016年6月22日)

请分析:

1. 王顺友身上体现的哪种劳模精神让你印象深刻?
2. 从王顺友身上,你可以从哪些方面学习劳模精神?

第五讲

工匠精神与职业技能

本讲概要

从"中国制造"向"中国智造"的转变需要千千万万名大国工匠,更需要全社会的劳动者以大国工匠为榜样,弘扬工匠精神,提升职业技能。职业技能作为劳动者应具备的基本素质,对劳动者个人和国家都具有重要意义。本讲首先讲述工匠的历史演变,对比德国、瑞士、美国、日本和中国的工匠精神,然后讲述职业技能对普通劳动者、国家的微观和宏观价值,最后讲述在职场新人成长为大国工匠过程中,国家、社会和企业的角色及劳动者本人的实践路径。

学习目标

1. 理解中外工匠精神的基本内涵。
2. 明确职业技能与劳动者及国家发展的关系。
3. 列举劳动者提升职业技能的主要路径。

内容导图

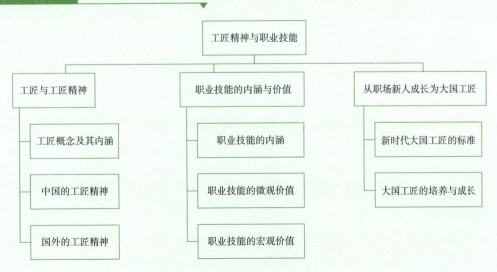

> 导入案例

以手作尺——气井"急诊医生"邓远平

中石化西南石油局采气首席技师邓远平很多年来练就了一个"绝活":通过眼看、手摸就能掌握各种采气设备零件的具体尺寸,拇指是1厘米、1拳头是10厘米、"一拃"则是20厘米。邓远平是一名"油二代",他从3岁就跟着父亲——一名地质勘探工作者——到野外勘察,老一辈石油工人奉献精神很早就在他心中扎根。因此1987年,当他从技校石油钻井专业毕业后,就成为一名钻井工人。19岁的他,初心明确:"我这辈子既然干了这一行就要把它干好,最好能成为技师。"

因此,但凡跟他职业相关的技术,他都积极踊跃地学习,这为他日后成为采气工,处理井内事故,打下了坚实的基础。2012年,邓远平受派参与新场气田某气井发生的采油树刺漏险情任务处理,由于用肉眼没有办法观察险情,他就利用自己的技术和经验,站在齐小腿深的水中,愣是靠着手摸出了阀门的型号、扣型,从而制订抢险方案,实施抢险,仅用了5分钟便排除了险情,确保了井口安全。

对"以手作尺"的绝活,邓远平谦虚地表示:"这也不是什么很难的事情。"他说自己用尺寸量过自己的手指,然后在平时工作中用心去感受每个零件的尺寸,去分析、去记忆。正是靠着不断累积的经验,他成为有名的"采气专家"。云南某采气厂在开井过程中出现了二级节流失效、压力不可控制的情况,在"抢救"无效的情况下,临危受命的邓远平在赶赴现场途中,通过电话了解情况后,便初步明确了事故原因,还在车上的他就很快制订了处理方案,有效地缩短了抢险时间。

邓远平说,"工匠就是把手里的活儿做到极致"。工匠就是立足岗位,务实工作,追求完美:"把手里的活儿、该做的东西,做到极致、做到最好"。三十年来,邓元平从一名钻井工、采气工成长为采气首席技师,"对症下药"处理气井各类突发情况百余起。虽然经历过命悬一线的生死时刻,也曾三天三夜无法安睡,但他始终没有停下为川西数千气井"把脉诊断"的步伐。他说,身为一名技师,能够在现场解决问题,能够为同行传道解惑,是他最自豪的事。2016年,邓远平荣获全国五一劳动奖章,2018年1月获评首届"四川工匠"。"既然干了这行就要把它干好"是邓远平用了半辈子诠释的"工匠精神"。

摘编自新华网(2018年3月26日)

请思考:

邓远平的职业技能和工匠精神对企业发展的意义体现在哪些方面?

模块一　工匠与工匠精神

一、工匠概念及其内涵

在《现代汉语词典》中，工匠指的是"手艺工人"。在中国历史上，工匠最早出现于周代。例如《逸周书·文传解》中记载："山林以遂其材，工匠以为其器。"意思是说"山林长成树木，工匠们就可以利用它们制作成器物。"从古代文献中可以看出，在周代，工匠形成一个独立的社会群体，当时的工匠更多的是指木匠群体。

随着历史的发展，工匠一词的含义也逐渐变化。到了汉代，"工"的意思是"巧饰也。像人有规矩"（《说文解字》）。段玉裁将其解释为"凡善其事曰工"，即善于从事某种事业的人，都可称为"工"。"匠"是"木工也"（《说文解字》），即"工者，巧饰也。百工皆称工、称匠（图5-1）。独举木工者，其字从斤也。以木工之称引申为凡工之称也"。从事手工业者，都可以被称为"匠"，而它又是从木匠之意延伸出来的，可见此时工匠的含义已经从木匠扩大到整个手工业从业者了。

在当代，工匠的内涵更加广泛，"恪尽职业操守，崇尚精益求精"的广大劳动者都可以算得上"中国工匠"。因此，"工匠"是一个动态发展的群体名词，它在历史的发展过程中形成了独有的时代特点和精神追求。

图5-1　河北蔚县关帝庙中清乾隆时期《百工图·精选木料》

二、中国的工匠精神

许多研究者指出中国古代工匠精神中的某些特质：比如"实用理性下的创新精神""艺术审美下的求精精神""经验主义下的科学精神"以及对和谐、平等、敬业、法治等价值的追求。也有学者指出"在中国长达几千年的历史长河中，无论是官匠还是民匠，都体现了别无二致的工匠精神：①精益求精的专业精神。②勇于创新的探索精神。③由'技'至'道'的劳动精神。④诚实守信的职业精神。"在大历史的视野中，工匠精神的内涵早已蕴藏在中华优秀传统文化的基因当中，随着当代社会的变化，它再次绽放出独特的魅力。

2016年，国务院总理李克强在政府工作报告中指出，"鼓励企业开展个性化定制、柔性化生产，培育精益求精的工匠精神，增品种、提品质、创品牌。"这是第一次在官方正式文件中使用这一词。随后，全社会开始关注工匠精神。

2017年，"工匠精神"再次出现在政府工作报告中，具体表述为："全面提升质量水平。广泛开展质量提升行动，加强全面质量管理，夯实质量技术基础，强化质量监督，健全优胜劣汰质量竞争机制。质量之魂，存于匠心。要大力弘扬工匠精神，厚植工匠文化，恪尽职业操守，崇尚精益求精，完善激励机制，培育众多'中国工匠'，打造更多享誉世界的'中国品牌'，推动中国经济发展进入质量时代。"同年，习近平总书记在党的十九大报告中进一步指出"建设知识型、技能型、创新型劳动者大军，弘扬劳模精神和工匠精神，营造劳动光荣的社会风尚和精益求精的敬业风气。"党和国家领导人的这些论述，从不同角度申明了工匠精神在中华民族伟大复兴事业中所发挥的重要作用。

2020年，习近平总书记在全国劳动模范和先进工作者表彰大会上的讲话中进一步明确工匠精神是"执着专注、精益求精、一丝不苟、追求卓越"。工匠精神的传承和发展必须立足于国情。对于当代中国，工匠精神具备以下几个特点：

1. 爱岗敬业，执着专注

长久以来，技艺高超的工匠大师，其共同特点就是都十分热爱自己的工作岗位。只有热爱，才能执着地专注于所从事的工作和事业。例如文物修复师王津，就是一位在冷门领域中坚守自己的岗位，忠于自己的职守的工匠。他数十年如一日，坚持不懈，将一件件文物重新修复，将这份历史遗产传承下去。这种精神就是爱岗敬业、执着专注的写照。

图5-2 不论多么危险，桥梁检测工程师深入一线兢兢业业

2. 勇于创新，精益求精

随着科学技术的日新月异，广大劳动者也需要掌握最新技术，能够攻克一个又一个的技术难关。工匠精神就要求劳动者具备这样的素质与能力。劳动者在工作中精益求精，仔细打磨自己的工作，以没有最好、只有更好的态度，在日常的工作中不断地超越自我，挑战自我，勇于探索未知领域，实现技术的突破（图5-2）。

3. 态度严谨，一丝不苟

工匠精神的一个表现是要求劳动者在工作中严肃认真地对待自己的工作，把每一件小事做好，不放过任何细节。工匠精神不仅体现在发明创新中，还体现在平凡的日常工作中。即使是劳动者从事的职业工作可能没有多高的技术含量，但是能够保持严谨认真、一丝不苟的态度，也是一种工匠精神的体现。

4. 爱国爱企，追求卓越

工匠精神为劳动者指明了奋斗的目标与方向。工匠们热爱祖国，热爱企业和岗位，以高度的责任感做好本职工作，并且志存高远，追求卓越，努力为企业发展、行业发展和国家强盛贡献力量。在利益和诱惑面前，以大局为重，以祖国和人民的利益为重。

三、国外的工匠精神

相对于"工匠"一词意蕴的源远流长，"工匠精神"的概念出现相对较晚。随着近代工业文明的发展，"工匠精神"在欧美、日本等一些国家开始流传开来。在大多数人的思想认识中，西方国家在制造业领域的口碑值得赞叹。例如，一提起德国制造、瑞士制造、日本制造，人们总是对它们的产品充满信心。西方国家之所以能够获得这样的普遍印象，与其推崇的工匠精神密不可分。

（一）德国的工匠精神

德国工匠精神的特色之一是专注。在德国，绝大多数企业在创建之初就专注于某一领域，精耕细作，他们秉持的理念就是专注至极。在专注产品的生产过程中，他们又制定了严格的标准。德国人对生产出的产品都会进行严格的检测，不允许有不合格的产品进入市场。为了制造出符合标准的产品，德国人又在设计方面投入更多精力，逐渐形成了专注、严格、精细的德国工匠精神。

我们一提起德国，总会想到奔驰、宝马等跨国公司，但真正体现德国工匠精神的却是他们上千个中小企业，虽然名气不大，但很多都是各自行业领域中的领先企业。相关统计发现，在2764家全球领导企业中德国企业占47%。这些企业之所以能够取得这样的成绩，与其专注、严格、精细的工匠精神不可分割。

案例 5-1

"德国制造"的工匠精神

"德国制造"很久以来被视为是质量和信誉的代名词，但实际上"德国制造"在一定程度上是逼出来的。1871年德国统一后，为了追赶老牌强国，后起的德国曾对外国技术大量剽窃，也曾制造假冒伪劣产品。1876年，德国展品在美国费城世界商品博览会上无人问津。1887年，英国修改《商标法》，明确规定对进口的德国所有产品都要注明"德国制造"。可以说，当时的"德国制造"实际上被视为劣质产品。

为了改变这种困境，德国开始致力于打造真正的"德国制造"，西门子公司等一批世界级企业脱颖而出。德国人深深信奉"慢工出好活"的工匠精神，德国企业致力于打

图5-3 西门子的价值观

造百年老店。全德350万个企业中，90%是"家族企业"，家族企业百强中，平均历史都在90年以上。西门子公司的创始人维尔纳·冯·西门子表示"我决不会为了短期利润而牺牲未来"。为了保持技术领先地位，西门子每年将约10%的销售额用于研究和开发。

技工和工程师十分受人尊敬。"标准、完美、精准、实用"的文化特征更是深深地根植于德国员工内心。如彼得·冯·西门子曾说，"人口有8000万的德国，之所以有2300多个世界品牌，靠的是德国人的工作态度，是他们对每个生产技术细节的重视"（图5-3）。德国的工匠精神成就了"德国制造"，也使德国经济能够屹立潮头。

摘编自《人民论坛》（2018年第14期）

（二）瑞士的工匠精神

与德国接壤的瑞士，也是以工匠精神闻名的一个国家，特别是瑞士表业，更是享誉全球。瑞士在产品制造上特别讲求质量至上，以期能够延长产品的使用寿命。因此，瑞士企业对产品质量要求严格，在产品制造过程中十分注重精细化操作。瑞士手表之所以享誉全球就是因为它内部的零部件生产得非常精密。瑞士人的工匠精神还体现在他们对事物思考之缜密，例如瑞士军刀。瑞士企业还有一个非常显著的特征就是特别讲究传承性，瑞士有许多百年老店传承至今，究其原因就是他们对手工技艺传承的重视，有许多技艺是机器无法替代的，需要师徒、父子、家族的不断继承和发扬。

（三）美国的工匠精神

相比较严谨的欧洲人，美国人的工匠精神则具有自由的色彩。美国是一个移民国家，没有沉重的历史传承，因此更讲究思想自由，认为工匠是"自由思想的炼金术士"。第二次工业革命以来，美国诞生了许多著名的发明家，例如"发明大王"爱迪生、"电报之父"莫尔斯、莱特兄弟等等。他们发明这些事物都是建立在思想自由之上，他们对未知领域充满了好奇，并积极探索，由此衍生出的创新精神是美国工匠精神中的第二个特征。当他们产生了一种独特的想法之后，便会努力去付诸实践，将其转化为现实。创新面临着对未知领域的探究使命，因此美国工匠精神当中又包含着一种探险精神。例如富兰克林为了了解电的奥秘，进行了危险的风筝实验；莱特兄弟的发明过程也充满危险。美国的工匠为了实现自己的理想，都以探险的精神克服困难。与此同时，在探险的过程中还会相伴着种种困难，因此美国工匠精神当中又包含着不屈不挠的执着精神。例如爱迪生发明电灯的过程。所以，美国工匠精神的鲜明特色可以概括为自由、创新、冒险、执着。

（四）日本的工匠精神

与西方相比，东方文明有着自己独特的文化特点。日本工匠精神的很大特点就是家族的传承，这与瑞士的家族传承还不尽相同。日本的家族传承更多带有一种"家文化"的特点，比较重视等级传承。此外，日本企业在管理上形成了非常严格的研修制度，工匠要从学徒开始做起，要经历若干阶段的考核，考核合格后才能算得上是一名工匠。在整个研修过程中，老师傅会将每个家族秉持的核心理念传递给徒弟。在传承中，固定的生产活动得以形成，经过若干代的传承，他们对于商品的生产近乎严苛，例如小野家在60年的时间里坚持只做寿司。因此，日本的工匠精神表现出家族传承、等级传承、学徒研修、精益求精等特点。

模块二　职业技能的内涵与价值

劳动者在成为一名卓越工匠的道路上，职业技能的提升是必不可少的。职业技能的水平在一定程度上决定着劳动者的职业成就。职业技能对劳动者个人和国家发展均有重要的意义和价值。

一、职业技能的内涵

（一）技能的概念

技能常被认为是"掌握和运用专门技术的能力"。无论从哪种角度理解技能，它们都有一些共同之处。首先，技能是需要经过训练才能够获得的一种能力，而不是一种生而具有的本能；其次，技能需要建立在一定的知识或经验之上，而不是凭空获得；再次，技能是为了实现一定的目的或完成某项活动，而不是机械的、无目的的运动；最后，技能存在提升的路径与空间，而不是固化的、不变的。

（二）职业技能及层级划分

按照职业对劳动者能力的不同要求，职业技能从低层级到高层级又可以分为基本技能、专业技能、特定技能。

1. 基本技能

基本技能是职业技能层级中最基础的能力，它是指从业人员应当具备的共同技能。劳动者具备的基本技能包括但不限于智力水平、体力水平、语言表达能力、基本认知能力等等。虽然在某些工作当中对上述能力的具体要求不同，但劳动者应当具备这类基本技能却是共识。例如，劳动者具备识字能力是当代社会对从业者最普遍、最基础的一项技能要求。

2. 专业技能

基本技能之上，是与职业相对应的专业技能。专业技能是指劳动者从事某一职业所具备的劳动技能。与基本技能相比，专业技能具有更明确的指向性，它往往由职业特点所决定。专业技能的发展与社会化分工的发展密不可分。不同职业的性质差别直接决定了该职业对劳动者的技能要求也不相同，甚至在行业内部，不同的岗位对于专业技能的需求也不相同。例如建筑行业和服务行业对职业技能的要求就不相同；又如交通运输行业的大型客车和货车驾驶员，不同岗位对驾驶员的要求不尽相同，在职业资格管理方面有不同的规定。这些表明，不同职业对于专业技能的要求存在不同，这是在基本技能上的进一步细化。

3. 特定技能

在职业技能层级划分中，处于最顶层的是特定技能。特定技能有两种：一种是在行业领域中掌握特定技能，对本行业存在的特殊情况进行处理；另一种是由于职业的特殊性，要求劳动者所具备的特殊技能。

虽然大多数行业中，劳动者具备基本技能或专业技能即可满足本行业的基本需求，但是由于行业的发展，在生产中会出现一些无法解决的问题，这就需要劳动者通过学习和实践掌握更好的特定技能，以满足行业特殊情况的需要。同样以交通运输行业驾驶员岗位为例，驾驶车辆是驾驶员职业的基本技能；其中大型客车和货车驾驶员的工作具有专业性，需要专业技能；但当一名驾驶员需要驾驶剧毒、易燃、易爆等运输车辆时，由于这些车辆比较特定，所以就需要驾驶员具有应急处置等特定技能。

在社会化分工中，存在一些特殊的行业，他们从事的工作具有极强的专业性，因此对劳动者技能的要求非常高，这种情况下就需要劳动者具备特定技能。劳动者需要经过专门的特殊培训，才能掌握此项工作的特定技能。这种情况普遍存在于特定行业中，例如消防员，他们不仅需要具备基本技能和专业技能，还需要进行严格的消防技能培训，而他们所培养的消防技能，并非日常大众的消防知识和技能，而是专门用于消防的能力需求，必须经过专业培训。这就是特定行业中应具备的特定技能。

职业技能的不同层级有机地构成了一个整体系统。这三个层级依次递升，构成了一名劳动者不断成长的技能之路。

二、职业技能的微观价值

（一）基本技能是从事职业工作的基本前提

劳动创造幸福生活，但是在任何历史社会条件下，人们无法仅凭借使用劳动力即可获得生存，即使是在古代小农社会中，农民或许不认字，但是他也在实践中逐渐积累了基本的自然气候知识，以满足农业生产的需要。古代工匠们即使没有接受过文化教育，但基于长期以来的劳动经验，能总结出朴素的科学原理。而在现代社会条件下，没有仅凭原始本能便可生存的可能。当代社会对于劳动者基本技能的需求越发严格，不具备基础职业技能的人，无法适应社会分工的需要，无法成为一名合格的劳动者，连生存都存在困难。因此，从最基本的生存角度而言，劳动者应当具备职业技能。

（二）专业技能是实现职业发展的必备基础

第一，劳动者要学习、掌握超越基本技能的专业技能，由此进入到更加专业的行业中，将比单纯需要基本技能的行业创造更多的劳动附加值。例如在国有企业改革中，许多没有专业技能的劳动者成为首先被淘汰的对象，而大批量的专业技术人才得到了保留，并且在待遇上普遍得到了提升。第二，劳动者要尽可能地掌握较多的专业职业技能，以满足社会化分工和科技现代化带来的影响，从容应对职业变动带来的影响。从劳动者的角度来说，当其掌握更多的专业技能时，他们有更多的主动权来提升自身的劳动条件和劳动待遇，面对行业间的人员流动，多技术人才有更大的优势。相反，具备单一专业技能的劳动者会面临行业变动带来的失业风险。

例如，2018年某高速公路决定关停部分收费站人工服务，一部分收费员将下岗。其中有收费员表示："我今年36岁了，我的青春都交给收费了，我现在啥也不会，也没人喜欢我们，我也学不了什么东西了。"这种现象反映了当劳动者只具备单一专业职业技能时可能面临的风险。因此，对劳动者而言，多专业的职业技能提升是应对失业风险及提升个人劳动待遇的有效途径。

（三）特定技能是实现人生价值的必要条件

从特定技能的角度而言，它是实现劳动者个人价值和人生理想的重要条件。对于劳动者而言，上升到特定职业技能层次，意味着他已经发展成为社会专业人才的高度，无论是从特定职业的角度出发，还是从普通职业的特定需求出发，他们都是社会不可或缺的一分子。他们关注的也不仅仅是物质生活的改善，同时也更关注个人价值和人生理想的实现。根据马斯洛需求层次理论，当劳动者实现了最基本的"生理需要""安全需要""归属和爱的需要"后，他会追求更高层次的"尊重的需要"和"自我实现的需要"（图5-4）。劳动者在职业活动中，需努力提升自己的特定技能，以实现自我价值。

图5-4　马斯洛需求层次理论

总之，提升职业技能对于广大劳动者而言无疑具有重要的意义。通过职业技能的提升，广大劳动者将能够提升自身的科学文化水平，从事更广泛、更专业的职业，从而实现物质生活的改善和精神文明的提升。

三、职业技能的宏观价值

职业技能的提升不仅对于劳动者个人具有重要意义，对国家战略的实施以及中华民族伟大复兴也具有重要意义。2015年5月8日，国务院印发《中国制造2025》（图5-5），提出了"中国制造"与人才发展的紧密关系，指出"坚持把人才作为建设制造强国的根本，建立健全科学合理的选人、用人、育人机制，加快培养制造业发展急需的专业技术人才、经营管理人才、技能人才。营造大众创业、万众创新的氛围，建设一支素质优良、结构合理的制造业人才队伍，走人才引领的发展道路"。

图5-5　中国制造2025

我国技能人才的缺口比较大。根据新华网、搜狐网发布的数据，截至2015年，我国技能劳动者总量为1.57亿人，占就业人员的20%，其中高技能人才4136.5万人，占技能劳动者的比例仅为26.3%，占全体就业人员5%。2019年国务院发布《职业技能提升行动方案（2019—2021年）》，提出"到2021年底技能劳动者占就业人员总量的比例达到25%以上，高技能人才占技能劳动者的比例达到30%以上。"当前我国技能人才的实际发展现状与我国快速发展的经济存在步调不一致的情况，因此推动我国技能人才的培养对我国经济的持续增长，特别是推动"中国制造"战略的实施有着重要的意义。

（一）劳动力素质是经济增长的重要基础

在过去很长的一段时间内，低素质、低技术的廉价劳动力一直是我国劳动力大军中的主力，他们为我国经济的高速发展做出过突出贡献。但由此带来的弊端也十分显著，我国经济长期技术含量低，只能以出口加工为主，"世界工厂"名声的背后是劳动力技能、素质的全面落后。我国的高新技术产业的发展，缺乏足够的技能型人才的支撑。因此，为了实现新时期我国经济发展目标以及经济结构的转型，实现"中国智造""中国创造"，必须全面提升技能型劳动者的数量，扩大劳动力基础。在我国经济由高速增长转入高质量发展的背景下，对人才的要求也发生了转变。

21世纪以来，党和国家先后制定了《国家中长期人才发展规划纲要》《新时期产业工人队伍建设》等人才发展文件，其目的都是要建立科学合理、规模宏大、素质优良的劳动力大军，为我国科教兴国、人才强国战略提供源源不断的劳动力量。

（二）高技能人才是科技攻关的重要力量

提升技能人才特别是高技能人才的数量，对于我国实施重大科技攻关，推动高科技领域发展具有重要意义。《国务院关于印发＜中国制造2025＞的通知》指出，"中国制造"的核心目标是"把我国建设成为引领世界制造业发展的制造强国"，这包括"提高国家制造业创新能力、推进信息化与工业化深度融合、强化工业基础能力、加强质量品牌建设、全面推行绿色制造、大力推动重点领域突破发展、深入推进制造业结构调整、积极发展服务型制造和生产性服务业、提高制造业国际化发展水平"九大战略任务和重点。这就特别需要人才的保障，这里的人才专门指向高技能人才。高技能人才队伍在改革创新、攻坚克难中有重要的作用。未来中国制造的绝大多数任务都将围绕高科技领域展开。在这一领域当中，需要大量的具有特定技能的人才参与其中，这种特定技能指的是在某一行业领域中，经过钻研学习达到的一个极为高超的程度。只有扩大高技能人才队伍，国家在制造业领域的创新发展、品牌建设、重点突破和结构调整才有可能实现。

（三）参与全球化竞争需要充分的人才储备

"中国制造"的提出是为了适应全球产业竞争的新局面。我国在参与全球化竞争中，需要有足够充足的人才储备。国际竞争归根结底是人才的竞争。相比而言，我国的技能型人才储备一直处于落后的状态，特别是技能型人才占就业人数比例相对偏低。近年来，随着中美贸易摩擦的不断升级，美国对中国实行技术限制，例如限制对华芯片出口。在未来发展中，为了不被霸权所挟制，技术上不被"卡脖子"，实施"中国制造"战略有着深远意义。

案例 5-2

"中国制造 2025"下的高技能人才培养

未来工业生产的特征：产品由趋同向个性转变，每个生产者都将成为产品形态的设计者、创造者，生产由集中向分散转变，智能生产系统将完成大部分的简单劳动，人不再是生产线上简单的操作工，而主要是产品的设计者和智能生产系统的管理者。这就要求未来从事制造业的人才必须具备以下能力：

第一，信息技术将成为高技能人才必备的技术技能。

第二，未来技术技能人才要有良好的职业道德、工匠精神。

第三，未来技术技能人才要有较强的创新意识和扎实的基本功及学习能力。

第四，未来技术技能人才应是复合型人才。

第五，未来技术技能人才应具有迅速解决生产现场实际问题的能力。

第六，未来技术技能人才应具有良好的与人沟通和团队合作能力。

第七，未来技术技能人才应具有国际视野和跨文化交流能力。

从现状与未来制造业发展对人才的要求看，存在三大问题：第一，制造业人才结构性过剩与短缺并存，传统产业人才素质提高和转岗转业任务艰巨，领军人才和大国工匠紧缺，基础制造、先进制造技术领域人才不足，支撑制造业转型升级能力不强；第二，制造业人才培养与企业实际需求脱节，产教融合不够深入、工程教育实践环节薄弱，学校和培训机构基础能力建设滞后；第三，企业在制造业人才发展中的主体作用尚未充分发挥，参与人才培养的主动性和积极性不高，职工培训缺少统筹规划，培训参与率有待进一步提高。

摘编自中国教育在线（2016 年 8 月 29 日）

模块三　从职场新人成长为大国工匠

个人的成长不仅仅关系到自身的发展，还与国家发展紧密相关。因此，职场新人应当树立目标，努力使自己成长为一名有技术、有担当、有信念的"大国工匠"，为中国的社会主义建设贡献自己的一份力量。

一、新时代大国工匠的标准

2015年，中央电视台"五一国际劳动节"特别节目介绍了17位杰出劳动者，并将他们称为"大国工匠"。自此之后，"大国工匠"成为一个热门词汇。2017年11月23日，国务院总理李克强在会见第44届世界技能大赛中国代表团全体团员时，提到"要努力做大国工匠，把在世界技能大赛上取得的历史性突破融入日常工作中，带动各行业职业技能水平实现历史性突破。"可见，"大国工匠"已经成为党和国家对于广大劳动者的一种期待。

"大国工匠"中的"大国"，可以从两个层面来看：一方面它指的是中华民族广大的劳动者和建设者；另一方面，又指以实现中华民族伟大复兴为奋斗目标的劳动者和建设者。大国工匠为这个国家的富强繁荣贡献自己的力量，有着广阔的家国情怀，在个体身上体现出大国胸襟。

因此，能够秉持"工匠精神"，在社会主义建设事业中实现人生价值，以实现中华民族伟大复兴为己任的劳动者，都可以称为"大国工匠"。新时代大国工匠的基本标准有三方面。

（一）家国情怀和奉献精神

大国工匠需要具有家国情怀，热爱祖国，乐于为新时代中国特色社会主义现代化建设事业努力奉献。在《大国工匠》节目中，我们可以看到以高凤林、胡双钱为代表的大国工匠都具有浓厚的爱国情怀，他们在面对外国企业高薪聘请时，没有忘记自己为国奉献的信念，坚持自己的工作岗位，希望为国家重点建设工程奉献自己的力量。正是因为他们有这样的信念，我国的航天航空工程才有重大的突破。由此可见，爱国主义、家国情怀是大国工匠首先应当具备的条件。

（二）高超的技艺

高超的技艺是成为一名大国工匠的核心条件。中国船舶重工集团公司的顾秋亮负责为深海探测器"蛟龙号"安装观察窗，看似简单的一项工作却需要高超的安装工艺。由于"蛟龙号"要潜入海平面下几千米，甚至上万米的深海中，观察窗面临着海底极大的压强，观察窗与船体必须严丝合缝，才能避免渗透破裂，这需要观察窗玻璃与金属窗座之间的缝隙控制在 0.2 丝（厚度计量单位，0.2 丝约为一根头发直径的 1/50）以内（图 5-6）。可见，要想成为大国工匠，必须具备极其过硬的职业技能，甚至是顶尖的专业技能。

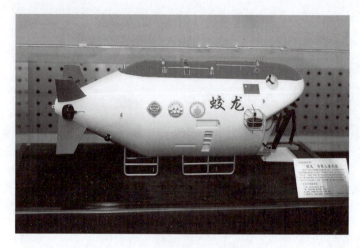

图 5-6 "蛟龙号"载人潜水器

（三）爱岗敬业、刻苦钻研的意志品质

一名工匠在其职业生涯中可能要面对难以计数的、枯燥的、重复的劳动，这就需要劳动者坚守自己的岗位，坚定心中的信念，几十年如一日地钻研自己的职业技能，从中总结提升技能的路径。中铁二局二公司隧道爆破高级技师彭祥华自参加工作以来，坚持在一线工作，不断努力学习，自学成才，从一名普通木工成长为一名卓越的爆破专家。这些成绩得益于他始终热爱自己的工作，在工作中不断学习成长，遇到难题积极克服。通过彭祥华的事迹我们可以看出，要想成为大国工匠，需要立足于自己的本职工作、爱岗敬业、刻苦钻研，不断提升自己的职业技能水平。

二、大国工匠的培养与成长

要想成为一名大国工匠，必须努力提升自身的职业技能。为了这一目标，国家、社会和企业应当共同努力，劳动者个人也应志存高远，刻苦钻研，向榜样学习，不断超越自我。

（一）国家层面

2020 年 11 月 24 日，习近平总书记在全国劳动模范和先进工作者表彰大会上的讲话中指出，"劳模精神、劳动精神、工匠精神是以爱国主义为核心的民族精神和以改革创新为核心的时代精神的生动体现，是鼓舞全党全国各族人民风雨无阻、勇敢前进的强大精神动力。"

图 5-7 劳动技能竞赛为广大劳动者提供一个多样化学习的平台

在具体措施上,应该继续坚持开展劳动技能竞赛。劳动技能竞赛为广大劳动者提供一个多样化学习的平台,广大劳动者可以通过这一平台展示自我,互相学习,广泛交流,提升职业技能(图 5-7)。广泛开展劳动技能竞赛可以提升行业技能,各个行业有针对性、有目的性地开展劳动技能竞赛,从而提升整个行业的发展水平。广泛开展劳动技能竞赛可以发现广大基层劳动者中的优秀分子,将他们选拔出来,发挥他们的模范带头作用,围绕着优秀劳动者建立"传帮带"机制,由一个人影响到一群人,从而提升整个劳动者群体的职业技能水平。

同时,国家应重点表彰优秀劳动者,鼓励人们向劳动模范、卓越工匠看齐。党和国家每年都会对一批卓越的劳动者进行表彰,对于这些优秀的劳动者,从政策方面,政府应当完善与关爱和尊重劳模相关的政策。在生活上,要给予劳模相应的政策扶持。从奖励层面,社会、企业应当加大对劳模的荣誉表彰和物质奖励。在宣传领域,相关部门要在"互联网+"时代做好劳模宣传工作。多管齐下,用劳模的优秀品质引领社会风尚,在全社会进一步形成崇尚劳模、学习劳模、争当劳模、关爱劳模的良好氛围。在这样的社会氛围下,广大劳动者将会自觉地提升自身的职业技能。

(二)社会层面

在"劳动光荣、知识崇高、人才宝贵、创造伟大的社会风尚"下,全社会都要大力弘扬劳动精神、劳模精神、工匠精神。

大国工匠的培养离不开良好的社会氛围,特别是在教育领域,急需重视职业教育。职业教育是为了满足劳动者就业需要和职业需求而提供的一种专门技能型教育。完善的职业教育对推动我国工业化、现代化建设,对推进信息化、产业化建设有着重要的意义。2019年国务院印发的《国家职业教育改革实施方案》,专门强调职业教育对提升劳动者职业技能的重要意义。

国家职业教育制度体系完善的主要任务就是健全国家职业教育制度框架，提高中等职业教育发展水平，推进高等职业教育高质量发展，完善高层次应用型人才培养体系。通过这些措施，可以把握职业教育的基本方向，广泛吸收社会中初高中毕业未升学学生、退役军人、退役运动员、下岗职工、返乡农民工等接受职业教育；可以针对社会就业缺口，推动职业教育骨干专业的建设，从而建立起完善的应用型人才培养体系，这样就可以使广大劳动者实现个人职业技能的提升。

提高办学水平，开展高质量的职业培训。职业学校要根据在校学生和社会成员展开有针对性的技能培训。例如，从2019年开始，国家"围绕现代农业、先进制造业、现代服务业、战略性新兴产业，推动职业院校在10个左右技术技能人才紧缺领域大力开展职业培训。"与之同时，在教育领域还要致力于加强职业院校教师队伍建设，"加强职业技术师范院校建设，优化结构布局，引导一批高水平工科学校举办职业技术师范教育。"在良好的教育政策、教学内容和师资力量的共同作用下，广大劳动者能够从职业教育中学到许多提升职业技能的知识，从而实现个人职业技能的不断提高。

（三）企业层面

1. 搭建培训平台

企业应当助力劳动者提升职业技能。企业与职业院校应当加强校企合作，推动一线工人再培训，提升职工技能。随着时代与社会的向前发展，科学技术更新换代十分迅速，因此一线工人需要不断地学习充电。在这样的背景下，企业更应当鼓励和支持一线工人再学习、再培训，为职工搭建各类培训平台，实现企业发展与职工成长的双赢。从实践方式来看，企业可以与学校及相关教育机构开展校企合作，根据企业实际发展需要定制课程，助力本企业工人提升技能。

2. 完善评价方式

改革探索企业一线职工技能评价方式，结合实际开展企业自主技能评价。2017年党中央、国务院印发的《新时期产业工人队伍建设改革方案》指出，"改进产业工人技能评价方式，……引导和支持企业、行业组织和社会组织自主开展技能评价。"[①]在很长一段时间内，工人技能的评价方式较为单一。随着当代社会对职业分工的日益细化，过去的评价方式已经难以准确衡量工人技能水平，企业应当积极探索适用于本企业的工人技能评价方式。企业可以根据自身实际需求，制定工人技能评价标准，划

---

① 大国工匠与劳动模范研究所.让产业工人更有力量：《新时期产业工人队伍建设改革方案》职工问答[M].北京：中国工人出版社，2017：160.

分工人技能等级。一些龙头企业应发挥带头作用,积极探索本行业新的职工技能评价体系。

3. 完善激励机制

企业需完善激励机制,从精神和物质上激励一线职工积极提高职业技能。企业应当响应配合国家人才计划,以榜样的力量带动企业员工整体技能水平的提高。在企业内部,需构建尊重人才、重视人才的企业文化,挖掘、树立企业一线的优秀职工,通过展现其劳动风采,在企业内部形成崇尚"工匠精神"的风气。对于优秀的一线职工,企业应当积极给予其优厚的奖励,通过精神与物质的双重奖励,以点带面,全方位促进企业员工提升技能水平。

（四）劳动者层面

劳动者本人也应积极探寻职业技能提升的相关路径。在互联网时代,劳动者可以充分利用网络资源进行职业技能的提升。同时,劳动者可以根据自身需要与实际情况,灵活参加成人高等教育、高等教育自学考试、电大开放教育、远程网络教育等学习,提高自身文化素质。此外,随着个人学习账号和学分累计制度的逐渐完善以及职业教育学习成果、职业技能等级学分转换互认的发展,将极大地促进成人学历教育不断完善,有助于劳动者加强继续教育,实现更好的职业发展。此外,劳动者还可以借助于覆盖广泛、形式多样、运作规范,由行业、企业、院校、社会力量共同参与的职业教育培训体系,接受教育培训,不断提高自身素质。此外,劳动者广泛充分的利用政府、工会购买的各类培训服务等项目,积极主动参加,也是提升个人职业技能的重要路径之一。

劳动者要热爱自己的工作岗位,才能全心全意地投入劳动,这是职业新人成长为大国工匠最基本的前提。劳动者应当具有精益求精、勇于创新的精神,在劳动的过程中,不断钻研自己的工作,把自己的工作做到极致,做到更好,并从中发现能够提升自我的空间,并以勇于创新的精神攻坚克难。这个过程就是劳动者不断积累经验,不断提升自身职业技能的过程。在个人的成长的过程中,很多工作和事情都没有办法一蹴而就,需要在平凡的工作中不断磨炼,这就需要劳动者能够秉持一颗认真严谨、一丝不苟的精神来面对日常工作,许多大国工匠的成长历程都揭示了这一特点。这既是经验和知识积累的过程,也是磨炼一个人意志品质的过程。当一个劳动者在具备了充分的职业技能之后,还应当具有民族意识和爱国情怀,知道自己提升职业技能的初衷和理想是什么,明白自己应当为祖国的经济建设事业贡献自己的力量,并且在这一过程中实现自己的人生价值,这样才是一名技术和思想上都非常卓越的优秀劳动者,也就是令人尊敬的"大国工匠"。

互动交流

1. 中国的工匠精神与其他国家有哪些异同？
2. 职业技能与个体劳动者存在怎样的关联？
3. 职场新人如何成长为大国工匠？

案例任务

从学徒成长为生产专家

1988 年高中毕业后，王军就成为七一五所生产线上的一名工人。他在生产一线一干就是 28 年，从一名对专业知识"一穷二白"的学徒工，通过不断学习，攻克了多项重大任务的工艺难题，实现了多项重大技术革新。他带出的徒弟也陆续成长为骨干。他多次获得中船重工集团七一五所"先进工作者""优秀党员"等荣誉，如今已是线阵生产专家。2016 年 12 月，他获得了技能人才梦寐以求的荣誉——全国技术能手的称号。

从他工作以来，他就积极向一起共事的顾振福教授等老同志学习、交流，不断提高自己。王军说，"和他们一起进行的研究探索，让我少走了很多弯路，因为我后来的工作都是围绕着拖线阵开展的。" 王军根据实验结果编制了《拖线阵充油工艺规范》，将其应用于拖线阵充油等工艺中，有效延缓了阵段蠕变，使阵段寿命延长了约 60%。

王军非常重视思考与创新。2010 年，所里引进了一套固体充胶设备，使用中发现一旦停止充胶就会出现管路堵塞、罐体结皮等现象，严重影响装配生产。王军又动起了脑筋。他对设备进行了简化改造。简化后的设备有效减少了胶体沉积，提高了计量精准度，加快了生产进度，每年节约材料和人工费数万元。"看到哪里不顺眼，就想着去改一改，变一变。"在技术突破的同时，王军自己也从一名普通钳工成长为生产线上名副其实的技术能手。

王军有一间几百平方米的"大办公室"，那就是拖线阵生产车间。只要一有闲暇，他就绕着长长的装配生产线来回走动，时不时驻足在年轻人身边，指导帮助他们。王军希望自己的组员做个有心人，多思考研究。在他影响下，拖曳组成员都有了"不仅要动手，还要动脑"的强烈意识。王军管理的班组近 40 人，拖曳组每年举办一次以上的劳动竞赛，将生产任务和人才培训有机融合进来，调动了组员的生产积极性，在完成生产任务的同时提高了成员的技能水平。

获得"全国技术能手"称号后，王军的工作没有太大变化。"这是对我工作的肯定，也意味着一份责任。"王军说,"我要把重心转移,在技术突破和人才培养方面努力,发挥自己的作用。"

摘编自《中船重工》(2017年3月21日)

请分析:

1. 王军的个人成长经历体现了"工匠精神"的哪些内容?
2. 简述材料中王军是如何提升劳动者职业技能的?
3. 王军哪些方面符合"大国工匠"的特质?

第六讲

劳动心理与职业适应

本讲概要

现代社会日新月异，职场竞争日益激烈，职业心理问题比比皆是。初涉社会的大学生面临着从学生向职场人角色转换、适应职场生活的巨大挑战，由此产生的焦虑、压力、倦怠等职业心理问题将对其职业选择和发展产生重要影响。本讲以个体职业选择、职业适应、失业及再就业等阶段为线索，讲述各阶段从业者的心理现象、心理问题及其影响因素。个体做好心理准备，需运用合理的心理调适方法，从容面对职场，实现从职场新人到职场精英的转变。

学习目标

1. 列举职业选择过程的影响因素。
2. 分析职业选择心理问题的影响因素。
3. 预判并分析各阶段的职业心理问题。
4. 列举心理准备、调试和调整的方法。

内容导图

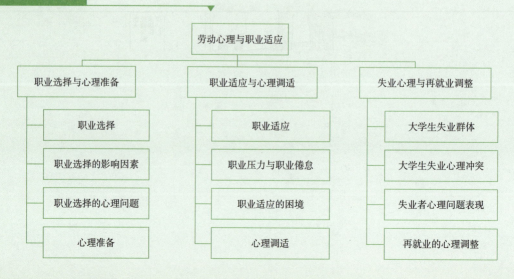

> **导入案例**

初入职场者需积蓄向上的力量

初入职场，不少年轻人都会面临这样的困境：象牙塔里，个个都意气风发。但走出校门步入社会，却往往不得不接受现实：激烈的竞争挫了锐气、庸常的生活耗了朝气、角色转换的不适应磨平了心气。

每一颗种子被播撒进土壤时，都带着开花的梦想，但在破土而出之前，它们要随时准备着承受烈日炙烤、寒潮侵袭，要面对无数的风雨。经不住考验者，永远埋在了土里，而那些奋力向下扎根、时刻汲取养分的种子，则终有一天会绚丽绽放。

初入职场者，应当学着做一颗种子，沉下心、扎下根，积蓄能量、厚积薄发，才能在机会来临时脱颖而出。

接受自己的"平凡"。不想当将军的士兵不是好士兵，但没有经年累月的作战经验，士兵绝不可能当上将军，充其量是纸上谈兵的赵括。同样，初入职场者犹如一张白纸，对自己承担的工作不可能立即得心应手、驾轻就熟，必然要通过一段时间的磨合才能够胜任。要放低自己的期望值，从最基础的工作内容学起，向身边每一个比自己工作经验丰富的人虚心求教，才能逐渐进入状态，在不断磨炼中成就"不平凡"（图6-1）。

图 6-1 看似体面的工作背后并非如想象中光鲜亮丽

坚信干小事蕴含的价值。刚参加工作时，年轻人往往会被安排做一些非常基础的工作，看似鸡毛蒜皮、枯燥乏味、没有成就感，然而经过一段时间的积累后，你就会渐渐发现，只要全身心投入坚持去做好每一次工作，也一样可以积累经验、增长本领、丰富阅历。

纪昌学射，先要用两年时间练习锥尖刺于眼皮而不眨眼，又要用三年时间练成视虱子之小如车轮之大。这个故事虽然有艺术夸张的成分，但道理却是相通的。初入职场者千万不要眼高手低，要沉下心来、从小事干起，练好基本功，才能等到"铁杵磨成针"的一天。

不断积蓄向上的力量。人生是一场马拉松，比的不仅是速度，还有耐力。当你越过起跑线，发现前方已身影重重时，不要灰心丧气，长路漫漫，还有足够的时间供你调整状态。要相信，初入职场的失意、迷茫，只是暂时的。只要放平心态，从工作中汲取经验教训，等你度过这段平台期，就会发现一切便豁然开朗，当初遇到的挫折和失败也可以成为人生的宝贵财富。

在最美好的年纪，初入职场的你可能并没有感受到诗和远方，反而在各种压力下心绪波动，但请不要让一时的情绪模糊了奋斗的底色，不要因理想遥远而放弃追求。要坚信，只要把根基扎牢、坚持顽强生长，你积蓄的能量有一天一定会喷薄而出、令人刮目相看。

摘编自《人民日报》（2021年2月7日）

请思考：
职业新人需要哪些心理准备？如何保持良好的心理状态？

模块一　职业选择与心理准备

一、职业选择

职业选择是指个体基于一些职业信息，依照个人的性格特征、职业期望、职业价值观与职业兴趣等选择适合自己的职业，使个人能力素质与职业相匹配的过程。在这里，有三点内容需要注意：

（1）人是职业选择的主体，在职业选择过程中占据主导地位。

（2）职业选择既要考虑个体条件，也要考虑职业需求。

（3）职业选择是求职者与职位互选的过程。

以上内容提示求职者在进行职业选择时，要发挥个人主观能动性，积极主动去寻找并选择职业，而不是被动等待；要选择自身能力能够适任的职业，追求个人能力与职业要求的相互匹配，而不是眼高手低；同时也要理智面对工作岗位最终是否选择自己的结果，不因为一次失败而否定自己。

任何职业活动都是从职业选择开始的,但职业选择并不只是求职者一个简单且短暂的决策瞬间,而是贯穿并且重复出现在每个人的职业成长过程中,每一段职业历程都会经历开始、发展和结束,是一个循环往复的过程。另外,职业的选择代表社交范围的选择,也代表了一个人对其社会角色的选择,如何选择并扮演好这个角色,心理因素起到重要作用。因此,个体需要把握住职业选择过程中的心理活动及其变化规律,这对于整个职业生涯的发展意义重大。

二、职业选择的影响因素

求职者在进行职业选择时,会面临家庭、社会等多方面因素的交互影响,无论是家庭对求职者择业的影响,还是经济、政策、法律等社会环境对就业形势的影响,都是显而易见的。相对而言,个体隐形的心理因素对选择结果的影响,比较容易被人忽略,但其所能发挥的作用却是不容小觑的。因此,我们需要了解哪些心理因素能够对职业选择产生重大影响,以便做好充分的心理准备。

(一)个人性格

在日常生活中,有的人开朗活泼,有的人含蓄内敛;有的人情绪稳定,有的人激动易怒;有的人做事当机立断,有的人做事犹豫不决,这是因为每个人的性格不同。在职场生活中,有的职位需要活泼热情的员工,有的职位需要安静内敛的员工;有的职业需要稳妥谨慎的员工,有的职业需要果敢激进的员工,这是因为每份工作的职业特点需要性格与之匹配的员工来担任。因此,在职业选择的过程,求职者应该充分考虑个人性格与职业需求的契合度。

在 20 世纪 40 年代,美国心理学家伊莎贝尔·迈尔斯(Isabel Myers)和凯瑟琳·布里格斯(Katharine Briggs)提出一套以他们名字命名的性格分类理论模型:Myers-Briggs Type Indicator,即现在为人们所熟知的 MBTI 职业性格分类。该理论模型通过测试人与人之间的动力来源、信息收集方式、决策方式、生活方式 4 个方面的差异,将人类职业性格分成 16 种。目前,MBTI 职业性格测试已被 80% 的世界百强公司引入,作为一种性格评估工具。

参与 MBTI 职业性格测试

(二)价值观念

价值观是指个体对客观事物的意义及重要性的总体评价,是心中用来衡量事物好坏的一杆无形的秤,直接影响着生活方式与处世行为。对于个体来说,价值观能够决定最重要的是什么,应该追求什么,可以放弃什么。每一份工作也必然承载着一定的价值,这也是这份工作存在的意义。

在职业选择时，求职者实际上是根据个人的价值观来选择的。个体重视的内容与该工作所承载的价值意义是否一致，直接决定着最后的决策。相关研究表明，在选择职业时，大多数毕业生考虑的是该职业是否能充分发挥个人才能、发展机会能否公平竞争、是否有良好的工资待遇等。每个人的价值取向不同，尤其"00后"大学生价值取向趋于多元化，各因素的重要性排序也会不同。但每个人的价值观不是与生俱来、一成不变的，它会随着个人成长、所受的教育、所接触的外在环境而不断变化。

（三）个人兴趣

兴趣是一种促使人主动认识、掌握、参与某种事情或活动的心理倾向。当个体对某件事物感兴趣时，会产生特别的注意力，感知更加敏锐，记忆更加牢固，会产生活跃的思维与浓厚的情感。每个人的兴趣差异很大，所感兴趣的职业类型也存在较大差异，有人喜欢坐办公室，有人喜欢在外面"风吹日晒"，有人喜欢文字，有人喜欢数字，所以兴趣也在很大程度上影响个体进行职业选择。

兴趣是最好的老师，也是最好的动力，兴趣可以激发人的探索能力与创造能力。如果求职者对某一项职业的工作内容十分感兴趣，那么该求职者很容易对该职业表现出优先的注意、认同以及向往的态度，在求职过程中认真准备、积极争取，呈现出良好的精神面貌，反之则不然。需要注意的是，兴趣是一个不太稳定的因素，兴趣随着个体的经验和阅历的增加而改变，也会随着外在物质条件的变化而变化，比如当个体面临生存问题时，兴趣就会作出改变或让步。

（四）自我认知

自我认知是一个自己认识自己、自己分析自己、自己评价自己的过程。"认识你自己"被古希腊哲学家视为智慧的开始，我国也有一句古话称"知人者智，自知者明"，能够充分清楚地认识自己，才能找准自己的位置。

"职业指导之父"帕森斯曾经提出职业选择有三个重要的方面，分别是自我分析、职业分析、人职匹配。其中特别重要的一个方面是个体要充分清楚地了解自己的特性，不仅包括上文已经提到的性格、价值观和兴趣，还包括态度、能力、志向、自身限制及其原因等。选择职业的过程也是一个发现自我、了解自我、认识自我的过程，在这期间求职者能否对自己有准确的认知对于最后的选择具有重要的影响。

三、职业选择的心理问题

职业选择是一段职业活动的开始，所谓"万事开头难"，每一位求职者在进入职业世界大门之际，不可避免地会碰壁，伴随着难题产生的往往还有各种各样的心理问题，其中焦虑心理、依赖心理、从众心理、功利心理以及矛盾心理等最为常见。

（一）焦虑心理

在职业选择阶段，求职者容易出现心理焦虑的状况。对于应届毕业生而言，让其感觉到焦虑的问题大多体现在三个方面：一是"我不知道我能干什么"，即没有合适的工作选择；二是"我不知道我干这个行不行"，即自己无法确定选择是否正确；三是"这个工作我不会做"，即自身能力无法匹配工作岗位需求。若以上问题迟迟得不到解决，当事人难免会产生焦虑情绪。

人在面临重要转折点或重大事件的时候都会感到焦虑不安，这是正常情况。适度的紧张和焦虑会产生适度的压力，进而使人产生一定的动力去改变现状，积极主动地去寻找工作。但如果求职者在择业期间过于焦虑不安，则会使人长时间处于一种难以平静的心理状态，出现失眠、胃口不佳、注意力涣散、无法正常思考和理智处理事情等情况，不仅会影响其求职的精神状态和职业选择，更会对自己的身心健康造成极大的危害。

（二）依赖心理

很多毕业生在面临就业时感到手足无措，出现驻足观望、举棋不定等情况，进而产生了依赖心理。依赖学校和老师推送的就业信息，依赖父母和亲戚的社会关系，甚至依赖别人随口提及的帮忙允诺，将过多的希望寄托在他人身上，而丧失了自身的主观能动力。相关研究发现，在求职阶段，10.2%的大学生拥有依赖家人、亲戚帮忙的心理，65.1%的大学生非常赞成"大学生就业应该受到更多国家政策"的照顾。

随着90后、00后这两代独生子女陆续毕业离开校园、步入社会，求职者中的依赖心理越来越明显，然而并不是所有人都可以通过依赖心理顺利找到理想职业，而且亲戚朋友们推荐的工作有时具有一定的主观性和局限性，他人的意见和观点并不一定符合求职者个人情况。因此这种依赖他人和外在条件的心理容易弄巧成拙，成为职业选择路上的绊脚石。

（三）从众心理

个体在群体中往往会潜移默化地被他人的知觉、判断、信仰和行为影响，形成与大多数人一致的行为倾向，这就是由从众心理导致的。从众心理符合人的社会化特点，但忽略个人主观意识和自身条件的"从众"会对个人发展造成不利的影响。

在进行职业选择时，由于缺乏社会经验和独立思考能力，加之网络媒体上充斥着繁多而零散的信息和一些似是而非的道理，毕业生很容易被社会舆论或他人的择业观念和择业行为所影响，从而进行盲目从众的职业选择。比如，无论什么专业的学生都要尝试花费很多的时间与精力去备考公务员或事业编，然而最终成功"上岸"的人少之又少；再比如，无论意向职业是何种类型，都非"北上广"等一线城市不去，片面地否定二三线城市的发展前景。可见，从众心理成为大多数毕业生很难避免的择业障碍。

（四）功利心理

在市场经济的大潮中，一些人将现实主义和功利思想奉为圭臬。很多大学生为了在毕业之后进入名企、获得高薪、落户"北上广"等一线城市，改变自己的初心，选择一个自己不感兴趣甚至不了解的职业领域。

不可否认，人最基本的需求就是吃饱穿暖，获得基本的安全感，能够在社会上生存和立足，因此追求高薪和良好的福利待遇也是人之常情。但在毕业生职业选择阶段，将薪资待遇等功利性太强的目标作为首要考虑的因素并不是一个明智的做法，这将在很大程度上限制其未来的职业发展。

（五）矛盾心理

1. 理想与现实的矛盾

每一位有志青年在正式步入职场之前，都怀有一腔热血和抱负，以至于对某类职业或具体工作的向往过于理想化，比如酒店管理专业的学生期待着去应聘大堂经理，表演专业的学生期待着去试镜女主角……而等到每一个人真正踏入职场，要么是自身能力跟不上岗位要求，要么是实际工作内容让人感觉索然无味，不论是哪种情况都会让人产生巨大的心理落差。

2. 渴望竞争与缺乏勇气的矛盾

随着高校毕业生数量的逐年增加（图6-2），就业竞争越来越激烈。毕业生在职业选择过程中，都有强烈的意愿去竞争更好的岗位，不甘于平庸。但同时，他们却没有做好与人竞争、艰苦奋斗的准备，缺乏足够的勇气去面临层层考核和筛选，在竞争机会面前常常顾虑重重甚至步步退缩，导致机遇与自己擦肩而过。

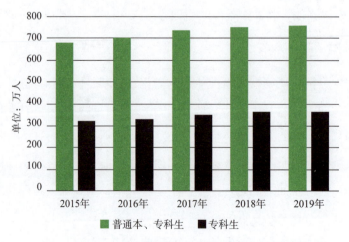

图6-2　2015—2019年中国普通本专科毕业（结业）生人数

（数据来源：2015—2019年教育统计年鉴）

3. 所学专业与未来工作的矛盾

应届毕业生往往把自己的专业看得极其重要，在求职过程中非本专业不考虑。而在现实中，工作内容与专业方向完全一致的工作岗位少之又少，这就造成了专业与工作之间的冲突。其实，学校的教育重在培养学生的自主学习、独立思考、适应环境等综合能力，所以大可不必因为专业与工作岗位不对口而放弃机会；另外，还会有部分毕业生想要跨专业择业，从事与自己专业领域完全不相关的职业，导致自己在基础知识与经验方面十分匮乏，这也会造成一定的心理矛盾。

4. 家乡与远方的矛盾

就业地点的选择也是求职者在职业选择过程中经常遇见的烦恼，很多大学生在毕业时都面临着是否回家乡就业的纠结心情。大部分人的父母都会对子女的职业选择提出建议，也会希望子女回到他们身边工作。而随着个人眼界的开拓和思想的改变，很多人在毕业后渴望留在或者前往一线城市去为理想拼搏，但同时又不能完全不顾及父母的想法，加之家乡的熟悉感与远方的陌生感强烈对比，也会让求职者产生一定的心理矛盾。

案例 6-1

应届毕业生求职屡遭挫折

王志，男，山东人，某大学电气工程专业应届毕业生，综合成绩在本校本专业中排名中等偏上。其家庭经济条件一般，一家三口的开销都依靠家里在街口开的小卖部来维持。考虑到学习成绩和家里情况，该生决定放弃考研，选择在本地就业。

该生在大三时，曾担任院学生会组织部部长。在找工作初期，该生在和辅导员的谈话中曾谈到，以自己目前的实力至少能进省电力公司，其他单位也会去试试看，"既然大家都去，那我也要去试试看"。在应聘初期，该生先后参加了三家实力较强的国企面试，其中在两家公司的笔试环节王志就遭到淘汰，只有一家公司给他发出了面试邀请，而在具体面试过程中，该生因对公司发展情况不甚了解，也惨遭淘汰。

在经历几次挫折后，王志非常沮丧，一方面抱怨笔试题目太难、选题太偏，抱怨面试官在面试过程中刁难自己；另一方面又开始怀疑自己，对自己的专业能力进行质疑。在焦虑不安中，终于等来了省电力公司的招考，但不幸的是在面试过程中，王志过于紧张，出现了答非所问的情况，最终也没有被录取（图 6-3）。该生非常痛苦，但也开始思考自身所存在的问题……

图 6-3 面试紧张，真的只是紧张吗？

四、心理准备

职业选择是职业生涯的第一步，也是毕业生从学生到社会人角色转换的第一步。前文所提到的心理问题在择业阶段较为常见，所以在此之前，求职者就应该对于这些可能出现的心理问题作出合理的预判，并且做好充分的心理准备，主要可以从以下五方面入手。

（一）胸怀理想，正视现实

许多求职者在职业选择过程中，并未认真地分析自身知识能力与性格爱好，也不曾深入考察就业市场现实情况，导致出现理想远远脱离客观条件的情况，造成了巨大的心理落差。因此，每一位求职者都应该就此做好充分的心理准备。

在职业选择阶段，个体可以通过参加就业辅导讲座和培训等方式深入考察当前就业形势，了解人才需求，并据此制定合理可行的求职计划，以避免毫无意义的空想。但值得注意的是，不要轻易被现实打败，当今社会是尊重知识、尊重人才的，即使在择业时受到各种各样的打击和束缚，但个体依旧可以通过努力去适应环境或改变现状。如果束手束脚或怨天尤人，反而会错失良机。

（二）转化知识，提高技能

知识的学习是一种普遍性规律的学习，即使院校将实践与理论学习紧密结合，给学生提供很多行业实践机会，但是当学生作为一个独立的个体去进行职业选择和就业时，会发现专业学习和现实工作依然有很大的差距，这是瞬息多变的市场经济所难以避免的。

由此可见，学校的专业学习和现实中的工作存在一定的差距是正常合理的现象，不必为此感到矛盾。求职者应该做的是提高知识的转化能力，将课堂上老师所讲授的知识、课本中所阐述理论都内化到自己的思想和行动中，提高职业技能，以便在现实工作中有举一反三、灵活应变的能力。

（三）独立自主，避免盲从

职场新人在面临职业选择的时候应该学会独立思考，将自身特质、职业兴趣与理想的职业进行匹配。每个人的个人特质、职业能力、职业目标等都有所不同，个体应该避免与他人攀比，也不盲目跟随或依赖他人，树立独立自主的职业观念。

对于 90 后和 00 后来说，作为互联网时代的原住民，获取就业信息、联系意向公司都是轻而易举的事情，而大部分求职者需要克服的是不愿独立、害怕主动的心魔。职业选择是开启独立人生的第一步，而求职者需要做的就是勇敢主动地迈出这一步，不能简单地将希望寄托在他人身上，也不能不顾个人条件，盲目追求一些所谓的"热门职业"或"新兴领域"，而是应该根据自己的现实条件进行职业选择。

（四）敢于竞争，善于竞争

"物竞天择，适者生存"，每一个人对竞争都不应该感到陌生，因为在个体的成长过程中总是充斥着各种各样的竞争关系。随着大学毕业生逐年增多，求职竞争愈发激烈，竞争意识应该作为求职者最基本的心理准备之一。身处竞争激烈求职环境中，广大毕业生应该树立清醒的择业竞争意识，打破"是金子总会发光"的自我安慰思想，敢于毛遂自荐，主动寻找并争取面试机会，通过合适的途径和方式展示自己的优势和特点，以获得用人单位的青睐。

在求职的过程中，个体可以通过精心的准备和反复的练习去克服胆怯的心理，以保持良好的竞技状态；通过总结自身优势与以往有利经验去树立自信心，从而提高自己的竞争力；以合理的心理状态去迎接可能遭遇的失败和困难，有了充分的思想准备，才能在竞争中成为强者。

（五）认知自我，忠于内心

对自我的认知不是一蹴而就的，所谓"日久见人心"，对于认知自己也是一样，需要一个成长的过程。在平时，个体就需要养成反省自身、总结经验教训的习惯，要经常性地对自己的心理进行剖析。

想要认知自我，可以经常性地询问自己三个问题：我是谁？我想做什么？我能做什么？通过对自我提问的回答与思考，充分认知自身性格特征、兴趣爱好和发展限制等，深入挖掘自身能力与潜力。也可以借助不同的职业测评量表来发现自己的职业兴趣和职业技能，将自身个性特征与职业进行比对匹配。个体进行职业选择和设置职业目标时，应该在客观全面的自我认知的基础上，忠于内心真实想法，避免为眼前的经济利益所诱惑而产生功利化心理，要不忘初心地谋求职业长远发展。

模块二　职业适应与心理调适

进入工作岗位后，需要尽快熟悉工作环境、工作内容，不断提升工作能力和工作效果。工作一段时间后可能遇到职业倦怠，如何调整心态，保持积极向上的精神面貌，是每一个劳动者需要面对的问题。

一、职业适应

（一）职业适应的内涵

职业适应是指个体通过不断地调整使自身与某一特定的职业环境达到和谐状态的过程。职业适应问题是对个体职业心理品质的动态研究，更多体现在初始就业与职业转换的时候。具体来说，是指个体对工作环境的同化、对职业行为要求的顺应、对职业价值与意义的评价、对自己工作能力和工作状态的体验与认知等。

职业适应的心理过程分为三个阶段（图6-4），一是陌生阶段，在个体进入新的工作环境中时，容易产生困惑、紧张等心理，于是会尽力寻找自身与职业的共同点、现在与过去的共同点，以保持心理平衡；二是摸索阶段，在个体对职业及工作环境的认识不断加深之后，会逐渐学习与之匹配的职业技能及行为，以实现角色认同；三是协调阶段，通过不断摸索与调整，个体能够良好地适应工作环境，逐渐对该职业感到满意并产生成就感[①]。

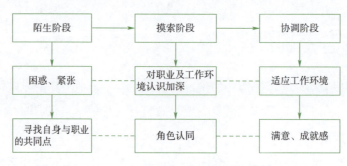

图6-4　职业适应的心理过程

---

① 孟慧. 职业心理学[M]. 北京：中国轻工业出版社，2019：120.

由此看来，从业者在进入新的职场环境时，都会经历陌生和摸索的阶段，会感受到困惑和紧张，但是不必为此感到烦恼，因为随着对该职业及其环境认识的加深，你的工作状态就会趋于稳定，甚至会渐入佳境。

（二）职业适应的体现

明尼苏达大学学者戴维斯（R.V.Dawis）在工作适应理论中提出了两个重要的概念以解释个体与职业环境的互动与适配。

1. 满足度

满足度是指工作环境中所提供的与个人所需要的适配程度。当个体的生理及心理需求在工作环境中得到实现时，可以说是个体的需要得到满足。

2. 适任感

适任感是指个体的技术能力、职务表现与工作岗位任务要求的符合程度。当个体的职业能力能够符合职业要求时，则说明个体能够适任该职位。

在职业适应的过程中，满足度与适任感缺一不可。只有当工作环境能够满足从业者需求，同时个人能力符合工作岗位的要求时，从业者才算真正适应该职业并且会产生继续任职的意愿；否则，会因为个人需求得不到满足而主动离职，或者因为个人能力无法适任工作而被迫离职。在这期间，心理状况是很重要的影响因素，恰当的心理调适能够起到很关键的调节作用，可以帮助从业者更好地适应职业和工作环境。

（三）职业适应的影响因素

"适应"的概念不同于"适合"，"适应"有更多的主观体验和情感因素在其中，人在适应的过程中有很大的主观能动性。职业适应的心理因素主要立足于个体自身。

1. 职业性格

个体的性格不仅影响着职业选择，在职业适应过程中也起着决定性的作用。每一个人在新的职业领域或工作环境中都会产生不适感，但是个体的性格特征影响着不适的程度以及适应的速度，比如外向、活泼的人比安静、敏感的人更易快速地融入团队氛围中，并在其中找到自己的存在感。性格与职业的匹配度越高，个体对该职业的不适应感就越低，通过心理调整适应的速度就会越快，反之则不然。值得注意的是，每个人的性格都无法完美适应某项职业，从业者可以在适应的过程中根据自己的职业倾向，培养和发展相应的职业性格。

2. 职业价值观念

在职业选择阶段，个体的价值观念是重要的影响因素，它决定着个体要选择哪一份职业。当个体正式进入职场后，具体的职业行为和工作内容会使人对所从事的职业价值产生一定的看法和评价，从而形成个人的职业价值观念。

职业价值观是指从业者对职业的根本看法，也代表着其对职业的态度与信念。职业价值观并不是一个抽象的概念，它包括职业道德、职业责任、职业态度等诸多具体内容，它指导着从业者在工作岗位上应该"做什么"以及"怎么做"。从业者只有树立了正确的职业价值观，才能快速适应工作并且甘于为之奋斗。

3. 职业角色认知

职业角色是指社会和职业规范赋予从业者的一种期望行为模式，即个体在职业活动中所扮演的角色。从业者应该对所处的工作环境、职业地位、相应的职业责任和要求有正确的感知和认识，认清自身在职业环境中所扮演的角色，只有这样才能做出合适的职业行为。如果从业者对自己的职业没有基本角色认知，则容易造成职业行为与职业要求不匹配甚至相悖的结果。

二、职业压力与职业倦怠

（一）职业压力

压力是个体感受到的一种身心紧张的状态，当个体面临"机会""约束"或者"要求"时，通常会产生这种状态。但也需要一个前提，就是事情的结果具有不确定性和重要性。比如说，晋升是企业员工人人都向往、期待的事情，它既是一个职业发展的"机会"，同时也对员工的专业技能、人际协调能力等提出"约束"和"要求"，当晋升名额无法确定、需要通过竞争来获得时，期待晋升的人就会感觉到压力。

职业压力是指个体由于职业或与职业有关的因素所引起的压力，主要来源于超负荷的工作量、冲突的职业角色、令人担忧的职业发展前景、压抑的工作环境、复杂的职场关系、职业与家庭的平衡等。

职场压力是影响职业适应的重要因素，适度的压力可以激发人的潜力、使人快速进步，但过度的职场压力容易导致生理和行为上的异常，使个体产生疲劳、焦躁、失眠、高血压等现象，工作满意度、工作效率和工作质量均会降低，甚至会出现酗酒、迁怒家人等危害性行为。

（二）职业倦怠

"职业倦怠"这一概念是20世纪70年代美国著名心理学家佛罗登伯格（Freudenberger H.J.）在《职业心理学》上首次提出的概念。"倦怠"实质上是一种情绪性的耗竭，职业倦怠是个体的能力、精力和资源在工作中的过度消耗所产生的情绪耗竭和筋疲力尽的感受。主要包含三种成分：一是情感的耗竭，是由于个体在工作中将情感资源过度消耗，使得工作热情锐减,最典型的例子就是大部分人所能明确感知到的"周一综合症",休过周末之后,一想到第二天是周一就感到焦虑不安;二是去人格化,这种现象在服务行业中最为常见,即将服务对象视为"物",服务过程冷淡疏远,甚至出现言语攻击;三是个人成就感的降低,即在当前的工作中找不到个人价值,对自己进行负面评价。

职业倦怠与职业压力在概念的解释上存在着重叠与交叉,二者都是由工作要求、职业角色不适等因素所导致的,职业倦怠可以被视为压力的一种特殊表现形式。职业倦怠其实是职业压力的慢性反应,是长期的压力演变和积累的结果。职业压力人人都会有,但职业倦怠只出现在部分人的身上,会对职业适应产生不利影响。

专栏6-1

你有周一综合征吗?

一些上班族惧怕周一,周日晚上一想到第二天需要早起,又要开始上班,于是乎辗转反侧、难以入眠。周一上班时,注意力通常也无法集中,整个人都处在较为倦怠的状态(图6-5)。

图6-5 周一综合征

像上述这样的情况时有发生,并且可以被预测,也不可避免,许多人都只能"无奈接受"。但这样的情况我们若不内省,不加以调节与关注,任由其发展,将可能变为"习得性无助"。

习得性无助是1967年美国心理学家塞利格曼在研究动物时提出的,是指因为重复的失败或惩罚而造成的听任摆布的行为。塞利格曼用狗做了一项经典实验，他把狗关在笼子里，只要蜂音器一响，就给以其难受的电击。多次实验后，只要蜂音器一响，在给以其电击前，即使先把笼门打开，狗也不逃跑，并且不等电击出现就先倒在地上开始呻吟和颤抖，绝望地等待痛苦的来临。

如果我们不想方设法去预防或调节"周一综合征"，任由其每周都发生的话，将可能产生习得性无助。赛列格曼还提出过一个词——"命运的人质"，是指当我们面对一件事束手无策或者是多次解决无果的时候，我们会认为解决这件事需要的能力超出了自身的能力，以至于非常无助，像被命运"绑架"了。这个过程就像疾病的治疗，刚开始可能只是身体不舒服，没有明显的症状，若不引起重视，让其反复发生，每次都是自己忍一忍就过去了，到了有明显的躯体症状时，再到医院检查可能就是大病了，将难以控制和治疗。面对大事，人们往往态度明确、反应迅速。但对于一些小事，人们却又拖拖拉拉，在意着，又忍受着。

其实，我们可以通过自己的努力，将烦恼变成幸福。如，为了避免周一综合征，我们可以在周日晚上睡觉前，提前规划好周一的工作，做好时间管理，根据四象限法则分清重要、不重要、紧急与不紧急的任务。

摘编自人民网－科普中国（2019年12月17日）

三、职业适应的困境

（一）角色冲突感：角色转换不及时

人生的过程就好像一场戏剧，在不同阶段个体都扮演着不同的角色，俗话说"干一样像一样"，就是人们对自我角色扮演的要求。随着个人的成长，每个人在生活中所扮演的角色会越来越多，首先需要面临的巨大转变就是从学生变成职业人。

在职业适应阶段，很多心理问题的出现都是因为十几年学生角色扮演的惯性在"作祟"，一时无法应对既新鲜又陌生的职场环境，比如在学校习惯了老师的教诲与指导，当进入工作岗位却无人理会时会感到茫然失措。学生和职场人在思想和行为上的差距容易引起"角色冲突"，之前的思维及行为方式在长时间的发展下已经成为一种定式，在一段时间内不容易快速转变，个体心理会产生各种矛盾，无法认同职业角色，引起情绪波动，从而产生不适应的感觉。

（二）落差感：职业期待与现实不符合

在生活中，每个人对明天和未来都有一种假设和期待的状态，认为可以通过某种途径来实现预期。这种假设和期待也是一种人们将自身与外界联系在一起的一种方式，假设和期待存在太久之后，会给人一种现实就是如此的错觉。当人的假设被现实动摇，个体就会出现不适应的感觉。

每一位求职者在正式踏上工作岗位之前都对其有所设想和期待，但经常会出现期待过高的现象，比如被录用到外企就认为自己每天会西装革履，出入高档写字间，参加各种各样的重要会议；考上公务员就会每天坐在办公室里，按时上下班，升职在望等。在现实中，职场新人往往都是从基层做起，不可避免承担一些零碎烦琐的杂活，加班加点工作也是常事，个人需求被组织忽略，工作内容临时出现变动，这些都容易使从业者出现心理落差。

（三）不适任感：工作能力与职业要求不匹配

对于进入新工作环境的从业者来说，在实际操作的过程常常会遇到"力不从心"的情况，即自己的专业技能与职位需求不匹配，具体表现为难以独立开展某项工作、具体工作中经常出现问题和事故等现象，这时个体会出现明显的"不适任感"，从而导致他们出现自我否定与自我怀疑的心理，认为自己欠缺相应的知识与专业能力，难以达到公司要求，不能够胜任该职位，甚至会出现对工作感到胆怯和排斥的现象。

（四）自卑感：职业攀比占下风

每个人都活在不自觉的比较当中，在学习中、生活中、工作中攀比现象屡见不鲜，在初入职场的大学生之间更是不可避免。由于一起毕业的同学都拥有相同的教育经历以及专业背景，所以在刚进入工作角色之时，同学之间会将职位头衔、薪资待遇、工作内容等信息进行交换分享，期间难免产生攀比心理。当职位的各方面条件都不如他人时，从业者就会产生自卑感，从而对工作产生失望、浮躁等负面情绪。

（五）距离感：人际关系难协调

在日常生活中，人际关系的处理是一门很大的学问，在职场更是如此。很多新人表示职场人际关系的复杂性为其适应职业生活增加了很多挑战。在职业活动中，人际关系一般表现为同事关系、上下级关系和师徒关系等。新员工与同事缺乏沟通和交流，老员工对新员工怀有偏见或成见，公司领导的为人处事无法令人信服，"师傅"无暇顾及"新人徒弟"等，距离感会在无形之中产生，这些人际关系问题都大大提升了从业者职业适应的难度。

四、心理调适

（一）科学择业，奠定基础

良好的职业适应是以合适的职业选择为前提的，在上一模块当中，我们已充分强调了职业选择的重要性。充分考虑个人性格品质、价值观念、兴趣、自我认知，以及克服各种心理问题之后所进行的职业选择，可以使个体以积极的心态步入工作环境，也就可以更好地适应职业。适应是一个动态调节的过程，明确的职业选择也只是为人们职业生涯做了一个成功的铺垫，并不意味着一劳永逸。当个体真正进入到工作环境，就会发现环境每天都在变化，职业角色、职场人际关系等每天都在发生着微妙的改变，所以个体需要不断提高自己的适应能力，以应对动态变化的环境。

（二）归零心态，转换角色

不同的身份对应着不同的角色，不同的角色对应着不同的角色关系与角色要求，个体需要以不同的姿态去融入和扮演。不论是失业后重新找到工作，还是刚刚踏入职场的大学生，为了适应工作环境，个体都应该积极主动改变自己，所谓"适者生存"，拥有"归零"的心态很重要，失业者要摆脱以往思维方式的束缚，毕业生要快速脱掉身上的学生气，充分认知崭新的职业角色，拥有正确的职业意识和心态，明确职业角色及定位，遵循职业规范及职业行为方式，才能够在激烈竞争的职场上占据一席之地。

（三）合理期待，调整目标

每个人都应该怀有期待以保持对生活、工作的热情和积极性。但所谓"希望越大失望越大"，当一个人对某件事情满怀期待而最终事与愿违的时候，就会产生巨大的心理落差，这种落差容易让人产生强烈的挫折感。因此，在就业或换工作的初始阶段，应该根据现实条件适当降低过高的心理期待，对自己在职业适应过程中可能遇到的困难以及心理问题作出合理的预判和设想。在此基础上，设置清晰合理的职业目标，并根据环境的变化不断调整，这样才有助于个体循序渐进地适应职场生活和新的工作环境。

（四）积极主动，能力补偿

职业适应阶段最关键的因素是人的能力结构。如果个体的能力结构与职业需求相适配，那么他就能很好地适应职业，反之则不然。但是个体可以发挥主观能动性，通过能力补偿来调节职业上的不适。所谓"能力补偿"是指人的能力结构中各种能力之间的替代与补充，能力补偿不仅仅指不同"能力"之间补偿，这种补偿也可以发生在性格与能力、态度与能力、兴趣与能力之间，例如"勤能补拙""熟能生巧"就是这个道理。因此，个体可以通过能力补偿来保证工作效率与工作质量，进而增加职业适应感。

（五）自我宽慰，从长计议

不可能每一项工作内容都恰到好处地是个人的兴趣点，也不可能每一个人的需求都能被全面顾及和满足，对待一些枯燥无味、循环反复的工作内容，不要仅看眼前利益，个体应该学会进行自我安慰与自我鼓励。"垫脚石"理论可以帮助我们换一个视角和态度来对待这些令人毫无动力的工作内容，将那些烦琐的例行事务看作是实现职业目标的一个"垫脚石"，是我们达到长远目标的必经之路。因此不必计较它的外观，而是重视它的功能，将目光放在远方，把注意力转移到目标，职业适应的这条路就会走得更顺利一些。

（六）磨砺心志，正视挫折

从业者尤其是应届毕业生在职业初期，生活环境、生活节奏、交际圈子的变化对其适应性都提出了很大的挑战。从业者应当树立端正的职业态度与职业意识，能够客观看待自己的职业地位，按照职业的要求去改变自我，形成良好的职业心态，积极应对工作压力与挫折。如果个体无法对职业压力与挫折进行有效地应对和调节，就会因为长期处于职业应激状态而无法承受。因此，首先要从认知开始，正确客观地认识和评估压力与挫折；其次，开展有效的情绪放松活动，比如运动、旅行、看书等；最后是懂得总结和反思，从失败和挫折中吸取经验教训。

模块三　失业心理与再就业调整

大学生在毕业当年通常会走上工作岗位，少数学生由于种种原因，毕业当年没有参加工作，成为失业群体。一些学生工作几年后失业，遇到各种压力。失业时需要强大的心理支撑，从而渡过难关，重新走上奋斗的征程。

一、大学生失业群体

失业是指劳动者在法定劳动年龄内，有工作能力、无业且要求就业而未能就业的一种状态。从失业的概念可以看出，失业不仅仅是简单的字面意思"失去职业"，还包括本来应该且可以就业却未能就业的状态，比如大学生毕业之后未能及时就业，那也属于一种失业，即当下很流行的说法"毕业就失业"。

近年来我国就业形势呈现出严峻的发展态势，大学生毕业后的失业问题越来越受到关注，社会中也逐渐形成了一个特殊的失业群体——大学生失业群体。这个群体的特殊性主要表现在他们所普遍具有的高智商、高文化水准、高自我价值、高自我定位，也正因如此，失业作为一件消极事件与其自我定位产生强烈的对比，对他们造成较大的心理冲击，产生更大的心理压力与冲突。

二、大学生失业心理冲突

（一）知识化程度高，社会化程度低

社会化是指一个自然人在向社会人转变的过程中将社会行为规范和准则内化到自己的行为中去，以顺利融入社会。每一位应届毕业生已经经历了14~16年甚至更长的教育时间，传统的中国式教育也一直在鼓励学生以学习为主，在毕业之际，学生的大脑里储存了丰富的知识，然而由于缺乏对社会人情世故的了解和认知，加之知识技能与社会需求存在一定的脱节，导致他们毕业之后社会化程度很低，缺乏社会交往的经验。

（二）情绪波动性大，自抑能力弱

当前大学生群体在家庭中普遍是独生子女，从小受到父母及家人长辈的细心呵护，如同"温室"一般的成长环境，让其在独自面对陌生环境时，容易出现较大的情绪波动，不知道如何抑制和调整，比如稍有成就便骄傲自满；一旦受挫便自怨自艾，沉浸在失败的情绪中无法自拔。一个心理成熟的人，并不是时时刻刻做到心如止水、毫无波澜，而是懂得在情绪波动出现之后如何去调节和控制。

（三）自我认可度高，人际协调性低

自我认可说明学生对自身能力感到自信，有助于提高个人气质和职场竞争力。但自我认可度过高则有可能出现眼高手低的尴尬情境。著名的木桶板理论中提到，一个木桶所能承载的水量的多少，不是取决于该木桶最长的木板，而是由最短的木板所决定的。在现实生活中也是同样的道理，个体在职场能够走多远和多久取决于其劣势。据相关研究者在失业大学生心理访谈中的了解，无法得心应手地协调和处理职场人际关系是其辞职或失业的主要原因，可见人际关系协调成为多数大学生职场中的"短板"。

（四）成功急切度高，抗压承挫性弱

在网络经济风靡的时代背景下，一夜暴富等诸如此类的个别案例对人的心理造成强烈的冲击，越来越多的人将心思和精力都放到投机取巧、寻找捷径上面，尤其是对于刚毕业的大学生来说，受到一些励志故事和心灵鸡汤的鼓舞，更是对成功的速度抱有很急切的心情，也因此更容易遭受困难。与此同时，作为刚离开"象牙塔"的社会新人，由于眼界和阅历有限，其心理素质没有得到充分锻炼，抗压能力和承受挫折的能力相对而言都比较弱，一旦经历困难和失败，就容易一蹶不振。

三、失业者心理问题表现

（一）焦虑抑郁

失业作为一件消极的事件，不可避免会对人的情绪产生不利影响。社会上也普遍将一个人能否拥有体面的工作视为"是否成功"的标准，失业者好像就是失败者。虽然这种观点失之偏颇，但依然会对失业者造成巨大的心理压力。

当面临失业时，个体容易产生一种功亏一篑的感觉，夸大了失业的负面影响，甚至出现了"失业综合症"的现象。"失业综合症"是指失业者无法接受失业的事实，由于心理失调而产生焦虑抑郁、烦躁不安等心理问题，甚至出现破坏性行为的综合病症。由于个体的心理承受能力不同，病症的表现程度和形式都不一样，但随着时间的流逝和心理的慢慢调整，这种症状也会逐渐消失。

（二）孤独感强烈

孤独不是一种客观状态，而是一种与他人或群体隔离与疏远的主观感觉。当个体处于失业状态时，会出于一种自卑和受挫的心理，将失业视为一种无能的表现，所以在生活中出现不想出门、怕遇见熟人、不愿意与他人交流、怕被问及工作问题等一系列排斥社会关系与社会交往的现象。如果这种状态长期持续下去，个体会将自我完全封闭，避免与外界发生任何接触。如果身边个别亲戚朋友再表现出不理解或不体谅，失业者更加会被孤独感包围，感觉好像全世界都抛弃了自己。

（三）自尊心受伤

人们普遍认为一份体面的工作是对个人能力的肯定，尤其是当代大学生大多以高智商、高文化水准、高自我价值自居，在这种较高的自我定位与传统思想的影响下，失业者很容易产生心理落差，加之在寻找工作的过程中四处碰壁，暂时无法就业，就认定自己的能力遭到了社会否定。另一方面，由于攀比心理作祟，眼看着他人纷纷找到合适的职业，工作状态渐入佳境，工作前景一片向好，失业者的自尊心更是受到打击，容易产生自我怀疑、自我放弃的心理，甚至出现"破罐子破摔"的行为，这会极大影响再就业的状态，容易与新出现的就业机会失之交臂。

（四）偏激心理

由于对人情社会的过分解读或心有芥蒂，失业者很容易出现归因偏差的心理，忽略自身问题，将失业归咎于某些自己也不确定是否真实存在的不公正现象，片面地以自己无权无势、无依无靠为借口，认定自己在无形之中被差别化对待，一味地怨天尤人，自恨生不逢时。这种将注意力集中在自己无法改变的外在环境上，一方面浪费了时间和精力，另一方面容易使自己产生一种极端心理，对失业后果进行非理性地情绪宣泄，甚至会产生侮辱他人、网络暴力等失去理智的攻击行为。

（五）逃避心理

当个体与环境或他人发生矛盾和冲突，自己又无法解决时，个体会产生逃避心理，这是常见的心理现象，因为逃避会带来短暂的放松和释怀。失业者会出现焦虑抑郁、孤独感强烈等一系列心理问题，如果这些负面心理无法及时调适修正，长此以往，失业者就会产生逃避心理，不愿面对和改变失业现状。逃避心理一旦产生，就会严重影响人的职业态度以及正常的职业活动，从而陷入失业的恶性循环。

四、再就业的心理调整

（一）面对现实，坦然接受

无论是职场新人，还是在岗位上工作已久的员工都要正确地看待失业。从宏观的经济环境来说，失业是一种经济现象，是市场经济的必然产物。随着社会的发展和科学技术的进步，一些传统行业和职业会逐渐从大众的视野中消失，新兴行业和职业不断涌现，这种更新迭代必然会导致一部分劳动者暂时失业。从微观的职场环境来说，"物竞天择，适者生存"是每个人都应该知道的生存法则，为了保证较好的工作质量和工作效率，职场必然会有竞争，并且优胜劣汰。

因此，不论是准备就业或是已经就业，每一个人应该具有正确的失业观，树立风险与危机意识，在竭尽全力寻找工作、谋求职业发展的同时，也敢于面对并接受失业的结果，不逃避现实，不自暴自弃，客观分析失业原因，积极寻找补救办法。

（二）增强受挫能力，化悲痛为力量

在各大短视频平台上，有一个很流行的幽默文案，"如果一个女生突然开始自律，早睡早起、跑步健身，那么她很有可能是失恋了"。在这诙谐幽默的调侃背后，也反映了悲痛在一定程度上可以给人带来正面的能量。

"失业"跟"失恋"一样，都是负面的事情，会给生活带来一段灰暗的时光，但也正是因为"灰暗"，人才会有动力去寻找光亮。所以，失业者要增强受挫能力，"人生不如意十有八九"，如果一直站在失败的阴影里走不出来，那就会被社会所抛弃。应该树立战胜挫折和困难的决心和勇气，学会在失败中总结经验教训，不断完善并丰富自己，让失业的悲痛化为努力进步的力量，使自己变得越来越好。

（三）寻求心理辅导，进行情绪疏解

一般来说，个体持续失业的状态时间越长，由失业所引起的焦虑感、孤独感、自卑感等情绪化感受就会越强烈，对人的身心健康无疑是不利的，因此个体应该及时主动寻求心理辅导，对负面情绪进行疏导和缓解。

首先，应当理性看待当前社会的就业情况，大学毕业生数量逐年上涨，毕业生的学历水平也年年升高，在市场岗位需求有限的情况下，就业竞争必然会越来越激烈，失业者要认清并接受就业严峻的现实。其次，失业者应该重新评估职业能力，无论是"毕业就失业"还是"就业后再失业"，个体都应该进行自我反省，重新审视自己的职业期待、职业态度、职业行为是否存在问题，在必要情况下可以借助一定的技术手段进行评估，充分挖掘自身潜力，改正不足。最后，如果失业引起了巨大的、暂时无法调节的情绪波动，那么个体可以尝试转移注意力，从失业这件事情上暂时抽离，多关注一些有益于身心健康的活动，对自己进行积极的心理暗示，或者寻找倾诉空间合理地宣泄情绪。

（四）沉淀自己，厚积薄发

找工作是一个漫长的过程，重新找工作同样也是一个漫长的过程，欲速则不达，职业成长之路靠的不是速度，而是持续的努力和刚好的机遇。因此，需要沉淀内心，不能因为一时的失业而慌了阵脚，出现病急乱投医的情况。要让自己更加清楚地认识自我的不足，对症下药。在寻求再就业时，不被眼前的得失而左右，不一味追求再就业的速度，静下心来学习相关职业技能，妥善协调人际关系，积累人脉资源，做到厚积薄发。

（五）调整心理定位，转变就业思路

很多失业者在最开始的时候没有一个明确的心理定位，导致在职业选择时没有作出一个明确的决策，或者是在职业适应阶段出现各种各样心理问题，最终导致失业。因此，当个体失业时，应该适度调整心理定位，在必要时可充分发挥自己的创新思维，不局限于固定框架，转变就业方向和就业思路，比如改变就业领域或者尝试自己创业等。

（六）付诸行动，从头再来

再就业的心理调整不应该是一味地自我心理慰籍，重新就业或者寻找工作也不是仅靠积极的心理暗示就能实现，而是需要切切实实付诸行动，通过恰当的情绪调节以减少负能量的输出，努力提高自身职业技能，端正职业态度，不断提高职业竞争力。

其实，解决失业心理问题最好的方法就是找到工作，让自己行动起来，迈出再就业的第一步。如果任凭自己持续地消沉下去，整天把自己封闭在家里，不仅会加深孤独感和焦虑感，还会因为错失了很多就业信息而错过了大好的机会，从而陷入了失业的恶性循环。

再就业也是再一次的职业选择，重新走入新一轮的职业活动过程中去，只要拾起从头再来的勇气，一切困难都会迎刃而解。

互动交流

1. 职业新人在选择职业时通常有哪些心理问题？
2. 大学生应该从哪几方面做好职业选择心理准备？
3. 职业适应的困境和心理调适方法有哪些？
4. 失业者心理问题和调整方法有哪些？

案例任务

透视大学毕业生"族化"生存现象

近几年来，我国大学生就业问题日益凸显，2020年高校毕业生达874万人，其中高职毕业生约为385万人。面对前所未有的就业压力，大学毕业生面临生存与发展的双重挑战，也由此催生出各类"族化"生存现象。

1. 群体性蜗居的"蚁族"

从人员构成看，蚁族中大多数人来自农村或县城的中低收入家庭，是一群具有一定理想和能力的年轻人，但由于理想和现实的巨大反差，产生了强烈的相对剥夺感。他们对官二代、富二代通过继承父辈资源走上捷径的现象深恶痛绝，积极参与网络事件并逐渐形成意见领袖。

2. 盘踞校园希冀等待"校漂族"

"校漂族"是指那些已经毕业，但继续留在母校或附近其他高校周围的大学毕业生群体。他们有的是为了考研、考公务员、找工作，有的是为了留在大城市，还有的单纯是为了寻找理由逃避就业（图6-6）。

3. 在一线与二三线城市之间摇摆盘旋的"候鸟族"

焦虑和冲突是"候鸟族"最为贴切的写照，不停地在大城市与中小城市之间反复腾挪，在迁徙中承受"无处安放青春"的尴尬与焦虑。他们希望在大城市坚守梦想，有朝一日出人头地，但却承受着高房价、高房租、快节奏生活、矛盾和焦虑等多重压力。他们虽然可以选择到中小城市发展，但又心有不甘，更难以融入中小城市的文化环境中去。

图 6-6 "校漂族"群体

4. 久不就业吃啃父母的"啃老族"

"啃老族"由六类人群组成。第一类人文化水平低、技能差，只能在低端劳动力市场上找苦脏累工作，因怕苦怕累索性不就业；第二类是高校毕业生，对就业岗位期望值过高，过于挑剔；第三类是下岗青年，总是拿新工作跟原来的工作比较，不比原来的好，则不就业；第四类是嫌工作压力太大、人际关系不好或希望再学习而自动离职；第五类是创业幻想型青年，他们虽然有强烈的创业愿望，但没有具体目标和项目，创业不成功也不愿意给别人打工；第六类是不停地换工作，习惯性跳槽，最后漂在社会上。

摘编自《时事报告大学生版》（2013 年 2 期）

请分析：

1. 导致以上四种"族化现象"的心理因素或者心理问题有哪些？
2. 各个"族化现象"反映了就业者哪些心理冲突？
3. 针对各个"族化现象"，请你提出心理调适的建议，使各个现象得到改善。

第七讲

劳动安全与职业健康

本讲概要

劳动者在生产劳动过程中，可能会面临各种风险或伤害，如火灾、中毒、高处坠落等伤亡事故，以及长期接触粉尘、噪声、化学物品等造成的职业病或相关疾病。这些风险、伤害或疾病将对劳动者本人及家庭和社会造成巨大的影响。学习和掌握基本的劳动安全和职业健康知识，可以有效避免或减少安全事故和职业病，从而保护劳动者的人身安全和身心健康。本讲首先介绍了劳动安全和职业健康的相关概念，之后总结了劳动安全健康的法律、法规和规章，最后概述了劳动者享有的劳动安全健康权利和应该承担的义务。

学习目标

1. 阐述劳动安全与职业健康的基本概念。
2. 列举与劳动安全与职业健康相关的法律、法规和规章。
3. 比较劳动者劳动安全与职业健康的权利和义务。

内容导图

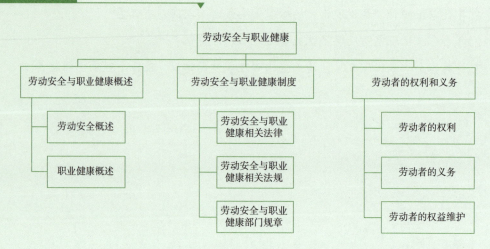

> **导入案例**

长深高速江苏无锡段"9·28"特别重大道路交通事故

2019年9月28日,长深高速江苏无锡段发生一起特别重大交通事故。一辆核载69人,实载69人的大客车在行至该路段时,冲破道路中央隔离带驶入对向车道,与一辆半挂货车相撞,共造成大客车及货车上36人死亡、36人受伤,直接经济损失7100余万元。

经国务院事故调查组认定,该事故是一起生产安全责任事故。事故的直接原因是,大客车在高速行驶过程中左前轮胎发生爆破,导致车辆失控,冲入对向车道与正常行驶的货车相撞。由于大部分乘员未系安全带,从而加重了伤亡后果。事故企业河南国立旅游汽车客运有限公司伪造道路运输经营许可证,非法从事道路客运经营活动。公司未建立安全生产管理相关规章制度,企业安全投入、车辆维修保养等日常安全管理关键环节严重缺失。同时,浙江、安徽、河南三省相关地方政府和相关部门在监管方面存在问题。公安机关依法对14名涉嫌犯罪的有关责任人采取了刑事强制措施,浙江、安徽、河南三省纪委监委对45名公职人员进行追责问责。

事故不断,警钟长鸣,"9·28"事故以血的教训提醒我们,事故随时都有可能发生。在日常生产劳动过程中一定要增强安全意识,摒弃侥幸心理。例如在交通出行中,要做好汽车保养,排除事故隐患,系好安全带,养成良好的安全习惯,才能远离事故。

请思考:

大客车运营中,驾驶员、客运公司、当地政府和相关部门分别应承担哪些安全管理责任?

摘编自新华社(2020年9月11日)

模块一 劳动安全与职业健康概述

一、劳动安全概述

(一)劳动安全

劳动安全又称"职业安全",《中华法学大辞典(劳动法学卷)》中将其定义为:为保护劳动者在生产劳动过程中的安全,防止或消除伤亡事故所采取的各种安全措施。劳动安全属于劳动保护的范畴,其目的是防止危及劳动者人身安全的事故发生,保障劳动者在生产劳动过程中人身安全，免受职业伤害的权益。

（二）危险源与重大危险源

1. 危险源

《职业健康安全管理体系 要求》（GB/T 28001—2011）将危险源定义为：可能导致人身伤害和（或）健康损害的根源、状态或行为、或其组合。在系统安全研究中，一般将危险源分为第一类危险源和第二类危险源。

第一类危险源是在生产过程中存在的、可能意外释放的能量，通常指能量或危险物质及其载体。第一类危险源是事故产生的根源和根本原因，例如，加油站汽油储油罐或高速行驶的汽车都属于第一类危险源。在安全管理实践中很少研究第一类危险源，因为它是客观存在的。虽然它可能造成的危险极大，但我们不能因此使加油站没有储油罐、禁止汽车上路。第二类危险源是指造成约束和限制危险物质措施无效的各种不安全因素，主要包括：人的不安全行为、物的不安全状态和管理缺陷。例如储油罐年久失修有腐蚀，这属于物的不安全状态和管理上的缺陷；酒后驾车或者开车打电话则属于人的不安全行为。

第一类危险源是事故发生的前提，决定事故的严重程度；第二类危险源是事故发生的必要条件，决定事故发生的可能性大小。例如，汽车的速度越大则能量越大，可能造成的事故危害就越大；开车看手机等不安全行为越多，则意味着发生事故的概率就越大。因此，企业对危险源的管理，重点是通过对人的行为控制、技术控制、管理控制去消除第二类危险源，从而避免第一类危险源发生事故。

2. 重大危险源

20世纪70年代以来，预防重大工业事故引起国际社会广泛重视，随之产生了重大危险源的概念，国际上也称为重大危害设施。重大危险源是指长期地或者临时地生产、搬运、使用或者储存危险物品，且危险物品的数量等于或者超过临界量的单元（包括场所和设施）。主要涉及易燃、易爆、有毒有害物质的储罐、库区、生产场所等，有可能会导致比较严重的火灾、爆炸、泄漏等事故，造成较大的人员伤亡和财产损失。《危险化学品重大危险源辨识》（GB 18218—2018）规定了危险化学品的重大危险源临界量，可依此作为重大危险源的判定依据。另外，还可以依据可能导致事故的伤亡人数（如死亡3人或以上）或经济损失数目（如直接经济损失50万元及以上）来确定重大危险源。

按照《危险化学品重大危险源监督管理暂行规定》的要求，重大危险源根据其危险程度分级为一级、二级、三级和四级，其中一级为最高级别。分级管理是为了防止重大事故的发生，对于重大危险源，各级监管部门会有更加严格监管制度；企业会有更严格的管理制度，包括对重大危险源的辨识、评估、备案和应急等。

除重大危险源之外的危险源为一般危险源。

（三）劳动事故

《卫生学大辞典》将事故定义为：在劳动过程中意外发生的设备损坏和人身伤亡的统称。

《企业职工伤亡事故分类标准》（GB 6441—86）将事故分为20大类，分别为：物体打击、车辆伤害、机械伤害、起重伤害、触电、淹溺、灼烫、火灾、高处坠落、坍塌、冒顶片帮、透水、放炮、火药爆炸、瓦斯爆炸、锅炉爆炸、容器爆炸、其他爆炸、中毒和窒息、其他伤害。该分类适用于企业职工伤亡事故统计工作。

在《生产安全事故报告和调查处理条例》中，根据造成的人员伤亡或者直接经济损失将生产安全事故分为四个等级（表7-1），该分类适用于安全生产事故报告和调查处理。

生产安全事故等级划分　　　　　　　　　　表7-1

等级	伤亡或损失情况		
	死亡人数	重伤人数	直接经济损失
特别重大事故	30人以上	100人以上	1亿元以上
重大事故	10人以上30人以下	50人以上100人以下	5000万元以上1亿元以下
较大事故	3人以上10人以下	10人以上50人以下	1000万元以上5000万元以下
一般事故	3人以下	10人以下	1000万元以下

（四）事故隐患

《职业安全卫生词典》将事故隐患定义为：能导致伤害事故发生的人的不安全行为，物的不安全状态或管理制度上的缺陷。从定义上看，事故隐患恰与第二类危险源吻合。《安全生产事故隐患排查治理暂行规定》中将事故隐患分为一般事故隐患和重大事故隐患。一般事故隐患是指危害和整改难度较小，发现后能够立即整改排除的隐患。重大事故隐患是指危害和整改难度较大，应当全部或者局部停产停业，并经过一定时间整改治理方能排除的隐患，或者因外部因素影响致使生产经营单位自身难以排除的隐患。

危险源失控就会演变成事故隐患，如果事故隐患不能被及时排查治理，就会从量变转为质变，质变到一定程度，就有可能造成人员伤亡或财产损失等事故的突然发生。因此安全生产事故隐患的排查治理工作是安全生产工作的一项重要内容。隐患排查是指生产经营单位组织安全生产管理人员、工程技术人员和其他相关人员对本单位的事故隐患进行排查并分级登记。隐患治理是指消除或控制隐患的活动或过程。《安全生产事故隐患排查治理暂行规定》规定了一些事故隐患排查治理的重点范围，不仅包括了煤矿、非煤矿山、危险化学品等生产企业，也包括商场、公共娱乐场所、旅游景点、学校、医院、宾馆、饭店等人员密集场所。

（五）本质安全

《职业安全卫生术语》（GB/T 15236—2008）将本质安全定义为：不是从外部采取附加的安全装置和设施，而是依靠自身的安全设计，进行本质方面的改善，即使发生故障或误操作，设备和系统仍能保证安全。通俗来讲，就是通过技术措施，在人为操作失误或发生故障时仍能确保安全，或者系统能够自动阻止错误操作的发生。日常生活中最常见的本质安全的例子是，洗衣机盖板打开后，电机会立即停止转动，从而避免事故发生。工厂里传动装置的保护罩、电气线路中的漏电保护等都是为了本质安全而设立的。因此，本质安全是预防事故的最高境界。

专栏 7-1

海因里希法则

海因里希法则是美国著名安全工程师海因里希提出的 300∶29∶1 法则，意思是 330 起隐患或违章，必然要发生 29 起轻伤或故障，另外还有一起重伤、死亡或重大事故。也就是说，每一起重大事故背后，都经历了 29 起轻伤事故和 300 次隐患或故障。例如，一名司机驾车时，每发生 300 次酒驾的不安全行为，可能就会发生 29 次一般交通事故和 1 重大交通事故。也可以这样理解：每 300 名司机发生酒驾的不安全行为，可能就产生 29 起一般交通事故和 1 起重大交通事故。这个法则说明，多次意外事件必然会导致重大事故的发生，安全事故的防止要防微杜渐，必须减少和消除无伤害事故隐患，才能防止重大事故的发生。

（六）安全设施

日常生活中经常能够见到的灭火装置、消防应急照明、安全疏散指示标志、安全护栏等都属于安全设施。在安全生产领域，安全设施是指企业在生产经营活动中，将危险、有害因素控制在安全范围内，以及减少、预防和消除危害所配备的装置、设备和采取的措施。

安全设施分为三类，一是预防事故设施，包括检测、报警设施（例如感烟器）、设备的安全防护（如防护罩）、作业场所的防护（如防护栏、防护网）、防爆设施、安全警示标志等；二是控制事故设施，包括泄压和止逆设施（如泄压阀、止逆阀）、紧急处理设施（如备用电源、紧急停车装置）；三是减少与消除事故影响的设施，包括防火设施（如防火门）、灭火设施、应急救援设施、逃生避难设施、劳动防护用品和装备。

劳动防护用品是人在生产和工作中为防御物理、化学、生物等外界有害因素伤害人体而穿戴和配备的各种物品的总称。劳动防护用品的种类很多（表7-2），各类劳动防护用品是保障劳动者安全和健康的最后一道防线，企业应严格按照国家有关规定向劳动者发放、维护、更换劳动防护用品，并对劳动者进行相关培训。劳动者也需要在生产劳动过程中正确使用和佩戴劳动防护用品（图7-1）。

劳动防护用品　　　　　　　　表7-2

分类依据	防护用品一览
防护部位	头部防护（如安全帽）、面部防护（如电焊面罩）、眼睛防护、呼吸道防护（如防毒口罩）、听力防护、手部防护、脚部防护、身躯防护
防护用途	防尘、防毒防酸碱、防油、防高温、防辐射、防火、高空作业、防噪、防冲击防触电、防寒

图7-1　安全帽、电焊面罩、防毒口罩、防辐射服

二、职业健康概述

（一）职业健康

与职业健康相关或相似的概念有多种，比如职业卫生、工业卫生、劳动卫生等。《职业安全卫生术语》（GB/T 15236—2008）中将职业卫生定义为：职业卫生是对工作场所内产生或存在的职业性有害因素及其健康损害进行识别、评估、预测和控制的一门科学，其目的是预防和保护劳动者免受职业性有害因素所致的健康影响和危险，使工作适应劳动者，促进和保障劳动者在职业活动中的身心健康和社会福利。

习近平总书记在十九大报告中提出实施健康中国战略，这是新时代健康卫生工作的纲领。2016年中共中央、国务院印发了《"健康中国2030"规划纲要》，提出要遵循"健康优先"的原则，把健康摆在优先发展的战略地位，也明确指出要强化安全生产和职业健康。2019年，健康中国行动推进委员会发布了《健康中国行动（2019—2030年）》等相关文件，提出将开展15个重大专项行动，其中实施职业健康保护行动是重大专项行动之一。

职业健康符合我国健康中国发展战略，使得职业卫生工作的目标不仅仅是针对由各种有害因素造成的职业病，同时也要关注工作条件对劳动者生理、心理的影响，关注劳动者在劳动过程中的舒适度。企业不仅要做好粉尘、噪声等职业病危害因素的控制，同时也要为劳动者提供舒适的工作环境，促进劳动者身心健康，提高劳动者对社会适应的良好状态。

（二）职业危害因素

职业危害因素又称职业性有害因素或职业病危害因素，是指在职业活动中产生和（或）存在的、可能对职业人群健康、安全和作业能力造成不良影响的因素或条件，包括化学、物理、生物等因素。《职业病危害因素分类目录》中将职业病危害因素分为6大类459种，包括52种粉尘（如矽、尘煤尘等）、375种化学因素（如铅、汞及其化合物等）、15种物理因素（如噪声、振动、高温等）、8种放射性因素、6种生物因素和3种其他因素。

职业危害因素按照来源可分为三大类：一是生产过程中的有害因素，主要是和生产工艺、设备、原辅料等有关的粉尘、化学因素、物理因素等危害因素；二是劳动过程中的有害因素，主要包括劳动组织的不合理、劳动强度大、劳动时间长、长期不良体位等因素；三是劳动环境中的有害因素，主要包括厂房布局不合理、室外不良气象条件、室内不良照明及通风不畅等因素。

（三）职业病

职业病是指企业、事业单位和个体经济组织的劳动者在职业活动中，因接触粉尘、放射性物质和其他有毒、有害物质等因素而引起的疾病。广义地讲，由职业有害因素所引起的疾病统称为职业病。

《职业病分类和目录》将职业病分为10大类，包括职业性尘肺病及其他呼吸系统疾病19种、职业性皮肤病9种、职业性眼病3种、职业性耳鼻喉口腔疾病4种、职业性化学中毒60种、物理因素所致职业病7种、职业性放射疾病11种、职业性传染病5种、职业性肿瘤11种、其他职业病3种。狭义上讲，职业病必须是《职业病分类和目录》里所列出的职业病。

专栏7-2

劳动安全和职业健康事关你我他

根据国家统计局数据及我国卫生健康事业发展统计公报数据，2019年我国生产安全事故共死亡29000多人，比上年下降约14.7%；2019年我国共报告各类职业病新病例19428例，比上年下降约17.3%。

虽然从统计数据上看，我国安全生产形势和职业病防治情况均有所好转，但整体形势依然严峻。安全事故死亡人数和职业病增加病例人数的下降，不能掩盖安全生产事故频发和接触职业病危害因素职业人群众多的事实。职业安全和健康事关劳动者的基本权益，劳动工伤和职业病对劳动者生命与健康的威胁不仅会给劳动者本人及家庭带来巨的风险，也可能会给企业带来致命的打击。如果这些威胁长期得不到解决，积累到一定程度，甚至有可能成为影响社会安定的因素。作为政府、用人单位或劳动者个人，都有责任和义务关注我国职业安全健康发展形势，注重安全生产与职业病防护，强调对劳动者加强劳动保护，确保广大劳动者的生产、工作、生活环境得到改善，保障劳动者生命安全和健康的权益。

（四）职业禁忌症

职业禁忌症是劳动者从事特定职业或者接触特定职业性有害因素时，比一般职业人群更易于遭受职业危害、罹患职业病、可能导致原有自身疾病病情加重，或者在从事作业过程中诱发对劳动者生命健康构成危险的疾病的个人生理或病理状态。比如Ⅱ期高血压是噪声作业的职业禁忌证，长期在高噪声环境下，会使患有Ⅱ期高血压的劳动者病情加重，也就是说，相比绝大多人而言，患有Ⅱ期高血压的劳动者更容易遭受到噪声伤害。因此，患有职业禁忌证的劳动者应调离该工作岗位。

（五）职业健康促进

职业健康促进又称工作场所健康促进，《职业健康促进名词术语》（GBZ/T296—2017）将其定义为：采取综合干预措施，以改善工作条件，改变劳动者不健康的生活方式和行为，控制健康危险因素，预防职业病，减少工作有关疾病的发生，以促进和提高劳动者健康和生命质量为目的的活动。劳动者在劳动过程中面临众多健康问题，除了以上提到的职业危害因素之外，还面临压力大、心里紧张等因素的威胁。因此开展职业健康促进活动能有效确保劳动者的安全和健康，从而提高企业生产效率、提高国民健康水平。

模块二　劳动安全与职业健康制度

通过一系列法律、法规、规章及标准规范的颁布实施，我国在劳动安全和职业健康领域形成了比较完善的法律法规体系，在推进我国安全生产法治建设、改善作业场所职业卫生条件、保障劳动者职业安全和健康权益等方面发挥了重要的作用。

一、劳动安全与职业健康相关法律

我国法律是由全国人民代表大会及其常务委员会经一定立法程序，制定颁布的规范性文件。表 7-3 列出了部分劳动安全与职业健康相关的法律。

劳动安全与职业健康的相关法律　　　　　表 7-3

序号	名　称	简　称	制修定时间
1	中华人民共和国宪法	宪法	1982 年 12 月 4 日
2	中华人民共和国安全生产法	安全生产法	2020 年 11 月 25 日
3	中华人民共和国职业病防治法	职业病防治法	2018 年 12 月 29 日
4	中华人民共和国基本医疗卫生与健康促进法	基本医疗卫生与健康促进法	2020 年 6 月 1 日
5	中华人民共和国劳动法	劳动法	2018 年 12 月 29 日
6	中华人民共和国劳动合同法	劳动合同法	2013 年 7 月 1 日
7	中华人民共和国工会法	工会法	2009 年 8 月 27 日

注：2020 年 11 月 25 日，国务院通过《中华人民共和国安全生产法（修正草案）》。

（一）宪法

《宪法》规定了劳动安全健康的基本要求：加强劳动保护，改善劳动条件，并在发展生产的基础上，提高劳动报酬和福利待遇。这是劳动安全健康其他法律法规的基本依据。

（二）安全生产法

《安全生产法》于 2002 年 11 月开始实施，2014 年进行了第二次修正，2020 年 12 月 25 日国务院通过《中华人民共和国安全生产法（修正草案）》。该法旨在加强安全生产工作，防止和减少生产安全事故，保障人民群众生命和财产安全，促进经济社会持续健康发展。该法对加强我国安全生产法治建设、加强监督、规范经营、遏制事故、保障人民生命安全、促进经济发展和社会稳定都具有深远的意义。

该法的基本方针是：安全第一、预防为主、综合治理。主要内容有：①生产经营单位的安全生产保障。主要包括生产经营单位的安全生产条件、主要负责人的安全生产职责、资金投入、组织和人员保障、基础保障和管理保障。②从业人员的安全生产权利义务。③安全生产监督管理。包括安全生产的监督管理体制、各级政府的监督管理职责、安全生产事项的审批和验收、安全生产监督管理过程、社会和舆论监督、对安全生产违法行为的举报及管理和安全生产守信单位的激励。④安全生产事故。包括安全生产事故的概念、分类、等级、应急救援和调查处理。⑤安全生产的法律责任。包括责任追究、责任形式、责任主体、行政执法主体和法律责任。其中法律责任包括地方政府、监管部门及其工作人员、生产经营单位及其负责人、安全生产服务机构和从业人员的法律责任。

（三）职业病防治法

《职业病防治法》于 2001 年开始实施，到 2018 年经过了 4 次修正，2020 年 6 月，国家卫生健康委职业健康司召开了《职业病防治法》修订起草工作启动会。该法的颁布实施是我国职业卫生领域的一件大事，关系到我国亿万劳动者的职业健康，极大地推动了我国职业卫生管理工作与国际接轨。

该法律旨在预防、控制和消除职业病危害，防治职业病，保护劳动者健康及其相关权益，促进经济社会发展。其基本方针是：预防为主，防治结合。

该法律的主要内容有：①职业病防治的总体要求。包括职业病防治工作的方针和原则，以及对劳动者、用人单位、工会、各级政府、相关部门的总体要求。②职业病的前期预防。包括源头控制和消除、职业病危害项目申报制度和建设项目职业病危害的预防。③劳动过程中的防护与管理。包括职业病防护、职业卫生技术服务、劳动合同的告知事项、职业卫生培训、劳动者的健康检查和监护档案、职业病危害事故应急救援、劳动者的职业卫生权力、工会组织的作用和其他保障措施。④职业病诊断与职业病病人的保障。包括职业病诊断的医疗卫生机构资质条件、职业病诊断需综合分析的因素、职业病诊断委员会专家构成、职业病病人待遇等。⑤监督管理。包括卫生行政部门履行监督检查职责时可采取的措施、发生职业病危害事故时可采取的控制措施、不得发生的监管行为等。⑥法律责任。包括建设单位、用人单位、向用人单位提供可能产生职业病危害的设备和材料的企业、职业卫生技术服务机构、职业病诊断鉴定委员会和各级人民政府及职业卫生监管部门的法律责任。

案例 7-1

余杭恒力混凝土有限公司 2 人确诊职业病

2020 年 4 月，杭州市卫生健康委对余杭恒力混凝土有限公司进行监督检查，发现该公司存在未按规定组织劳动者进行上岗前和在岗期间的职业健康检查、未采用有效的职业病防护设施、职业病危害因素浓度超标等多项违法行为，致使宋某、张某两名劳动者分别诊断为矽肺二期和矽肺三期，对身体产生严重健康损害（图 7-2）。杭州市卫生健康委依法责令该企业停止产生职业病危害的作业并处以罚款二十万元的行政处罚。

本案中，该企业未按规定组织接触职业病危害作业的劳动者进行上岗前、在岗期间的职业健康检查、行为，违反了《中华人民共和国职业病防治法》第三十五条规定；未采用有效的职业病防护设施的行为，违反了《中华人民共和国职业病防治法》第二十二条规定；企业职业病危害因素浓度超标，违反了《中华人民共和国职业病防治法》第十五条规定。该企业未切实履行职业病防治工作主体责任，存在上述多项违法行为，严重危害到劳动者健康。

图 7-2　职业病

摘编自《钱江晚报》（2021 年 1 月 8 日）

（四）基本医疗卫生与健康促进法

《基本医疗卫生与健康促进法》于 2020 年 6 月 1 日起实施，其目的是发展医疗卫生与健康事业，保障公民享有基本医疗卫生服务，提高公民健康水平，推进健康中国建设。该法律对国家、各级政府和用人单位的职业健康工作提出要求：国家要加强职业健康保护，鼓励用人单位开展职工健康指导工作，提倡用人单位为职工定期开展健康检查；县级以上人民政府应当制定职业病防治规划，建立健全职业健康工作机制，加强职业健康监督管理，提高职业病综合防治能力和水平；用人单位应当控制职业病危害因素，采取工程技术、个体防护和健康管理等综合治理措施，改善工作环境和劳动条件，积极组织职工开展健身活动，保护职工健康。

（五）劳动法

《劳动法》的目的之一是保护劳动者合法权益。在劳动安全卫生方面，要求用人单位必须建立健全劳动安全卫生制度、劳动安全卫生设施必须符合国家标准、对劳动者进行安全卫生教育、为劳动者提供符合国家规定的劳动安全卫生条件和必要的劳动防护用品、对从事有职业危害的劳动者进行定期健康检查；要求从事特种作业的劳动者必须经过专门培训并取得作业资格；要求劳动者必须遵守安全操作规程，同时赋予劳动者拒绝违章指挥、对危害生命安全和身体健康行为的批评、检举和控告的权利；要求各级政府建立伤亡事故和职业病统计报告和处理制度；要求对女职工和未成年工实行特殊劳动保护。

（六）劳动合同法

《劳动合同法》涉及劳动者安全和健康的内容有：①用人单位在制定、修改或者决定有工作时间、休息休假、劳动安全卫生、保险福利等直接涉及劳动者切身利益的规章制度或者重大事项时，应当经职工代表大会或者全体职工讨论，提出方案和意见，与工会或者职工代表平等协商确定。②用人单位招用劳动者时，应当如实告知劳动者工作内容、工作条件、工作地点、职业危害、安全生产状况、劳动报酬，以及劳动者要求了解的其他情况。③劳动合同应当具备劳动保护、劳动条件和职业危害防护条款。④劳动者拒绝违章指挥、强令冒险作业、对危害生命安全和身体健康的劳动条件提出批评、检举和控告时，不视为违反合同。⑤用人单位未按照劳动合同约定提供劳动保护或者劳动条件的，劳动者可以解除劳动合同。用人单位违章指挥、强令冒险作业危及劳动者人身安全的，劳动者可以立即解除劳动合同，不需事先告知用人单位。⑥劳动者从事接触职业病危害作业的、劳动者未进行离岗前职业健康检查，或者疑似职业病病人在诊断或者医学观察期间的、劳动者在本单位患职业病或者因工负伤并被确认丧失或者部分丧失劳动能力的，用人单位不得依照本法第四十条、四十一条的规定解除劳动合同。

（七）工会法

《工会法》和劳动安全卫生相关的内容有：①企事业单位不提供劳动安全卫生条件、随意延长劳动时间和侵犯女职工和未成年工特殊权益时，工会应当代表职工要求企事业单位采取措施予以改正。②工会依照国家规定对新建、扩建企业和技术改造工程中的劳动条件和安全卫生设施与主体工程同时设计、同时施工、同时投产使用进行监督。③工会发现企业违章指挥、强令工人冒险作业，或者生产过程中发现明显重大事故隐患和职业危害，有权提出解决的建议，企业应当及时研究答复。④发现危及职工生命安全的情况时，工会有权向企业建议组织职工撤离危险现场，企业必须及时作出处理决定。⑤职工因工伤亡事故和其他严重危害职工健康问题的调查处理，必须有工会参加。⑥县级以上各级人民政府及其有关部门研究制定劳动安全卫生政策、措施时，应当吸收同级工会参加研究，听取工会意见。

另外，与劳动安全和职业健康相关的法律还有：《中华人民共和国突发事件应对法》《中华人民共和国消防法》《中华人民共和国道路交通安全法》《中华人民共和国矿山安全法》《中华人民共和国矿产资源法》《中华人民共和国煤炭法》《中华人民共和国特种设备安全法》《中华人民共和国建筑法》等。

二、劳动安全与职业健康相关法规

法规指国家机关制定的规范性文件，表7-4列出了部分和劳动安全与职业健康相关的法规。

劳动安全与职业健康的相关法规　　　　　　表 7-4

序号	名　　称	制修订时间
1	煤矿安全监察条例	2013 年 7 月 18 日
2	安全生产许可证条例	2014 年 7 月 29 日
3	生产安全事故报告和调查处理条例	2015 年 5 月 1 日
4	安全生产事故隐患排查治理暂行规定	2008 年 2 月 1 日
5	工伤保险条例	2010 年 12 月 8 日
6	尘肺病防治条例	1987 年 12 月 3 日
7	使用有毒物品作业场所劳动保护条例	2002 年 5 月 12 日
8	突发公共卫生事件应急条例	2011 年 1 月 8 日

（一）煤矿安全监察条例

《煤矿安全监察条例》于 2000 年开始施行，2013 年对部分内容进行了修订。该条例旨在保障煤矿安全，规范煤矿安全监察工作，保护煤矿职工人身安全与身体健康。该条例规定了煤矿安全监察机构职责、煤矿安全监察内容和罚则。

（二）安全生产许可证条例

《安全生产许可证条例》于 2004 年开始施行，2014 年进行了第二次修订。该法旨在严格规范安全生产条件，进一步加强安全生产监督管理，防止和减少生产安全事故。国家对矿山企业、建筑施工企业和危险化学品、烟花爆竹民用爆炸物品生产企业实行安全生产许可制度。其主要内容是对以上企业的安全生产许可证的办法管理、获取条件、获取程序、监督管理和法律责任做了详细规定。

（三）生产安全事故报告和调查处理条例

《生产安全事故报告和调查处理条例》于 2007 年开始施行，旨在规范生产安全事故的报告和调查处理，落实生产安全事故责任追究制度，防止和减少生产安全事故。其主要内容是对安全生产事故的分级、报告、调查和法律责任做了详细规定。

（四）安全生产事故隐患排查治理暂行规定

《安全生产事故隐患排查治理暂行规定》于 2008 年开始施行，旨在建立安全生产事故隐患排查治理长效机制，强化安全生产主体责任，加强事故隐患监督管理，防止和减少事故，保障人民群众生命财产安全。其主要内容有：一是事故隐患的分类、排查治理方针、排渣智利的重点范围和事故隐患的监督管理。二是煤矿等 8 个重点行业领域的安全生产重大事故隐患。三是生产经营单位事故隐患排查治理的职责。四是事故隐患排查治理的监督检查。五是事故隐患排查治理的法律责任。六是举报原则、奖励、处理等。

（五）工伤保险条例

《工伤保险条例》于2004年开始施行，2010年第一次修订，旨在保障因工作遭受事故伤害或者患职业病的职工获得医疗救治和经济补偿，促进工伤预防和职业康复，分散用人单位的工伤风险。其主要内容有工伤保险的适用范围、工伤保险基金、应当认定和视同工伤的情形、不应当认定和视同工伤的情形、劳动能力鉴定、工伤保险待遇和法律责任等。其中将劳动能力鉴定分为劳动功能障碍程度等级和生活自理障碍程度等级。劳动功能障碍分为10个伤残等级，最重的为1级。生活自理障碍分为3级：生活完全不能自理、生活大部分不能自理和生活部分不能自理。

（六）尘肺病防治条例

《尘肺病防治条例》于1987年开始施行，旨在保护职工健康，消除粉尘危害，防止发生尘肺病，促进生产发展。主要规定了尘肺病防治工作的适用范围、工作原则、治理措施、监督监测、健康管理、奖励和处罚等。该条例是在我国还未制定职业病防治法的情况下颁布的，体现了我国对尘肺病防治工作的重视，但由于年代久远，已经不能适应目前职业病防治工作的要求。

（七）使用有毒物品作业场所劳动保护条例

《使用有毒物品作业场所劳动保护条例》于2002年开始实施，旨在保证作业场所安全使用有毒物品，预防、控制和消除职业中毒危害，保护劳动者的生命安全、身体健康及其相关权益。条例的主要内容是：作业场所的预防措施、劳动过程的防护措施、职业健康监护、劳动者的权利和义务、监督管理和法律责任等。

（八）突发公共卫生事件应急条例

《突发公共卫生事件应急条例》于2003年开始施行，2011年进行第一次修正，旨在有效预防、及时控制和消除突发公共卫生事件的危害，保障公众身体健康和生命安全，维护正常的是社会秩序。其主要内容是重大传染病疫情、重大食物中毒、职业中毒等突发公共卫生事件的预防与应急准备、应急处理、相关制度（报告、举报、信息发布）和法律责任。

另外，与劳动安全和职业健康相关的法规还有：《生产安全事故应急条例》《大型群众性活动安全管理条例》《烟花爆竹安全管理条例》《建设工程安全生产管理条例》《危险化学品安全管理条例》《特种设备安全监察条例》《民用爆炸物品安全管理条例》《国务院关于预防煤矿安全生产事故的特别规定》《女职工劳动保护特别规定》《放射性同位素与射线装置安全和防护条例》《工厂安全卫生规定》等。

三、劳动安全与职业健康部门规章

安全生产部门规章是国务院有关部门根据安全生产法律、行政法规制定的有关安全生产的规范性文件，表 7-5 列出了一些与劳动安全有关的部门规章。

劳动安全的部门规章　　　　　　　　　　　　　　　表 7-5

序号	文件名称	文号	实行日期
1	生产安全事故信息报告和处置办法	国家安全生产监督管理总局令第 21 号	2009 年 7 月 1 日
2	建设项目安全设施"三同时"监督管理办法	国家安全生产监督管理总局令第 77 号	2015 年 5 月 1 日
3	生产经营单位安全培训规定	国家安全生产监督管理总局令第 80 号	2015 年 7 月 1 日
4	特种作业人员安全技术培训考核管理规定	国家安全生产监督管理总局令第 80 号	2015 年 7 月 1 日
5	安全生产培训管理办法	国家安全生产监督管理总局令第 80 号	2015 年 7 月 1 日
6	煤矿安全规程	国家安全生产监督管理总局令第 87 号	2016 年 10 月 1 日
7	危险化学品安全使用许可证实施办法	国家安全生产监督管理总局令第 89 号	2017 年 3 月 6 日
8	生产安全事故应急预案管理办法	中华人民共和国应急管理部令第 2 号	2019 年 9 月 1 日
9	建筑施工企业安全生产许可证管理规定	中华人民共和国住房和城乡建设部令第 23 号	2015 年 1 月 22 日

职业卫生部门规章是指有国务院所属部委在法律规定的范围内，依据职权制定、颁布的有关职业卫生管理的规范性文件。目前负责职业卫生管理工作的主管部门是国家卫生健康委员会。表 7-6 列出了一些重要的职业卫生部门规章。

职业卫生或职业健康的部门规章　　　　　　　　　　表 7-6

序号	文件名称	文号	实行日期
1	职业健康检查管理办法	国家卫生健康委员会令第 2 号	2019 年 2 月 28 日
2	用人单位职业卫生监督执法工作规范	国卫监督发〔2020〕17 号	2020 年 8 月 31 日
3	工作场所职业卫生监督管理规定	国家卫生健康委员会令第 5 号	2021 年 2 月 1 日
4	职业病诊断与鉴定管理办法	国家卫生健康委员会令第 6 号	2021 年 1 月 4 日
5	用人单位职业健康监护监督管理办法	国家安全生产监督管理总局令第 49 号	2012 年 6 月 1 日
6	职业病危害项目申报办法	国家安全生产监督管理总局令第 48 号	2012 年 6 月 1 日
7	防暑降温措施管理办法	总安健〔2012〕89 号	2012 年 6 月 29 日
8	职业卫生档案管理规范	安监总厅安健〔2013〕171 号	2013 年 12 月 31 日
9	用人单位职业病危害告知与警示标识管理规范	安监总厅安健〔2014〕111 号	2014 年 11 月 13 日
10	用人单位职业病危害因素定期检测管理规范	安监总厅安健〔2015〕16 号	2015 年 2 月 28 日
11	建设项目职业病防护设施"三同时"监督管理办法	国家安全生产监督管理总局令第 90 号	2017 年 5 月 1 日
12	用人单位劳动防护用品管理规范	安监总厅安健〔2018〕3 号	2018 年 1 月 15 日
13	职业病分类和目录	国卫疾控发〔2013〕48 号	2013 年 12 月 23 日
14	职业病危害因素分类和目录	国卫疾控发〔2015〕92 号	2015 年 11 月 17 日
15	高毒物品目录	卫法监发〔2003〕142 号	2003 年 6 月 10 日

模块三　劳动者的权利和义务

我国的法律对劳动者劳动安全健康权利和应承担的相关义务都做了明确的规定。学习和了解这些规定，有助于劳动者明确自己的权利和义务，维护自己的安全健康权益。

一、劳动者的权利

（一）获得劳动保护

加强劳动保护、改善劳动条件是《宪法》赋予劳动者的基本权利，《劳动法》规定，劳动者享有获得劳动安全卫生保护的权利。《职业病防治法》也规定，劳动者依法享有职业卫生保护的权利。用人单位应当为劳动者创造符合国家职业卫生标准和卫生要求的工作环境和条件，并采取措施保障劳动者获得职业卫生保护。

（二）休息休假

保障劳动者休息休假的权利，使劳动者获得充足的休息时间，能够有效减少人的不安全行为，有效降低劳动者接触有害因素累计时间，从而降低事故和患职业病的风险。《劳动法》中对劳动者工作时间、休假节日和带薪年休假制度都有规定。用人单位因为生产经营需要延长工作时间的，须与工会和劳动者协商，并按照标准支付高于正常工作时间的劳动报酬。

（三）知情权

《安全生产法》规定，生产经营单位应当向劳动者如实告知作业场所和工作岗位存在的危险因素和职业病危害因素，以及相关防范措施和事故应急措施。《职业病防治法》规定，产生职业病危害的用人单位，应当在醒目位置设置公告栏，公布有关职业病防治的规章制度、操作规程、应急救援措施和职业病危害因素检测结果。对产生严重职业病危害的作业岗位，应当在其醒目位置设置警示标识，说明职业病危害的种类、后果、预防以及应急救治措施等内容。劳动者享有了解工作场所产生或者可能产生的职业病危害因素、危害后果和应当采取的职业病防护措施的权利。

（四）拒绝权

《劳动法》规定，劳动者对用人单位管理人员违章指挥、强令冒险作业，有权拒绝执行。《劳动合同法》规定，劳动者拒绝用人单位管理人员违章指挥、强令冒险作业的，不视为违反劳动合同。《职业病防治法》规定，用人单位与劳动者订立劳动合同时违反相应规定的，劳动者有权拒绝从事存在职业病危害的作业，用人单位不得因此解除与劳动者所订立的劳动合同。同时，劳动者享有拒绝违章指挥和强令进行没有职业病防护措施的作业的权利。

（五）建议、批评、检举和控告权

《安全生产法》规定，生产经营单位的劳动者有权了解其作业场所和工作岗位存在的危险因素、防范措施及事故应急措施，有权对本单位的安全生产工作提出建议。劳动者有权对本单位安全生产工作中存在的问题提出批评、检举、控告；有权拒绝违章指挥和强令冒险作业。生产经营单位不得因劳动者对本单位安全生产工作提出批评、检举、控告或者拒绝违章指挥、强令冒险作业而降低其工资、福利等待遇或者解除与其订立的劳动合同。

（六）紧急撤离权

《安全生产法》规定，劳动者发现直接危及人身安全的紧急情况时，有权停止作业或者在采取可能的应急措施后撤离作业场所。生产经营单位不得因劳动者在前款紧急情况下停止作业或者采取紧急撤离措施而降低其工资、福利等待遇或者解除与其订立的劳动合同。

（七）参加教育和培训

《职业病防治法》规定，用人单位应当对劳动者进行上岗前的职业卫生培训和在岗期间的定期职业卫生培训，普及和职业卫生知识。

（八）参加健康检查、防治和治疗

《职业病防治法》赋予劳动者享有获得职业健康检查、职业病诊疗、康复等职业病防治服务的权利。用人单位应对从事接触职业病危害作业的劳动者进行职业健康监护，在劳动者上岗前、在岗期间、离岗时和应急时进行职业健康检查并建立职业健康监护档案。同时，劳动者享有查阅、复印职业健康档案的权利。

（九）特殊劳动保护

《劳动法》第五十八条规定，国家对女职工和未成年工实行特殊劳动保护。

为了减少和解决女职工在劳动中因生理特点造成的特殊困难，保护女职工健康，《女职工劳动保护特别规定》对用人单位的职责、相关部门的监督检查、女职工享有的产假及生育津贴等权益、女职工禁忌从事的劳动范围等都做了明确规定。

未成年工是指年满16周岁未满18周岁的劳动者。《未成年工特殊保护规定》明确规定了未成年工不能从事的劳动范围以及用人单位对未成年工进行定期健康检查的要求。

《职业病防治法》明确规定，用人单位不得安排未成年工从事接触职业病危害的作业；不得安排孕期、哺乳期的女职工从事对本人和胎儿、婴儿有危害的作业。

案例7-2

解除合同后确诊职业病该由谁负责？

何某于2010年3月开始到某煤矿工作，经该煤矿组织体检合格后正式参加井下开采、掘进工作。双方签订了劳动合同，参加了工伤保险。2014年5月何某在工作过程中致右脚趾趾骨骨折，经鉴定为工伤，定为8级伤残。2015年2月，何某与煤矿协商后终止了劳动合同，用人单位一次性向何某支付伤残金等共计72700元。2015年4月，何某因身体不适去医院检查，经当地疾控中心诊断为煤工尘肺一期，那么何某的职业病待遇该由谁来负责买单呢？

煤矿以为与何某就伤残8级事宜达成调解并终止了双方的劳动关系，就与何某没有任何关系，不用对何某职业病待遇负责，这种想法显然是不对的。我国《职业病防治法》第三十五条规定，对从事接触职业病危害的作业的劳动者，用人单位应当按照国务院卫生行政部门的规定组织上岗前、在岗期间和离岗时的职业健康检查。本案中，尽管何某发现职业病是在终止劳动关系之后，但该煤矿是何某工作的最后的用人单位，并且煤矿应当为何某进行离岗前职业健康检查却没有进行，所以用人单位应当承担何某的职业病待遇，按照《工伤保险条例》的规定，向何某支付职业病待遇的一次性伤残补助金、一次性就业补助金和一次性医疗补助金。

用人单位应当严格按照国家法律的规定，对从事职业病危害作业的劳动者按时进行健康检查，这不仅是法律对企业的要求，更是企业社会责任的要求。同时提醒广大劳动者，在生产劳动中要明确自己的权利和义务，如果真的不幸受到伤害或患上职业疾病，要懂得通过法律的手段及时维护自己的合法权益。

摘编自职业病网（2015年8月4日）

二、劳动者的义务

劳动者享有上述劳动安全健康权益的同时，也应承担相应的义务。

（一）遵规守纪

《劳动法》规定，劳动者在劳动过程中必须严格遵守安全操作规程。《安全生产法》规定，劳动者应当严格遵守本单位的安全生产规章制度和操作规程，服从管理，正确佩戴和使用劳动防护用品。《职业病防治法》规定，劳动者要遵守职业病防治法律、法规、规章和操作规程，正确使用、维护职业病防护设备和个人使用的职业病防护用品。

（二）接受学习和培训

《安全生产法》规定，劳动者应当接受安全生产教育和培训，掌握本职工作所需的安全生产知识，提高安全生产技能，增强事故预防和应急处理能力。《职业病防治法》规定，劳动者应当学习和掌握相关的职业卫生知识，增强职业病防范意识。

（三）及时报告

劳动者发现安全生产事故隐患或其他不安全因素、职业病危害事故隐时，应当及时向安全按管理人员、职业卫生管理人员或单位负责人报告。

三、劳动者的权益维护

（一）积极学习相关法律法规

学习和劳动安全和职业健康有关的法律法规，一方面可以明确劳动者本人的权利和义务，还可以了解用人单位在保障劳动者安全健康权益方面的法律责任，以便劳动者知道自己的权益是否收到侵犯；另一方面，要了解一些处理劳动保护争议的法律法规，以便劳动者权益受到侵犯时，知道维护权益的途径。

（二）依法签订劳动合同

签订劳动合同对劳动者维护自身权益十分重要，劳动合同是证明劳动关系最有利的证据。尤其是很多职业病要多年后才会发病，一些职业病患者由于没有与用人单位签订劳动合同而陷入维权困局。劳动合同中应当具备劳动保护、劳动条件和职业危害防护条款。用人单位未按照合同约定提供劳动保护或者劳动条件的，劳动者可以解除劳动合同。用人单位以违章指挥、强令冒险作业危及劳动者人身安全的，劳动者可以立即解除劳动合同，不需事先告知用人单位。

（三）通过协商、调解、仲裁、诉讼维护劳动权益

当劳动者利益受到侵犯时，首先可以和用人单位协商解决问题。如通过协商仍达不成一致意见，劳动者可以向本单位的劳动争议调解委员会申请调解。企业劳动争议调解委员会由职工代表和企业代表组成。职工代表由工会成员担任或者由全体职工推举产生，企业代表由企业负责人指定。未达成调解协议或约定期限内不履行调解协议的，劳动者可以向当地人力资源和社会保障主管部门申请仲裁；如果对仲裁裁决不服，可以向人民法院起诉，维护劳动者权益。

互动交流

1. 请列举你知道的事故隐患及职业危害因素。
2. 请列举身边常见的安全防护设施及劳动保护用品。
3. 请列举劳动安全和职业健康的法律、法规和规章。
4. 分析你目前所在地方的安全管理存在哪些缺陷。

案例任务

"7·12"重大爆炸着火事故调查报告

2018年7月12日,四川省宜宾市某科技公司发生重大爆炸着火事故。事故共造成19人死亡,12人受伤(其中重伤1人),造成直接经济损失约4142万元。事故发生经过如下:

事故当天上午,该科技公司库管员小宋未对无包装标识的入库原料认真核实,将"氯酸钠"当做"丁酰胺"派发给同事。事故当天下午,被投入错误原料的2R301釜开始蒸汽进行升温脱水作业,随后发生化学爆炸。爆炸导致2R301釜严重解体,冲出的高温甲苯蒸气,迅速与外部空气混合产生二次爆炸,同时引起车间现场存放的氯酸钠、甲苯与甲醇等物料殉爆殉燃和周围车间的着火燃烧。经计算,本次事故释放的爆炸总能量为230公斤TNT当量。

事故调查组认定,该事故为生产安全责任事故。事故发生的直接原因为:操作人员将无包装标识的氯酸钠当做丁酰胺,投入到2R301釜中进行脱水操作引发爆炸着火。事故发生的主要原因为:该科技公司未批先建、违法建设、非法生产,未严格落实企业安全生产主体责任,对事故的发生负主要责任。引发事故的重要间接原因包括:相关合作企业违法违规,未落实安全生产主体责任;设计、施工、监理、评价、设备安装等技术服务单位未依法履行职责,违法违规进行设计、施工、监理、评价、设备安装和竣工验收;氯酸钠产供销相关单位违法违规生产、经营、储存和运输;相关工业园区管委会和当地政府坚持"发展决不能以牺牲安全为代价"的红线意识不强,没有始终绷紧安全生产这根弦,没有坚持把安全生产摆在首要位置,对安全生产工作重视不够,属地监管责任落实不力;负有安全生产监管、建设项目管理、易制爆危化品监管和招商引资职能的相关部门未认真履职,审批把关不严,监督检查不到位。

摘编自四川省应急管理厅官方网站(2019年2月13日)

请分析:

此次事故前,该科技公司生产过程中存在哪些安全管理的薄弱环节?

第八讲

劳动价值与职业收入

本讲概要

个人生存和发展需要劳动，社会进步需要劳动力，千千万万的高素质劳动者进入就业岗位，成为行业发展和社会进步的推动力量。劳动者的工资水平存在着行业间、行业内、地区间、学历间等差异，有些是客观的，有些是主观的，劳动者需要充分认识不同岗位的内在要求和自身的内在特质，从事适当的工作，获得较高的工资收入。劳动者职业生涯中可能会遇到失业问题，需在平时预防失业，失业时有应对之策。本讲从经济的角度认识劳动，讲述劳动对个体的经济价值和对社会的整体意义、劳动的工资报酬、劳动者的工资差异、预防失业和失业应对等内容。

学习目标

1. 阐述劳动对微观个体的价值和对宏观经济的意义。
2. 区分整个社会层面劳动供求的影响因素。
3. 分析工资水平差异的各类影响因素。
4. 列举失业的类型并阐述失业后的应对办法。

内容导图

> **导入案例**

从前的啃老族变身家庭顶梁柱

从过去游手好闲的"啃老"族,到如今努力肯干的致富能手,新疆沙雅县英买力镇也克先拜巴扎村依不拉依木·买买提的巨大转变,在村里被人们大为称赞,并被树立为致富带头人,成为脱贫致富的榜样。

今年27岁的依不拉依木·买买提,家里3口人,有8亩地,虽然年轻力壮,以往却不肯吃苦,仅由身体有病的父母打理家中的地,日子过得非常拮据。2014年,他家被确定为贫困户。

阿克苏地区市场监管局驻村工作队和村干部多次走访入户,给他宣讲党的惠民政策和脱贫致富先进事迹。2018年3月,依不拉依木·买买提来到纺织企业上班,他没有一点基础,学起来特别费力,可他没有气馁,认真地跟着师傅学习,一有时间就向工友们请教,每天除了吃饭、睡觉外,他把所有心思都用在了钻研、掌握技术上。

经过三个月的刻苦学习,依不拉依木·买买提由一个什么也不懂的门外汉,变成了车间里的行家里手。由于吃苦耐劳、踏实肯干,干出的活质量过硬,他多次受到车间和公司的表彰,成了公司里的操作能手,工资也涨到了每月8000元左右,最高的时候还领到9000元。2018年年底,他家成功脱贫。从2018年开始,他自己的工资,加上父母种地的收入,全家每年收入逾10万元。

依不拉依木·买买提所取得的成绩,令村里所有人都对他刮目相看。在回村休假期间,他还主动到村委会,以自己的经历向村民现身说法,鼓励大家勤劳致富。在他的带动下,村里已有多人通过不同方式走上了致富路。

摘编自《工人日报》(2020年6月23日)

请思考:

1. 依不拉依木·买买提转变行为有哪些积极意义?
2. 人为什么要工作,怎样才能获得高收入?

模块一 劳动价值概述

一、劳动的微观价值

在微观层面,一个人要想立足于社会,实现生存和发展,劳动乃天经地义,理所当然。

众所周知，付出才有回报，只有提供价值，才能获得回报。

一个人可以提供什么呢？劳动、资本、土地或才能，每个人一生所能提供的，不会超出这四种要素。这四种要素也对应四类人群。普通劳动者提供劳动，得到工资。资本拥有者提供资本，得到利息或股利。土地或房屋拥有者提供物理空间，得到租金。企业家提供管理企业的才能，得到企业利润。

能不能不劳而获呢？如果你是富二代，只想过小日子，不想继承发展祖上的基业，大可不用工作，仅靠提供资本，也能有不菲收入。如果你祖上传下来一片地或一栋楼，你可以把土地或房子租出去，每个月收取租金即可。你收获这些，你没有劳动，其实你的祖辈劳动了，你是啃老一族（图8-1）。如果考虑代际关系，这并不属于不劳而获。或者，你天生就有某种"特异功能"或才能（比如唱歌、跳舞），有人愿意观看或消费你的这种功能，给你收入。即使如此，你在展示才能时，也在劳动，只不过你的劳动与常人不同。所以，除了中彩票，这个世界上很少有不劳而获的情况。

图8-1　不想工作的啃老族

现实的情况是，大多数人不是富二代，手上没有祖传的金钱、土地或房屋，大多数人也没有天生的特异功能，所以，大多数人需要后天掌握一些技能，以立足于社会。很难想象一个什么也没有、什么也不会、什么也不学的人，能被社会认可或追捧。社会可以容忍少部分这样的人存在，可以为其提供救济，但这部分人一定不会得到别人发自肺腑的尊敬。你只有为社会提供价值，才能体现和实现自己的价值。你提供的价值越大，你的价值才越大。企业如此，个人亦如此。

退一步说，即使一个人拥有了不工作也可以生活的条件，如果让他天天不劳动，天天吃喝玩乐，一直这样下去，很快他将失去新鲜感，靠更大的刺激才能获得新的快乐，陷入恶性循环；很快这个人也将陷入孤立，无法融入正常的社会，因为其他人无法像他那样生活。最终，无论此人的家庭条件再好，也会很快财富枯竭，再次回到需要艰苦奋斗的起点，再次需要辛勤劳动！换而言之，一个普通家庭的人，需要通过劳动才能生存。一个条件优越的家庭，需要继续辛勤劳动，才能稳定在现有的生活状态。劳动是每一个家庭、每一个人生活的必然组成部分，是每一个人人生的必然选项。

当然，在劳动者的工资水平较低时，随着工资水平提高，劳动者愿意投入更多的劳动，当工资高到一定程度时，劳动者通常将不再增加劳动时间，相反会减少劳动时间，增加休息和闲暇的时间。现实中，除非丧失了劳动能力，大多数人在工作中的大多数时候，工资越高越愿意劳动。一方面，大多数人的工资水平的确不高，来不及矫情，或者收入已经很高了，但是出于对更多财富的追求，对更好生活的向往，继续加班加点地工作；另一方面，那些富有的少数人，本可以不工作，却又主动参加工作，且努力工作，将工作视为一种内在的需求，将工作视为一种责任，这是一种很高的境界。这样的人，往往更加受人敬重！

二、劳动的宏观地位

在宏观层面，一国经济增长主要由三种要素共同决定：劳动、资本和技术。一般而言，劳动的数量越多，尤其是高素质劳动力越多，国内生产总值将越大，经济增长也越快。劳动既直接影响国内生产总值，也通过资本和技术，间接影响国内生产总值。没有劳动，没有优质的劳动力，就无法合理地运用资本，生产出更多的资本；就无法研究创新，创造出更先进的技术。早在17世纪，英国古典政治经济学创造人威廉·配第就曾说过，"劳动是财富之父，土地是财富之母"，即强调劳动之于财富的重要性。到19世纪，马克思更深刻地指出，"劳动是财富的唯一本质"，直到今天，马克思的劳动价值论仍熠熠生辉。

当全社会崇尚劳动时，社会将蒸蒸日上，当全社会好逸恶劳时，社会将每况愈下。这一规律被古往今来的多个国家反复验证。15、16世纪的葡萄牙和西班牙，在积累起巨额财富后，没有继续奋斗，而是奢靡挥霍，很快被后起的荷兰和英国超越。第二次世界大战后的欧洲大陆，满目疮痍，百废待兴，各国人民夜以继日辛勤工作，短短几十年便恢复元气，社会繁荣，人民安居乐业。但是21世纪以来，欧洲一些国家在高福利政策下，一部分国民宁愿领取救济，也不主动走上工作岗位，这给国家财政和其他纳税人带来了沉重负担。

各国的教育中，从学前教育到高等教育，都注重培养热爱劳动、崇尚劳动的劳动意识。然而不幸的是，每个社会都有一部分人好逸恶劳，成为家庭和社会的寄生虫。一些人为自己的懒惰找借口，他们声称，因为不想走路所以发明了汽车，因为不想洗衣服所以发明了洗衣机，因为不想扫地所以发明了扫地机，等等。然而，汽车、洗衣机、扫地机等新型劳动工具的发明，也是很多人经过辛勤劳动才发明出来的，绝不是懒人天天无所事事的结果。劳动，尤其是勤勉的劳动，是科技进步和社会发展的根本动力。

今天的中国，经历了改革开放以来40多年的高速发展，物质财富大量积聚，综合国力大幅提高，这是亿万国民辛勤劳动的结果，饱含着每一位亲历者的心血和付出。当然，中国仍然是发展中国家，在一些重要领域仍与发达国家存在较大差距，中国的发展仍然道阻且长。全社会应该继续发扬热爱劳动、尊重劳动的传统，劳动精神、劳模精神应该继续成为全社会的风尚。习近平总书记在2018年"五一"国际劳动节前给中国劳动关系学院劳模本科班学员的回信中强调，"全社会都应该尊敬劳动模范、弘扬劳模精神，让诚实劳动、勤勉工作蔚然成风"。如果大多数中国人都尊敬劳动，尊敬普通一线员工，尊敬普通职业的普通职工，那么，中国发展将汇集更多的力量，中华民族伟大复兴的中国梦将更早地实现。

模块二　劳动的供给与需求

劳动是微观个体生存发展的必要条件，是国家和社会繁荣发展的重要源泉。单个劳动者通过辛勤劳动、诚实劳动、创造性劳动，实现人生价值。整个社会的劳动者共同奋斗、齐心协力，社会才会变得更加美好。劳动的供给和需求有个体和社会两个层面。

一、劳动的供给

劳动的供给有两个方面，一是单个劳动者（或劳动力）的劳动时长，二是整个社会进入就业市场的劳动者数量。

单个劳动者每天只有24个小时，其中一部分时间用于闲暇（包括睡眠、休息或休闲），其他时间用于工作。劳动者选择闲暇还是工作，取决于劳动者的身体健康状况、心理状态以及工资水平等因素。通常来说，在工资较低时，随着工资上升，劳动者将减少闲暇，增加劳动供给。在这个阶段，劳动供给曲线向右上方倾斜。当工资上升到一定程度后，劳动供给量达到最大，此后工资继续上涨，劳动供给量不仅不会增加，反而会减少，因此出现向后方弯曲的供给曲线（图8-2）。

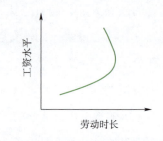

图8-2　单个劳动者的劳动供给曲线

为什么工资上涨到一定程度时,人们会减少工作,增加闲暇?因为随着工资的上升,劳动者仅用较少的劳动时间就可以达到之前的工资水平,此时新增劳动收入带来的幸福感较小,而新增闲暇带来的幸福感更大,劳动者将更加珍惜闲暇,减少劳动供给。比如,在计时工资中,雇主给出每天工作 8 小时、12 小时、16 小时的工资水平,依次递增,一些劳动者为了获得高收入而增加工作时长。现在,雇主给出每天工作 20 小时、24 小时的工资水平,劳动者还会进入该工作序列、增加劳动时长吗?一般不会。因为身体健康也很重要,每天工作 16 小时已经可以获得较多收入,每天工作 20 小时会严重损害身体健康。

从整个社会来看,广义的劳动供给是指整个社会的全部人口,狭义的劳动供给是指适龄的、有劳动能力且能够进入就业市场的人数。一个社会有多个年龄段的人口,少年儿童和一些老年人不能进入劳动力市场,在家操持家务的中年人、现役军人、劳教人员和病残者等群体也不能进入劳动力市场。在某个时点上,整个社会的总人数减去以上人数就是整个社会可以提供的劳动力总数。一般来说,整个社会的劳动力数量越多,单个劳动力的劳动时长越多,整个社会的劳动产出就越多。

专栏 8-1

中国有多少劳动力?

国家统计局数据显示,我国劳动年龄人口的总量在 2012 年达到峰值 9.22 亿人后,增量由正转负进入总量减少阶段。截至 2019 年底,中国共 14 亿人口,其中 16 岁以下 2.5 亿人,60 岁以上 2.54 亿人,16 岁至 60 岁共 8.96 亿人。8.96 亿是中国劳动力的理论上限,若考虑其中的现役军人、在校读书的大学生和研究生、体弱病残者等,实际的劳动力总数低于 8.96 亿。当然,由于这些群体占 8.96 亿人的比重较小,以及随着人口体质增强,一些人超过 60 岁仍坚守在工作岗位或参加各类工作,我们可以认为中国的劳动力总数约等于 9 亿。李克强总理在 2020 年"全国两会"记者会上也谈道:"中国有 9 亿劳动力,没有就业那就只是 9 亿张吃饭的口,有了就业就是 9 亿双可以创造巨大财富的手"。

二、劳动的需求

(一)企业及社会的劳动需求

劳动需求是指企业和行业希望且能够雇用的劳动力数量。劳动需求是一种引致需求或派生需求,各企业对劳动的需求是由消费者对企业所提供商品或劳务的需求引致或派生的。当劳动力成本较低,即劳动力工资水平较低时,企业对劳动力的需求较大,当劳动力成本上升时，企业对劳动力的需求减少。图 8-3 中，横轴表示劳动力数量，纵轴表示工资水平，两者呈负相关关系，劳动力需求曲线是一条向右下方倾斜的直线。

以中国为例，二十年前的劳动力成本较低，制造业企业雇用大量员工，靠增加人力增加产出，2015 年以来，随着人口老龄化进程加快，从业者数量减少，工资水平上升。工资水平上升使一些企业从劳动力短缺的沿海地区迁移到劳动力相对丰富的内地省份，或者迁移到东南亚国家，或者增加自动化生产设备，用机器生产替代人工生产，即工资水平上升引起了劳动力需求转移或减少。

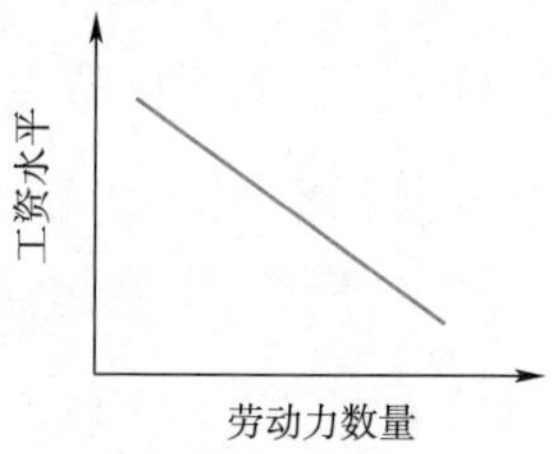

图 8-3 劳动力需求曲线

所有组织和企业的劳动需求总和构成了社会的劳动需求。整个社会的劳动需求主要取决于以下三个因素：

1. 经济规模

一个地区或国家的经济规模较小，需求的劳动力数量相应较少。当经济规模不断变大时，需求的劳动力数量相应增加。今天的中国与改革开放前相比，经济规模明显变大，各行业均需要大量从业人员，随着中国人口老龄化的到来，中国加大从国外引进劳务人员的力度，周边国家的一些剩余劳动力逐渐到中国就业并取得收入。

2. 产业结构

在一个国家的所有产业中，有些是劳动密集型，有些是资本密集型，有些是技术密集型。如果一个国家以劳动密集型产业为主，那么就需要大量的劳动力。如果以资本密集型或技术密集型为主，那么对劳动力的需求相对较少。一般而言，发展中国家的总体技术水平有限，劳动密集型产业较多，对劳动力的需求较大。随着国家产业升级和经济发展，劳动密集型产业在经济中的比重逐渐减小，资本密集型和技术密集型产业在经济中的比重逐渐增大，在劳动力跨行业转移的同时，整个社会对劳动力的需求总量少于之前，剩余劳动力将走出国门，到其他国家就业。

3. 经济增长情况

当经济快速增长、繁荣发展时，需要较多的劳动力，会出现劳动力短缺的情况。当经济下滑，步入衰退或萧条阶段时，企业产品积压，普遍压缩生产规模并裁员，对劳动力的需求相应减少。

（二）劳动需求的结构差异

1. 地区间差异

经济发达地区的企业数量较多，对劳动力的需求也较多。经济落后地区的企业数量较少，对劳动力的需求也较少。因此，一些落后地区劳动力主动流动到发达地区，在发达地区就业。

2. 行业间差异

在任何时间点上，任何社会都存在朝阳产业和夕阳产业。朝阳产业蒸蒸日上，日新月异，急需大量劳动力。夕阳产业面临生存危机，不再大量招聘新人，既有的从业者也面临裁员压力或失业压力，逐步转向其他产业。

3. 行业内差异

在朝阳产业或夕阳产业内部，均有大大小小的众多企业。有些企业的经营状况较好，有些企业的经营状况较差，前者对劳动力的需求大于后者。

案例 8-1

新型冠状病毒疫情下的劳动力需求

2020年春节前后中国出现新型冠状病毒疫情，疫情对各行各业产生了重要影响。

2020年第二季度，用人单位招聘各类人员约441.2万人，环比减少79.5万人；进入市场的求职者约333.7万人，环比增加9.1万人。需求端的减少主要是受全球疫情冲击，世界经济衰退，外贸型企业面临较大压力，减少了岗位释放。供给端的变动是因为受疫情防控影响，第一季度求职人员数量较少，进入第二季度后，我国疫情防控取得阶段性成果，求职人数回升。

相比第一季度，第二季度招聘需求人数和求职申请人数分别增加34.74%和42.55%。数据显示，随着稳就业举措全面落地，4—6月招聘需求人数逐渐上升，市场需求回暖，带动就业局势逐步回稳。特别是小型企业展现出强大韧性，第二季度劳动力需求回升迹象明显，招聘需求人数环比上涨超45%。

分区域看，中、西部地区市场用人需求缺口较大。与2019年同期相比，西部地区市场用人需求增加了5.6万人，增长了5.4%，展现出较好的发展势头。

分行业看，企业用人需求主要集中在制造业、批发和零售业、居民服务和其他服务业、住宿和餐饮业、信息传输计算机服务和软件业、交通运输仓储和邮政业等行业。其中，交通运输仓储和邮政业招聘需求上涨最为明显。快递员连续两个季度成为最短缺职业第二名，在重庆、西安、郑州，快递员求人倍率高达10∶1，缺口较大（图8-4）。

图 8-4 2020 年快递员连续两个季度成为最短缺职业第二名

摘编自中研普华研究报告（2020 年 8 月 19 日）

三、供给与需求的均衡

（一）均衡时的工资与就业量

劳动力市场均衡是指劳动力需求等于劳动力供给。图 8-5 中，向右下方倾斜的劳动需求曲线和向右上方倾斜的劳动供给曲线相交，交点处实现劳动力市场均衡，交点处的工资水平为均衡工资（W_0），交点处的均衡数量为均衡就业量（Q_0）。

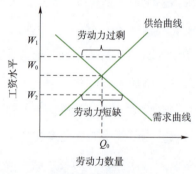

在任何高于 W_0 的工资水平上（如 W_1），劳动力都将供大于求，出现劳动力过剩问题，因为高工资会增加愿意供给的劳动力数量，也会减少企业的劳动力需求数量。在充分竞争的劳动力市场中，这种情形不会持久，因为失业工人会对工资水平产生向下的拉力。

图 8-5 劳动力市场的均衡

相反，在任何低于 W_0 的工资水平上（如 W_2），劳动力都将供不应求，出现劳动力短缺问题，此时，企业为得到足够的劳动力，将不得不提高工资率，直到均衡的工资水平（W_0）。因此，在充分竞争的劳动力市场中，经过供需双方的讨价还价，最终会有一个均衡的工资水平。

（二）局部均衡与一般均衡

单个劳动力市场均衡是局部均衡，指某个企业或行业的劳动力需求与供给相匹配，希望进入该市场的劳动力均已进入，希望退出该市场的劳动力均已退出，该市场供需一致。如某个企业的安保部门是一个劳动力市场，该企业存在对安保人员的劳动力需求，社会上存在对该企业该部门的劳动力供给，企业发布招聘信息，社会上的相关劳动者知悉信息后前来应聘，经过面试，企业从所有应聘人员中挑选出合适的员工，使需求与供给相匹配。

所有劳动力市场均衡是一般均衡，指所有企业和行业同时实现劳动力的供求匹配，有就业意愿的劳动者都找到工作，正在招聘的企业都招聘到员工，整个社会的劳动力供求刚好一致。中国有上百个细分行业，几千万家企业，每个行业和企业的每个具体部门和岗位均存在对劳动力的需求，劳动力的供给来自整个社会的适龄人群，行业要发展，企业要壮大，就需要把整个社会的劳动力分流到各行业和企业的各个岗位中，实现人力与岗位匹配，人尽其才。

局部均衡和一般均衡只是理论上的，现实中很难精确地知悉均衡点在哪里，也没有哪个均衡会长期不变。人们只能大致估算均衡的供求数量和工资水平，通过理论意义上的均衡结果进行相关决策。

模块三　工资水平差异

劳动者付出劳动，希望得到应有的回报。有的劳动者工资高，有的劳动者工资低，到底是什么原因造成的呢？

一、工资的行业差异

（一）行业间工资差异

大学毕业后，工资水平与工作类型有密切的关系。在 2014 年的美国，普通医生的年收入为 20 万美元左右，普通警察的年收入为 6 万美元左右，快餐店厨师的年收入为 2 万美元左右。在今天的中国，一线城市证券公司投资经理的年收入普遍为几十万元，同样在一线城市，小区保安的年收入普遍在 10 万元以下，超市保洁员的年收入普遍不到 5 万元。这些例子说明，各行业间存在着明显的收入差别。

为什么存在行业间工资差异，或者说，决定行业间工资差异的因素有哪些？

1. 工作所创造的价值

有些工作创造的价值大，所以劳动者的收入多；有些工作创造的价值小，所以劳动者的收入少。一项工作创造价值的大小取决于该工作对特定人或特定人群的价值。比如，研发一种新的特效药对某一类患者意义重大，研发人员和生产人员将因此获得高收入。

通常而言，一项工作惠及的人群越大，从业人员的收入就越高。比如超级明星（包括歌手、球星、影星等）的收入远高于酒店金牌服务员的收入，为何？一个超级明星可以同时向数百人、数千人或数万人服务，众人同时受益，而一个酒店金牌服务员只能为有限的顾客服务，即使顾客身价再高，单次服务费也通常低于超级明星的单项活动收入。

当然，政治家、教授同时为多人服务，工资水平却相对不高，这主要是他们收获了名望、个人满足感，这些可以在一定程度上替代金钱收入。

2. 职业门槛与个人天赋

有些工作需要一定的天赋，比如唱歌、画画和一些体育运动，天赋出众者可以轻松地赢得公众喜爱，获得更多的关注和收入。普通人从事这些工作只能取得普通的成就，无法达到专业水准，收入相对有限。比如篮球运动中，身高体壮者适合以此为业，身矮体瘦者可以将此作为爱好，以此为业则没有竞争优势，也不会获得较高的收入。再比如，程序员、技术员等职业有一定的专业门槛，从业者需要有较强的逻辑思维能力，对数字、图像或某些方面比较敏感或有特别的兴趣。

相反，另一些工作不需要特殊的天赋，只需要普通的才能即可，比如办公室文员、超市收银员、银行前台工作人员、保险销售员等，这些工作的收入与天赋无关，与个人工作态度、服务质量和勤奋程度有关。

3. 补偿性工资差异

补偿性工资是指能力和受教育程度相同的劳动者因为工作条件不同而产生的工资差别，这种工资差异是对较差工作条件的补偿。

有些工作轻松、有趣、安全、相对省力，对身体健康影响小，有些工作艰苦、枯燥、危险，相对费力，对身体健康影响大，后者的工资水平一般会高于前者，这种工资差异即为补偿性工资。比如，在同一个工厂同一类岗位的工作人员中，夜班人员的工资高于白班人员的工资，因为夜班工作更辛苦。同样是体力劳动，煤矿工人的工资一般高于小区保洁员的工资，因为煤矿工作危险程度更大；同样是脑力劳动，电脑程序员的工资一般高于杂志编辑的工资，律师和医生的工资一般高于教授的工资，因为程序员、律师和医生的工作更有挑战性、风险更大，而编辑的工作相对稳定，教授的工作多为兴趣推动，可以实现学术和个人满足。

（二）行业内工资差异

在同一个行业内，同一个企业内，或同一个企业内的同一个部门，有些劳动者的工资水平接近，实行同工同酬或同岗同酬，然而，有些劳动者的工资水平存在巨大差异。比如，在2020年的中国，同样是程序员，有的月工资超过两万，有的月工资只有几千；同样是人力资源经理，有的月工资超过3万，有的月工资只有1万；同样是一个企业的销售员，高收入者是低收入者的几倍；同样是篮球明星或歌手，有的年收入上亿，有的年收入只有几百万或几十万。

为何存在以上差异？公认的因素有以下四个。

1. 企业特征

同类工作在不同企业的工资水平可能不同。比如，同样是从事会计或出纳工作，大企业的工资高于中小企业，外企的工资高于内资企业，这通常是因为大企业、外企的工作内容更复杂，每个人需要承担的工作量更大。

有的企业处于初创阶段，从业者有可能承担工作较多，所以工资水平较高，也有可能因为公司总体业绩有限，所以工资水平较低。

有的企业规模较大，甚至是行业龙头，从业者既有可能分享公司的业绩，获得较好的工资待遇，也有可能只是一个小螺丝钉，仅获得固定化的平均工资水平，这一平均工资水平可能低于一些中小企业相同岗位的工资。

2. 岗位特征

在同一个企业中，既有核心岗位，也有辅助岗位。比如在一个高科技企业中，研发人员是核心岗位，办公室的行政人员辅助于研发人员，研发人员的工资水平一般高于行政人员。

在行政人员的序列中，既有基层员工，也有中高层管理人员。一般而言，基层员工的工资水平相对较低，中高层管理人员的工资水平逐级增加。这也是岗位特征决定的，岗位级别越高，承担的责任越多，岗位工资是对劳动者的认可，也对劳动者提出了更多的工作要求。

3. 个人勤奋程度

有些工作不需要很高的天赋，只要勤奋就能获得更多的收入。比如制造业企业中的计件工作，再比如快递员送快递，只要在既有熟练程度上增加工作时间，就能获得更多收入。在一般意义上，所有以体力劳动为主的工作中，只要更加勤奋，就能获得更多收入。即使在脑力劳动为主的工作中，一个科学家每天工作 10 个小时，另一个科学家每天工作 6 个小时，在两者科研能力相近的情况下，一段时间后，前者的科研成果更多，收入水平也更高。

4. 个人能力或运气

一些人具有同样的天赋，不过程度不同，表现为能力差异。比如，一个普通人也有一定的唱歌天赋，经过一定的训练，唱歌会更好听一些，但无法达到天赋超常的专业歌唱家的水平，若从事歌唱工作，收入将有限。再比如，很多人都会做饭，有做饭的天赋，不过程度有限，做饭只达到自己食用的水平，经过培训可以做出更多花样的菜品，也更加可口，不过很难达到专业厨师的厨艺水平,如果开饭店或去普通饭店做厨师,只能做出普通的菜品,收入水平将低于星级饭店的专业厨师。

某公司某年在同一个学校同一个专业招聘两个应届毕业生,两人从事相同的工作,比如销售,两人都很勤奋,一段时间后其中一人工资上涨的幅度大于另一人。这种工资差异源于个人能力或运气。工资上涨幅度大的员工可能更善于总结,更善于沟通交流,更善于解决顾客的问题,从而签订更多的订单,也可能是运气好,刚好遇到了希望签单的顾客。职场中的成功人士经常会谦虚地说"只是运气好而已",运气的确是高工资的因素之一。不过,一个金牌销售员经常签大单,就不是运气的因素了,那是实实在在的能力。

案例 8-2

月薪过万的人很多吗?

在20世纪八九十年代,我国不少普通工人一个月的薪资也就十几元、几十元左右。而到了现在,我国一些城市的平均薪资在5000元以上,月薪过万成为很多职场新人的小目标。

一项统计调查显示,北京、上海、深圳、南京、杭州、广州是我国月薪过万人数最多的几个城市,其中北京和上海月薪过万人数比例超过30%,这些人员主要集中在互联网、房地产和金融等相关行业。虽然这个数据不一定完全准确,但也大概表明,我国居民月薪过万的人数并没有大家想象中的比比皆是,就算是"北上广深"这些一线城市,月入过万也不容易(图8-6)。

图8-6 月入过万也不容易

摘编自中研普华研究报告(2020年8月19日)

二、工资的地区差异

地区间工资差异是指同一个人在不同的地区做同样的工作，工资水平却不同，这种工资差异主要是地区差异造成的。比如，在2020年的中国，一个人在河南的某个小县城做餐厅收银员，月收入一般在2000元以下，如果到北京、上海或广州等一线城市做餐厅收银员，月收入一般在4000元以上。再比如，同一个员工在企业注册地工作是一种工资水平，在省外或海外分公司工作是另一种工资水平，这种工资差异是工作地点不同所产生的。

表8-1显示的是截至2020年3月31日的全国各地区最低工资标准，可以看出，无论是月最低工资，还是小时最低工资，北京、上海及江浙地区省份、珠三角地区省份的最低工资标准普遍较高，西部地区省份的最低工资标准相对较低。安徽、江西和黑龙江的最低工资标准也较低，这与当地的经济发展水平紧密相关。

中国各地区月最低工资标准（单位：元）　　表8-1

地区	第一档	第二档	第三档	第四档	地区	第一档	第二档	第三档	第四档
北京	2200				湖北	1750	1500	1380	1250
天津	2050				湖南	1700	1540	1380	1220
河北	1900	1790	1680	1580	广东	2100	1720	1550	1410
山西	1700	1600	1500	1400	其中：深圳	2200			
内蒙古	1760	1660	1560	1460	广西	1810	1580	1430	
辽宁	1810	1610	1480	1300	海南	1670	1570	1520	
吉林	1780	1680	1580	1480	重庆	1800	1700		
黑龙江	1680	1450	1270		四川	1780	1650	1550	
上海	2480				贵州	1790	1670	1570	
江苏	2020	1830	1620		云南	1670	1500	1350	
浙江	2010	1800	1660	1500	西藏	1650			
安徽	1550	1380	1280	1180	陕西	1800	1700	1600	
福建	1800	1720	1570	1420	甘肃	1620	1570	1520	1470
江西	1680	1580	1470		青海	1700			
山东	1910	1730	1550		宁夏	1660	1560	1480	
河南	1900	1700	1500		新疆	1820	1620	1540	1460

（数据来源：中华人民共和国人力资源和社会保障部公开资料）

三、受教育程度与工资差异

社会上经常有"读书无用论"的论调，用一些个案否认读书的重要性，比如张三没上几年学,现在收入很高,李四学历很高,收入却很低。这些个案被人们津津乐道,久而久之,也成为一些学生不想好好读书的借口。这种论证方法可以说明一些问题,但并不全面,因此具有误导性。大样本的研究表明,读书是有用的,至少读书对大多数人是有用的,可以提高工资水平。

图 8-7 是一项学术研究的结果①,横轴是受教育年限,纵轴是周工资的对数。由于受教育年限有一些门槛:4 年、8 年、12 年、16 年,分别代表不同的学历水平。在此基础上,有的人在不同的受教育阶段中辍学,出现受教育年限的多种情况。总体来说,受教育年限越多,工资水平越高,呈现出一条向右上倾斜的曲线,两者呈正相关关系。不过,在一些受教育年限少的群体中,也有一些高收入者,在一些受教育年限多的群体中,也有一些低收入者,所谓"读书无用论"的论据均来自这部分样本。不过从四种受教育年限的总体情况来看,各有一个向右方的凸起部分,受教育年限越多,这个凸起所代表的工资水平越高,这反映出受教育年限与工资水平的总体差异。受教育年限越多,进入高工资群体的概率越大,这正是"读书有用论"的大样本依据,比"读书无用论"的举例论证更有说服力。

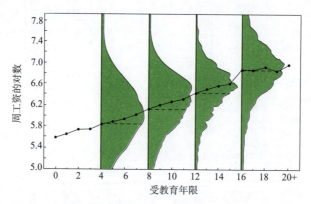

图 8-7 受教育年限与工资水平的关系

为什么受教育年限越多,工资水平普遍越高呢?第一种解释是,受教育年限多,意味着教育程度高,劳动者边际生产率相应较高,就业单位愿意为此支付高工资。第二种解释是,受教育程度高意味着劳动者能力高,毕竟能力高才能通过重重考试,进入较高的学习阶段,受教育程度或学历是一种能力信号,就业单位为高能力支付高工资。

当然,有些工资差异与行业无关,与工作部门无关,与受教育程度也无关,而与劳动者本人的种族、民族、性别、年龄、工龄、宗教、祖籍或家庭背景有关。同一个岗位,两个应聘者在其他情况类似的情况下,可能因以上几种个人特征的不同,产生工资水平的差异。以上特征即歧视性因素。虽然各国普遍出台了反对歧视性工资待遇的政策,不过实际

---

① 乔舒亚·安格里斯特,约恩-斯特芬·皮施克. 基本无害的计量经济学[M]. 上海:格致出版社,2012:24.

工作中，仍有一些企业实行差别性工资待遇，同工不同酬，同岗不同酬。

四、劳动者如何获得高工资

劳动者在找工作前需明确就业方向，选择那些工资较高且自身能胜任的工作。在进入工作岗位后，一般而言劳动得越多，劳动得越好，劳动报酬就越多。劳动多少是态度和辛勤程度问题，劳动得多好是质量和效率问题。劳动者要想获得高工资，就要首先从理念和态度上认识到劳动的重要性，并辛勤劳动，提高劳动效率，实现更多更好的劳动产出。

（一）工作内容与自身特质相契合

劳动者在择业时需充分认识行业的发展趋势、企业的类型与特征、企业的招聘要求，以及自身是否喜欢该行业、该企业和该工作，是否能胜任工作要求。如果劳动者本人特质与就业岗位契合度高，劳动者会工作愉快，工作稳定性也高，工作经历对长期发展形成良性的促进作用。如果劳动者本人特质与就业岗位契合度不高，劳动者在工作中会经常出问题，工作不顺利，产生一连串负面影响。比如，一个爱动的人就不太适合应聘办公室文员岗位，他应去销售部工作，经常出差，经常拜访客户。一个不爱应酬的人不适合到销售部工作，他应去从事一些需要专注力、不需要跟很多人打交道的工作，比如办公室文员、后台维护等。

（二）工作之后继续提升人力资本

劳动者提升综合素质并非一朝一夕之事，除了学校教育外，进入职场后需继续学习新的知识和技能，参加各种继续教育和培训，提高与工作相关的专业素质，不断提高工作能力。劳动者拥有的素质越全面，能力越高，就越有可能被重用，从而获得高工资。一些劳动者拥有特殊的技能和才能，在本单位和本部门的可替代性很小，也会因此获得高工资。尚未进入职场的学生需尽可能培养一些特长，这些特长可能在职场中成为自己的加分项，成为高工资的基础。

（三）认认真真地做好每一件工作

大部分劳动者没有特殊的技能和才能，那就需要脚踏实地，认认真真地做好每一件工作，在平凡的工作岗位上发挥劳模精神和工匠精神，勤奋工作，努力工作，并且使工作效率更高，工作质量更高，服务对象的满意度更高。如果劳动者以此态度和精神工作，劳动效率和劳动效果名列前茅，部门和上级自然会发现并认可，劳动者也会获得相应的物质和荣誉回报。

模块四　失业及应对

劳动是任何国家财富产生的源泉,要增加财富,依靠的首先是劳动的生产力,也就是劳动者的精巧、熟练和专业化程度,其次是从事于生产劳动者与不从事于生产劳动者的人数的比例。劳动者人数及其在整个社会中所占的比重是影响经济发展的重要因素。保证就业率、降低失业率是各国经济发展的基本政策导向。

一、失业与失业率

失业是有劳动能力的人想工作而找不到工作的现象。这里有两个关键点,一是有劳动能力,二是想工作而找不到工作。

从劳动能力的角度,整个社会的人口分为三大类。

第一类包括:(1)未满16岁的未成年人;(2)退休者与老年人;(3)精神病患者或病残者。这部分人群一般被视为无劳动能力,不进入就业市场。

第二类包括:(1)年满16周岁的在校学习者;(2)在家操持家务者;(3)现役军人;(4)劳教人员。这部分人有劳动能力,由于种种原因未加入就业行列,是潜在的劳动者。

第三类是劳动力,指在16周岁及以上,有劳动能力,参加或要求参加社会经济活动的人口,包括:(1)就业人员;(2)失业人员。就业人员指在一定年龄以上,有劳动能力,为取得劳动报酬或经营收入而从事一定社会劳动的人员。具体指年满16周岁,为取得报酬或经营利润,在调查周内从事了1小时(含1小时)以上劳动的人员;或由于学习、休假等原因在调查周内暂时处于未工作状态,但有工作单位或场所的人员;或由于临时停工放假、单位不景气放假等原因在调查周内暂时处于未工作状态,但不满三个月的人员。失业人员指有劳动能力,希望获得一份工作,却暂时没有确定劳务关系或雇用关系的人。失业人员包括初次求职者、被解雇者、自愿离职者和再次求职者等四种情况。

从上分类可知,3岁小孩儿和年老病残者没有劳动能力,不能就业,也不存在失业问题。现役军人有劳动能力,但是不能进入普通的劳动力市场,也不存在失业问题。不想工作而继续读书的人群、城市里的全职妈妈有劳动能力,不过没有进入劳动力市场,也不存在失业问题。由于失业而读书、由于失业而做全职妈妈相当于从劳动力市场退出,这些人可能一段时间后重新进入劳动力市场,再次成为就业人员。

在计算失业率时,基数是劳动力总数,而非人口总数。用公式表示,即:

劳动力总数 = 就业人数 + 失业人数

$$失业率 = \frac{失业人数}{就业人数 + 失业人数}$$

失业率是个时点概念，在每一个时间点上均存在一个理论上的失业率，不过由于统计工作耗时费力，中国目前每季度公布一次失业率。将多年多个季度的失业率汇总在一起，可以得到失业率的走势。一般而言，失业率与经济形势负相关，当经济繁荣发展时，失业率较低，反之，当经济下滑或衰退时，失业率较高。图 8-8 中，从 1981 年开始至 1984 年，GDP 增长率快速上升，城镇登记失业率不断下降；从 1992 年开始至 1999 年，GDP 增长率不断下降，城镇登记失业率不断上升；从 2010 年开始，GDP 增长率缓慢下降，城镇登记失业率小幅上升。

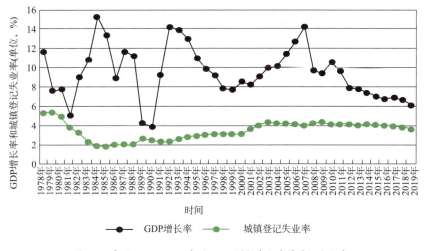

图 8-8　中国 1978—2019 年的 GDP 增长率和城镇登记失业率

二、失业的分类与影响

（一）失业的分类

1. 摩擦性失业

摩擦性失业是劳动者在工作搜寻过程中所出现的失业。现实中，求职者和招聘者之间存在信息偏差或信息不对称。求职者不知道哪家公司正在招人，招聘者不知道最合适的员工在哪里，双方需要互相搜寻，然后看是否匹配。通常的做法是，招聘者在一些地方发布招聘信息，求职者通过各种渠道寻找合适的意向工作。然而，招聘者发布招聘信息后，求职者并不一定能即时获取，即使第一时间获取信息，也要花时间投简历、准备面试、参加面试，如果未被录用，需继续寻找另一家单位。在此期间，求职者需要付出时间和努力，一直处于失业状态。有些企业在另一个地方，求职者需要乘坐交通工具去面试，这也会延长失业时间。因此，摩擦性失业是难以避免的。不过随着网络招聘平台和猎头公司的兴起，求职者可以方便地获取各类招聘信息，猎头公司可以快速地匹配各类招聘意向和求职意向，招聘时间和求职时间均缩短，有利于减少失业。

即使求职时间缩短，摩擦性失业也在所难免，这有两种情况。第一，随着一些产品的更新换代，总有一些人从原有的生产线中退下来，需转向其他的就业岗位，在转换的过程中处于失业状态。如果产品更新换代是行业性的，就会引起一批人的再就业问题。比如随着新能源汽车行业的兴起，一些工人从传统汽车行业转向新能源汽车行业。第二，有些地区的劳动力需求增加，另一些地区的劳动力需求减少，劳动力跨区转移并非一蹴而就，需要一段时间，劳动力在此期间也处于失业状态。总之，无论劳动者是自愿失业还是被迫失业，在找到新工作之前都需要付出时间和努力，都需要经历一段或短或长的失业时间，因此摩擦性失业是无法避免的。

2. 结构性失业

结构性失业是指劳动力的供给与需求不匹配所造成的失业。结构性失业的一个典型现象是"用工荒"和"就业难"同时并存，企业存在职位空缺，失业者对此知悉，但由于不匹配，仍然处于失业状态。结构性失业的原因有以下四种。

（1）经济结构调整

由于经济结构调整导致社会对劳动力的需求（比如技能、知识、经验）产生了变化，劳动力不能很快转变并适应，从而出现失业。比如中国近些年产业结构调整中，第一产业在经济中的比重减少，第三产业在经济中的比重增加，一些劳动力无法从第一产业转入第三产业，从而处于失业状态。

（2）技术更新换代

技术进步催生了一些新产业，需要新的技术和知识，学习这些技术和知识需要时间，一些劳动力不能很快跟上技术进步的步伐，从而出现失业。人类社会经历一次又一次的科技革命，每次科技革命后都会淘汰一些落后的产业，出现一批新的产业，如果落后产业的劳动力能力不满足新产业的需求，就会出现失业。

（3）地区供求不匹配

不同地区经济发展水平不同，对劳动力的需求相应不同。发达地区需要更多的劳动力，落后地区存在剩余劳动力。然而，落后地区的剩余劳动力因为不会说普通话、不愿离开故土、不愿融入新地区，以及户籍、医疗或社会保障等方面的原因，不向发达地区流动，两个地区的劳动力供求失衡将持续存在。类似地，有些地区存在服务业人才过剩、制造业人才短缺的情况，另一些地区存在相反的情况，两个地区的人才由于种种原因，无法自由流动，这种地区间的劳动力供求不匹配现象也经常存在。

（4）劳动者年龄或性别不匹配

有些行业要求从业者年龄在55岁以下或50岁以下，有些行业限定只招男性或女性。比如超市或建筑工地的一些工种只招50岁以下的员工，门卫和保安岗位通常只招男性，一些餐厅只招女服务员。然而，在某时某地，有些50岁或55岁以上的劳动者也有意愿和能力从事以上工作，有些女性也愿意从事保安工作，有些男性也愿意从事服务员工作，却因不符合用人单位的要求，无法上岗就业。

3. 周期性失业

周期性失业又称为总需求不足的失业，是整体经济产出和支出水平下降引起的失业，一般出现在经济周期的萧条阶段。周期性失业的原因是整体经济衰退，是经济发展中最严峻的局面，通常需要较长时间才能有所恢复。

案例 8-3

新型冠状病毒疫情下的亚太地区失业问题

2020年12月15日，国际劳工组织发布的报告显示，新型冠状病毒疫情严重冲击亚太地区劳动力市场，导致约8100万人失业。

报告说，疫情对亚太地区经济造成巨大影响，2020年亚太地区失业率或将从2019年的4.4%升到5.2%至5.7%之间。

报告指出，有薪工作时长缩减导致劳动者收入降低。2020年前三季度，亚太地区劳动收入估计下降10%，相当于损失该地区国内生产总值的3%，将直接导致地区内贫困水平上升。

报告说，亚太地区多数国家女性工作时长及就业率降幅均高于男性。此外，年轻人就业更易受到疫情冲击。

摘编自新华网（2020年12月15日）

（二）失业的影响

1. 个人和家庭层面

失业的直接影响是对失业者本人的影响。如果失业时间较短，这种影响很快会消失，如果失业时间较长，这种影响将会逐渐累积，产生一连串问题。

对于失业者来说，没有工作，就缺少一份固定收入，个人的正常生活缺乏一份经济保障，要靠家人供养或"啃老本儿"。与正常工作的人相比，失业者的自尊或自信会受到影响，产生一定的心理压力。心理学研究表明，失业造成的心理创伤不亚于学业上的失败或亲人去世。

如果失业者是家庭收入的主要来源，失业会对家庭产生明显的经济压力。失业率与离婚率有一定的正相关性，高失业率会影响家庭稳定。更有甚者，一些失业者为了生存而抢劫或偷盗，走上犯罪道路，或为了减轻心理压力而染上毒品，人生道路完全改变，家庭也变得支离破碎。

2. 经济和社会层面

失业的经济影响可以用机会成本来理解。失业者本来可以加入就业人员队伍，生产产品或提供服务，为社会创造价值。由于失业，这些本来可以创造的产品和劳务没有了，相当于把一定数量的手机、衣服、汽车或房屋等物品销毁掉了，把一些本来应有的服务取消了。对整个经济而言，这是产出的损失。对整个社会而言，这是资源的浪费。

美国经济学家阿瑟·奥肯根据美国的数据总结出一个规律：失业率每高于自然失业率1个百分点，实际国内生产总值（GDP）将低于潜在国内生产总值（GDP）2个百分点，这就是奥肯定律。自然失业率是指充分就业情况下的失业率，是只有摩擦性失业和结构性失业的失业率，因为这两类失业无法避免。潜在国内生产总值是一国在一定时期内可供利用的经济资源在充分利用的条件下所能生产的最大产量，是在充分就业状态下所能生产的国内生产总值。

失业与物价水平之间也存在一定关系。1958年经济学家菲利普斯基于英国的数据，提出一条用以表示失业率和货币工资增长率之间交替关系的曲线，当失业率较低时，通货膨胀率较高，反之则反之，此即菲利普斯曲线（图8-9）。具体逻辑为，失业率较低意味着企业生产更多，需要更多的劳动力，货币工资增长率将上升，由于货币工资增长率与物价之间正相关，因此物价水平和通货膨胀率也上升。

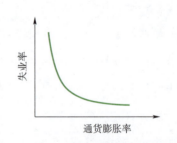

图8-9 反映失业率与通货膨胀率之间关系的菲利普斯曲线

三、劳动者怎样预防失业

（一）与时俱进，不断学习新知识和新技能

当今时代科技发展日新月异，新的知识不断涌现，"活到老，学到老"将不再是口号，而将成为每一个社会人的必然理念。除了参加在职培训或社会培训外，每个职业人均需要通过书籍、报纸、电视、网络等渠道巩固旧知识，学习新知识，并学习使用新的生产工具。以电脑为例，2000年前后大部分中国人的工作和家庭中还很少接触到电脑，之后十年中，电脑快速普及，新老员工都要学习使用电脑，以提高工作效率。再以手机通信为例，2005

年前后中国人的手机大多只能打电话、发短信，从 2010 年开始，智能手机逐渐走入大众视野，手机可以像电脑一样上网，可以照相，可以听音乐，一部手机融合了电脑、照相机、音乐播放器等多个数码产品的功能。大部分人都需要学习使用智能手机，处理工作和生活中的一些事务。如今，电脑和手机已成为人们工作和生活的必需品，电脑和手机上的新软件层出不穷，人们需要学习与自己工作相关的新软件，与时俱进才不会被时代和工作岗位淘汰。

（二）积极工作，为自己所在岗位创造价值

员工职业道德的其中一条就是爱岗敬业，至于员工是否真正践行，同事和上级主管领导能从平日的表现中得知一二。有的员工热爱工作，认真对待每一项事务，所做的工作往往保质保量，经常超越预期。有的员工仅仅抱着完成工作的心态，没想着把简单的工作做好，把复杂的工作做巧，能省事儿就省事儿，能偷懒就偷懒，一段时间后，这种工作态度和工作风格将被人熟知，职场口碑不佳，未来职业发展将受到影响。

企业或单位正常运转时，可以在一定程度上容忍第二类员工，第二类员工看起来也相安无事，不过，当宏观经济形势不好，企业业绩下滑，公司面临裁员决策时，第二类员工将是首先被裁掉的员工。相反，那些平时工作积极，为所在岗位创造出应有价值，甚至做出巨大贡献的员工，将被公司保留，不进入裁员行列。

（三）科学理财，为各类不确定性储备资金

一个劳动者即使平时学习新知识和新技能，之前也为单位创造了巨大贡献，但是公司外部环境突然变化或公司内部突然发生变故，不得不大幅裁员或破产时，劳动者也将面临失业。为防止失业带来的困难，并度过再就业前的一段时间，劳动者必须有一定的经济基础。因此，在正常的工作中，劳动者需科学理财，为各类不确定性储备资金。虽然金钱不是万能的，但没有一定的金钱是万万不行的，劳动者至少要保证自己基本的衣食住行支出有保障，失业时不会惊慌失措，不被突如其来的失业击垮。那些职场"月光族"在正常的工作情形中可以勉强维持，不过万一遇到降薪或失业，基本生活将难以为继，经常出现"经不住金钱诱惑走上邪路"的现象。

所有的在职人员需认识到，富人需要理财，普通人和穷人更需要理财；已婚家庭需要理财，单身人士也需要理财。理财不仅是为了明天或后天，也是为了明年或后年。理财虽然不一定会发财致富，但至少可以让生活有条理，在面临大额金钱支出时多一份保障。

四、劳动者失业了怎么办

（一）摆正心态，尽快重新择业

一些失业者在失业后的一段时间内不愿接受现实，怨天尤人，自命不凡或自暴自弃，

后来发现无法改变现实，才终于接受，开始寻找就业机会，这其实耽误了大量时间，也可能错过了一些好岗位。

一些失业者在怨天尤人之中陷入负面情绪泥潭，久久不能走出失业阴影，一不小心沾染不良的生活习惯，影响人生的长期幸福。

一些失业者结识不法分子，报复个人，报复单位或报复社会，走上违法犯罪的道路，人生轨迹发生重大改变。

以上情况都是人们在正常情况下不愿看到也不愿接受的，不过当失业之事发生到自己身上时，当事人的理性可能受到影响，这种理性需要在平时建立起来，用于特殊情形。

劳动者失业后需要多与家人沟通，多与亲朋交流，从家人和亲朋那里得到理解、宽慰和支持，同甘共苦，共同面对，尽快重新择业。尽快重新择业意味着尽快返回正常的生活轨道，这不仅与经济压力有关，与失业者的心理健康与人生道路有关，也与失业者家人的整体幸福有关，失业者需谨记于心。

（二）加强学习，提升择业实力

失业者在重新找工作的过程中，可以在等待消息的间隙学习新的知识和技能。比如参加一些短期培训，自学一些短期课程，考一两个证书等。如果整体经济形势不好，自身经济条件也允许，失业者也可以重返校园学习，获取脱产学位，以新的起点走向就业市场。

加强学习不仅包括本专业的学习，也包括个人兴趣爱好的学习，通过培养和发展有益的兴趣爱好，排解失业带来的痛苦，不知不觉中度过失业期。或许，失业者会在某个兴趣爱好中得到良好启示或遇到合适的机会，为再就业带来意想不到的收获。

（三）灵活应变，拓宽择业范围

劳动者走出原有的工作单位，如果放宽再就业范围，摆在面前的将是广阔的就业市场，有多种选择。

比如，到同行业的另一类企业或单位工作。原来在外企，现在到民企或国企；原来在大公司，现在去一家中小企业；原来在产业链的上游，现在到产业链的下游。

再如，把曾经的副业作为今后的主业。曾经有一门手艺或一项技能，现在刚好有市场需求，以此作为新的工作内容。

又如，重新学会一项技能，并以此为生。小张原来是行政文员，由于工作压力大，工资不高，家里也有老人和小孩需要照顾，小张辞职后考取驾驶证，以自家车为工具，加入共享汽车平台，每天家里不忙的时候上路跑车，这样既兼顾了家人，也有一定的收入。

互动交流

1. 现实社会中有哪些啃老现象?你怎么理解?
2. 从供给和需求的角度分析农民工跨省流动现象。
3. 劳动者怎样实现较高的工资水平?
4. 劳动者应该怎样防止失业?失业了怎么办?

案例任务

数字经济搭起就业新舞台

2020年,突发的新型冠状病毒疫情没有淹没年轻人在数字经济就业新舞台上乘风破浪的身影。带货主播、知识博主、网课老师、闪送小哥……数字经济催生的多元化新岗位如今喜获"名分"。2020年7月国家发改委等13个部门联合发布《关于支持新业态新模式健康发展激活消费市场带动扩大就业的意见》,鼓励发展"新个体经济"和"副业创新",开辟消费和就业新空间。消息一出,引来不少年轻人欢呼雀跃:"是时候给自己发个offer(录取通知书)了!"

1. 知识分享月入两三万

无须"朝九晚五"坐班,只要有一台电脑和互联网就可以随时随地办公,"90后"北京小伙儿羊迪很享受现在的工作状态。依靠在知乎等互联网平台上分享购房专业观点、付费咨询等,羊迪每月收入达到两三万元,甚至超过了他此前在企业就业的收入。

羊迪在时下年轻人当中并非个例,数字经济催生了越来越多可供专职或兼职的灵活岗位,给了年轻人"乘风破浪"的舞台。疫情期间,由于公司业务迟迟未能恢复,北京小伙儿张硕临时变身闪送小哥。"一方面增加收入,另一方面是喜欢摩托车,挺享受这种骑行送货的状态。"张硕笑着说。

2. 多平台扶持新个体经济

新个体经济不仅让更多年轻人跃跃欲试,多家数字经济平台也正加码扶持。

字节跳动也利用旗下多个数字经济平台助力新个体经济发展。例如,针对平台上的个体教育内容创业者,2020年6月,抖音、今日头条、西瓜视频宣布正式推出"学浪计划",三方将投入百亿流量予以扶持,并为相关创作者提供运营培训、变现指导等一揽子服务。

2020年以来,支付宝"数字招聘办事处"有超50万商家发布招聘岗位,光在青团社小程序里,就发布了2000多万个兼职岗位,数量是去年同期的3倍。这些岗位吸引了6500万人次的大学生投递简历,其中能够宅家赚钱、足不出户的岗位比例占到一半,平均日薪在200元以上。

据了解,目前电竞主播、声音主播、脑洞段子手、各地方言翻译、梦话剪辑师等5大新奇岗位最受年轻人欢迎,这些工作基本按日计薪,工作的时间节奏完全由自己把握。2020年以来,通过支付宝选择这种就业方式的求职者增长了近7倍,"95后"到"00后"成主力。蚂蚁集团CEO胡晓明近日表示,在数字化时代,一个人就是一家公司已经成为现实,越来越多的个性化创业创新将出现。

摘编自《北京日报》(2020年7月28日)

请分析:

1. 数字经济怎样支撑起新的就业形式?
2. 新就业形式的就业门槛和适用人群有哪些?

第九讲

劳动法规与职业保障

本讲概要

劳动法是调整劳动关系及与劳动关系密切联系的其他社会关系的法律规范总称。掌握基本的劳动法律知识是高校学生知识体系完整性的基本要求，也能够为劳动者更好地从事职业劳动保驾护航。本讲立足于中国的法律体系，根据劳动法的基本理论和实务操作，以法律专题的形式对劳动法律相关问题进行归纳总结，按照劳动者工作进程进行模块化设计，涵盖劳动法总论、工资制度、工作时间和休息休假制度，劳动合同的订立、履行、变更、解除和终止，以及劳动争议的解决途径等内容。

学习目标

1. 明确现阶段我国劳动法的适用范围。
2. 列举劳动法律保护制度的主要内容。
3. 比较劳动合同解除的各种潜在风险。
4. 明晰劳动争议处理的方式。

内容导图

职业与劳动——大学生劳动教育十讲

> **导入案例**

家庭保姆能否得到劳动法保护

张某是外地务工人员,通过一家劳务介绍所的介绍到居民王某家做家庭保姆。一天张某在王某家擦窗户时不慎从3楼坠落,造成腰椎和腿部粉碎性骨折,内脏多处破裂,病情十分危急。王某在第一时间将张某送往医院救治,并支付了医疗费。但随着张某医疗费用的日渐高涨,并不富裕的王某也无力承担,而张某本就一贫如洗,靠务工收入仅能维持基本生活,面对巨额的治疗费用几近绝望。张某在与王某协商未果的情况下将其告上法庭,要求其支付残疾补偿金、精神损害赔偿金等共计22万元(图9-1)。

图 9-1 家庭保姆能否得到劳动法保护?

请思考:

1. 张某和王某之间是否存在劳动关系?
2. 张某的摔伤是不是工伤,能否受到劳动法的保护?

模块一 劳动法的基本问题

一、劳动法的概念与特征

劳动法诞生于19世纪的英国,是从调整平等法律关系的民法中独立而来,但同时又兼具国家公权力干预的特征，因此是典型的社会法。劳动法以劳动关系为调整对象，以保护劳动者的合法权益和促进劳动关系和谐发展为立法宗旨，是各国法律体系的重要组成部分。

（一）劳动法的概念

劳动法的概念有广义和狭义之分，其中狭义的劳动法仅指一个国家的劳动法典，而广义的劳动法包括劳动法典和与劳动法典实施相配套的一系列劳动法规和规章。

在中国，狭义的劳动法即指《劳动法》，由最高立法机关全国人民代表大会常务委员会于1994年7月5日审议通过，自1995年1月1日起施行。广义的劳动法不仅包括《劳动法》，还包括宪法、法律、行政法规、部门规章、地方性法规和规章、部分国际劳工公约中的劳动规范，以及规范性的劳动法律、法规解释、国际惯例等。

（二）劳动法的特征

1. 兼具公法性和私法性

从法律的历史演进过程来看，劳动法从民法中分离而来，自然与民法有着天然的联系。因此，私法的调整方法和基本原理对劳动法律制度的构建具有基础性的地位和作用。但劳动法又突破了单一私法理念的束缚，私法自治、平等协商、等价有偿等私法原则在劳动法的适用中亦引入了一系列公法理念和调整方法，比如劳动基准的设置、解雇保护制度的建立、反就业歧视立法的推进等，使得劳动法成为兼具公法性和私法性的典型的社会法代表。

2. 兼顾劳动者与用人单位的利益

维护劳动者的合法权益是劳动法的立法宗旨。劳动法强调保护劳动者的合法权益是由劳动者的弱势地位决定的，劳动法要平衡两者间的不平等地位实现实质平等，则必然需要对劳动者进行倾斜保护。这点在劳动法具体条文中随处可见，比如，劳动法关于最高工时的规定，关于劳动合同的变更和解除的规定等，均是通过国家的强制性规范，为劳动者的权益保护设定最低标准，用人单位只能按照更高的标准去做，而不能低于该标准。

劳动法在倾斜保护劳动者合法权益的同时，也兼顾用人单位的利益。劳动法保护用人单位合法的用工管理权，对劳动者的义务亦进行明确的规定。比如，劳动者单方解除劳动合同的预先告知义务，劳动者的竞业限制义务，劳动者如果存在欺诈行为需要承担相应法律责任等。

3. 兼容实体法和程序法

一般而言，一部实体法会对应一部程序法。但劳动法是个例外，其本身既有实体性法律规范，也有程序性法律规范。劳动法第十章规定了劳动争议的解决程序和途径。当然，劳动法中单纯的程序法内容占比不大，大部分是实体法内容或者两者兼而有之，这是劳动法较为特殊的地方。

二、劳动法的适用范围

（一）劳动法的"劳动"

"劳动"一词在我们的生活中经常被使用，马克思有一句名言"任何一个民族，如果停止劳动，不用说一年，就是几个星期，也要灭亡"，因此劳动是人类生存的永恒条件。但在不同的学科领域，"劳动"的含义是不同的。在劳动法领域，"劳动"有五重内涵。

1. 合法劳动

劳动有合法和违法之分，劳动法中的劳动只包括合法的劳动，因此像走私、贩卖毒品、枪支弹药等犯罪活动就不属于劳动法中的劳动。

2. 职业劳动

劳动法中的劳动是劳动者谋生的方式，是一种职业劳动。因此，不以谋生为目的的劳动，例如志愿者从事的劳动，军人从事的劳动等都不是职业劳动，不属于劳动法上的劳动。

3. 受雇劳动

提供劳动岗位的一方必须是本人和家人之外的其他人。例如，自由职业者、农民在自己的承包地或责任田中从事的劳动、家庭作坊内家人从事的劳动等都不属于劳动法范畴的劳动。

4. 从属性劳动

劳动者相较于用人单位而言处于从属地位，必须服从用人单位的管理，遵守用人单位的规章制度。

5. 自由劳动

劳动者必须具有人身自由，能依据自己的意志出卖劳动力。因此监狱中犯人所从事的劳动不是劳动法范畴的劳动。

基于上述要件，劳动法范畴的劳动是指劳动者为谋生而从事的，履行劳动法规、集体合同和劳动合同所规定义务的集体劳动，是劳动者有偿转让自身劳动力与用人单位的生产资料相结合进行相关生产或服务活动的过程。

（二）劳动法的劳动关系

在劳动的过程中，不同主体之间会有很多关系，《劳动法》的劳动关系仅指劳动者与用人单位在开展经济生产活动中所产生的社会关系，换言之，是用人单位雇用劳动者为其成员，劳动者按照用人单位的要求提供劳动，用人单位支付相应的报酬而产生的权利义务关系。

1. 劳动关系的特征

（1）劳动关系的主体

劳动关系的主体包括劳动者和用人单位。劳动者即劳动力的所有者，在劳动关系中通过将自己的劳动力与用人单位进行交换，获取劳动报酬。用人单位即劳动力的使用者，包括企业、个体经济组织、民办非企业单位等组织和国家机关、事业单位、社会团体。

（2）劳动关系兼具人身关系和财产关系的属性

劳动是劳动力与生产资料结合的过程，当劳动力作为生产要素进入劳动过程的时候，客观上劳动者的人身也进入了劳动过程，因此劳动关系具有人身关系的属性。另一方面，劳动作为劳动者谋生的手段，劳动者通过向用人单位转让劳动力使用权以获取一定的报酬，因此又具备了财产关系的属性。

（3）劳动关系兼具平等性和不平等性特征

平等性是指劳动者与用人单位建立劳动关系时，双方通过自由选择，平等协商，以合同的形式建立、变更、解除或终止劳动关系。但实质上，从劳动者与用人单位缔结劳动合同之始及之后，双方实质上是处于不平等地位的。劳动者在经济实力、信息掌握数量及选择成本等方面与用人单位存在较大差距，因此其在劳动力市场处于弱势地位。劳动关系建立后劳动者的弱势地位更加凸显，劳动者必须服从用人单位的指挥和调配，遵守用人单位的劳动纪律和规章制度，因此不平等性是劳动关系的重要特征，这也是劳动法需要倾斜保护劳动者的根本原因。

2. 劳动法调整劳动关系的范围

根据《劳动法》第二条、《劳动合同法》第二条以及《中华人民共和国劳动合同法实施条例》（简称《劳动合同法实施条例》）的规定，我国劳动法调整的劳动关系包括：

第一，企业、个体经济组织、民办非企业单位等组织的劳动关系。

第二，国家机关、事业单位、社会团体中的劳动合同关系。公务员和依法参照执行公务员制度的劳动者的劳动关系则不归劳动法调整。

另外，农村务农人员、现役军人、家庭保姆等人员不属于劳动法的调整范围，而是由相对应的农业法、军事法、民法等调整。

专栏 9-1

哪些工作不受劳动合同法保护?

目前不受劳动合同法保护的行业中,以保姆、保险推销员、学生兼职、退休返聘和协议承包人等尤为典型。

1. 保姆行业。据不完全统计,全国约有1500万名保姆,占进城务工人员人数的十分之一以上。保姆行业属于一种非典型劳动关系,从雇主来说,基本上都是个人。依照劳动法、劳动合同法的相关规定,我国境内的企业、个体经济组织、民办非企业单位等组织、国家机关、事业单位、社会团体可以与个人建立劳动关系。因此,在法律层面上,雇主无法成为劳动法意义上的用人单位。当然,这并不是说保姆不受法律保护。如果是雇主和保姆双方直接商谈的,那么保姆的权益可以按照民法来操作。当事人可以以侵权、合同违约等案由,直接向法院提起民事诉讼。

2. 保险推销行业。保险推销行业的人事制度是"代理制",而非雇员制。营销员一头联系着保险公司,一头联系着被保险人。保险代理人与保险公司之间的关系,属于民事代理关系。从合同履行情况看,虽然保险公司要求雇员遵守公司管理制度,接受公司管理和监督,并参加有关培训,但这种管理和培训是保险公司拓展业务和提高保险代理人工作能力的需要,不能等同于劳动合同中用人单位和劳动者管理和培训。

3. 学生兼职。由于学生的身份所限,在校学生实习和见习,不属于劳动法的调整范围,用人单位不必与其签订劳动合同,也不必为其购买社保,因此相对而言企业也喜欢用兼职学生,这样可节省开支(图9-2)。

4. 退休返聘。劳动合同法规定,劳动者依法享受基本养老保险待遇后,劳动合同终止。相关司法解释明确规定,用人单位与其招用的已经享受养老保险待遇的人员发生用工争议,向法院提起诉讼的,应当按劳务关系处理。因此,在返聘期间,雇员已经享受基本养老保险待遇,仅能与用工单位建立劳务关系。

5. 承包协议。承包协议不是劳动合同,不受劳动法保护。诸如河道维护、街道打扫、机场以及车站卫生承包等,很多人在承包工程或者其他工作之前,双方都会签订相关协议,但这种协议并不是劳动合同,双方之间也不存在劳动关系,这些承包只是承揽合同关系,定期给劳动者支付报酬的合作关系,一旦出现报酬纠纷,也得不到劳动法保护。

图 9-2　学生兼职遇到意外只好自认倒霉

摘编自《法制日报》（2019 年 4 月 30 日）

（三）劳动法的"人"

劳动法范畴的"人"是指劳动关系的主体：劳动者和用人单位。

1. 劳动者

劳动法范畴的劳动者是指达到法定年龄并具有劳动能力，以获取劳动报酬为目的而从事社会劳动的自然人。他们依照法律规定或者合同约定，在用人单位管理下从事职业劳动并获取劳动报酬，常常也被称为职工、工人、劳工、雇员。作为劳动法范畴的行为人，劳动者必须具备法律规定的下列条件：

第一，达到法定年龄。劳动者的最低就业年龄为 16 周岁，禁止用人单位招用未满 16 周岁的未成年人；某些特殊职业，如文艺、体育和特种工艺单位确实需要招用未满 16 周岁的人（如演员、运动员）时，则必须报县级以上劳动行政部门批准。

第二，具有劳动能力。劳动法上的劳动者，应具有相应的劳动权利能力和劳动行为能力。若无劳动能力，就不能参与劳动法律关系，享受权利并承担义务。

2. 用人单位

用人单位在其他国家又称为雇主、雇用人、资方等，中国在法律上统一使用"用人单位"这一称谓。具体是指招收录用劳动者，使用劳动者的劳动力，并按照劳动者提供的劳动支付工资和其他待遇的劳动关系主体。根据我国现行劳动法的规定，用人单位的范围包括企业、个体经济组织、民办非企业单位等组织和国家机关、事业单位、社会团体。《劳动合同法实施条例》把依法成立的会计师事务所、律师事务所等合伙组织和基金会也纳入了用人单位的范围。

三、劳动法的体系

（一）劳动法的法源体系

劳动法的法源又称为劳动法的渊源，也就是劳动法的形式。它表明劳动法律规范以哪些形式存在于法律体系中。我国劳动法的法源体系包括宪法、法律、行政法规、部门规章、地方性法规和规章、国际公约和司法解释等（图9-3）。

图 9-3　劳动法的法源体系

（二）劳动法的内容体系

劳动法的内容按照一定标准进行分类组合，包括7大类。

1. 促进就业制度

促进就业制度以《中华人民共和国就业促进法》为代表，包括国家的劳动就业方针，政府为劳动者创造就业条件，提供就业服务、预防失业等方面的责任与措施。

2. 劳动合同制度

劳动合同制度是规范劳动者与用人单位之间经协商达成的合同关系的法律制度。

3. 集体谈判和集体合同制度

集体谈判和集体合同制度是缓解劳资矛盾、构建和谐劳动关系的有效手段，是劳动法的重要组成部分。

4. 劳动基准制度

劳动基准制度是国家为保护劳动者权益而制定的有关劳动条件与劳动待遇的最低标准。

5. 社会保险制度

社会保险制度是为劳动者在年老、患病、工伤、失业、生育等情况下能够从国家和社会获得物质帮助和补偿的制度，是劳动者生活保障权的体现。

6. 劳动争议处理制度

劳动争议处理制度是协调劳动关系、解决劳动争议纠纷、维护劳动关系主体权益的重要途径。

7. 劳动监察制度

劳动监察制度是国家劳动监察机关对用人单位执行劳动法律、法规的情况，依法进行监督检查，以确保劳动法的贯彻实施的制度，是劳动争议解决的方式之一。

模块二　劳动法如何保护劳动者

劳动法保护劳动者需要基于一系列制度，包括工资制度、工作时间制度、休息休假制度和社会保险制度等。这些制度与每一个劳动者密切相关，是劳动者职业发展的基础性保障。

一、工资制度

（一）劳动法的工资

一般而言，劳动者从事职业劳动的主要目的是获取工资，所不同的是每个人的工资数额、构成和形式存在或多或少的差异。工资有广义和狭义之分。广义上的工资包括人们从事各种劳动而获得的货币或实物收入，但劳动法上的工资，即狭义的工资仅指用人单位依据劳动合同约定或国家法律规定，以法定货币的形式直接支付给劳动者本人的劳动报酬，一般包括基本工资、奖金、津贴、补贴、加班加点工资以及特殊情况下支付的工资等，但不包括支付给劳动者的保险福利费用和其他非劳动收入。

（二）工资的形式

我国劳动法范畴的工资从构成形式而言，主要包括计时工资和计件工资；辅助工资形式主要有奖金、津贴和补贴。

1. 计时工资和计件工资

计时工资是根据计时工资标准和工作时间支付给劳动者的工资。一般分为月工资标准、日工资标准和小时工资标准。在目前中国每天 8 小时工时制度下，日工资标准＝月工资 /21.75 天，小时工资标准＝日工资标准 /8 小时。劳动者出全勤，按月工资标准支付工资；劳动者缺勤或加班加点，按日工资标准或小时工资标准扣发或加发工资。计件工资不直接用劳动时间来计量劳动报酬，而是用一定时间内的劳动成果数量来计算，是对已做工作按计件单价支付的劳动报酬。

2. 奖金

奖金是支付给劳动者的超额劳动报酬和增收节支的劳动报酬。奖金的种类繁多，主要有超产奖、质量奖、节约奖、安全奖和综合奖等。

3. 津贴和补贴

津贴是为了补偿劳动者特殊或额外的劳动消耗而支付给职工的劳动报酬，是一种经济补偿。补贴是为了保障劳动者的工资水平不受特殊因素的影响而支付给劳动者的工资，比如为了保证劳动者工资水平不受物价上涨影响而支付的补贴。

（三）最低工资制度

1. 最低工资的概念

最低工资是指劳动者在法定工作时间或劳动合同约定的工作时间内提供了正常劳动的前提下，用人单位依法应支付的法定最低劳动报酬。需要注意的是，最低工资的适用以劳动者提供正常劳动为前提，并且最低工资标准是政府制定的，劳动关系双方无权自行协商确定。

2. 最低工资标准的确定因素

根据人力资源和社会保障部最低工资规定，确定和调整月最低工资标准，应参考当地就业者及其赡养人口的最低生活费用、城镇居民消费价格指数、职工个人缴纳的社会保险费和住房公积金、职工平均工资、经济发展水平、就业状况等因素。

3. 最低工资标准的效力

最低工资标准依法制定即具有法律效力，劳动合同和集体合同中约定的工资标准不得低于当地最低工资标准；劳动者依法享受带薪年休假、婚丧假、产假等国家规定的休假期间，以及法定工作时间内依法参加社会活动时，用人单位不得向劳动者支付低于当地最低工资标准的工资。

案例 9-1

包吃包住算不算工资？

某饭店招聘服务员，每个月工资 1000 元，包吃包住。高某前去应聘，感觉工资有点低，不太乐意。饭店老板说，在北京住宿和吃饭很贵，因此如果将房租和饭钱折算，每个月的工资将达 3000 元。高某听后觉得这么一算确实比较合算便同意了。后来高某在上网时发现北京市的最低工资是 2200 元，便找饭店老板要求补足工资差额，并说饭店给自己提供的房子和伙食不能抵扣工资。老板不同意，于是高某就向当地的劳动争议仲裁委员会提出申请，要求饭店按照最低工资标准支付工资差额和赔偿金。请问：高某的要求能否得到劳动仲裁委员会的支持呢？

二、工作时间制度

（一）什么是工作时间

工作时间是劳动者为用人单位从事生产和工作的时间，是衡量每个劳动者的劳动贡献和给付报酬的计算单位。劳动法上的工作时间具有基准性，有法定的标准长度和最长限度，具体包括实际完成生产和工作的时间，从事生产和工作所需要的准备和收尾工作时间，劳动者在生产和工作中需要自然中断的时间，连续从事有毒有害工作所需要的间歇时间，女职工哺乳时间，因公外出的时间以及依照法律规定或有关机关的指令履行公民义务的时间等。

（二）中国现行工作时间立法的基本内容

1. 标准工时制度

标准工时制度是指由国家法律规定的职工在正常情况下从事工作的时间的制度。我国的标准工时制度为劳动者每日工作时间不超过 8 小时，每周工作时间不超过 40 小时，用人单位必须保证劳动者每周至少 24 小时不间断的休息。任何单位和个人都不得擅自延长职工的工作时间。

> **专栏 9-2**
>
> **标准工时制度中工作时间的计算**
>
> 年工作日：365 天 -104 天（休息日）-11 天（法定节假日）=250 天；
>
> 季工作日：250 天 ÷4 季 =62.5 天 / 季；
>
> 月工作日：250 天 ÷12 月 =20.83 天 / 月；
>
> 工作小时数的计算：以月、季、年的工作日乘以每日的 8 小时。

2. 特殊工时制度

特殊工时制度是特定工作岗位上的劳动者适用的工时制度。用人单位因工作性质或者生产特点的限制，如不能实行每日工作 8 小时、每周工作 40 小时标准工时制度，按照国家有关规定，可以实行其他工作和休息制度。常见的特殊工时制度主要包括不定时工时制和综合计算工时制等。

（1）不定时工作制度

不定时工作制的基本特点是劳动者每日没有固定工作时数的限制，可以长于或短于标准工作日。不定时工作制不受劳动法对于延长工作时间的限制，并且超过标准工作时间的部分不算延长工作时间，不用支付报酬，短于标准工作时间的，也不扣发劳动报酬。但这并不意味着法律对不定时工作时间毫无限制，一般而言，用人单位仍应以标准工作时间为依据，按照法定的审批手续报批后，在保障劳动者身体健康和听取劳动者意见的前提下，通过采用集中工作、集中休息、轮休调休、弹性工作时间等方式，兼顾生产任务的完成和劳动者休息权的实现。

（2）综合计算工时制度

综合计算工时制度主要适用于工作性质特殊、需连续作业或受季节及自然条件限制的企业，其特殊之处在于以周、月、季或年为周期综合计算劳动者的工作时间。综合计算工时工作制下职工的平均月工作时间和周工作时间应与标准工作时间基本相同，超过法定标准工作时间部分视为加班时间，应支付职工加班工资。实行综合计算工时制度必须办理审批手续。

（三）延长工作时间

1. 延长工作时间的概念

延长工作时间是指劳动者的工作时数超过法律规定的标准工作时间。延长工作时间包括加班和加点时间。加班是职工在法定节日或公休日工作。加点是职工在标准工作日以外继续工作。需要注意的是，不定时工时制度下不存在加班加点，而在综合计算工时制下周期内劳动者的实际工作小时数超过该周期内标准工作小时数时，超出的部分视为加点。

2. 延长工作时间的限制

根据《劳动法》第四十一条规定，用人单位由于生产经营需要，在与工会和劳动者协商后可以延长工作时间，一般每日不得超过一小时；因特殊原因需要延长工作时间的，在保障劳动者身体健康的条件下延长工作时间每日不得超过三小时，但是每月不得超过三十六小时。

3. 延长工作时间的工资支付标准

劳动者延长工作时间，即增加了额外的工作量，需要付出更多的劳动和消耗。因此，用人单位安排劳动者延长工作时间的，一般情况下应当向劳动者支付加班费用。

根据《劳动法》的规定，用人单位延长工作时间的，必须按以下标准支付高于劳动者正常工作时间工资的工资报酬：（1）标准工作日内安排劳动者延长工作时间的，支付不低于工资的150%的工资报酬；（2）休息日安排劳动者工作又不能安排补休的，支付不低于工资的200%的工资报酬；（3）法定休假日安排劳动者工作的，支付不低于工资的300%的工资报酬。

> **专栏 9-3**
>
> ### 劳动者日工资、小时工资折算方法
>
> 根据人力资源和社会保障部 2008 年 1 月 3 日通过的《关于职工全年月平均工作时间和工资折算问题的通知》（劳社部发〔2008〕3 号），法定节假日用人单位应当依法支付工资，即折算日工资、小时工资时不剔除国家规定的 11 天法定节假日。
>
> 日工资 = 月工资收入 ÷ 月计薪天数
>
> 小时工资 = 月工资收入 ÷（月计薪天数 × 8 小时）
>
> 月计薪天数 =（365 天 − 104 天）÷ 12 月 = 21.75 天 / 月

三、休息休假制度

休息休假是指劳动者按法律规定不需要从事生产和工作，可自行支配的时间。

（一）法定节假日

法定节假日是劳动者用于欢度节日、开展纪念、庆祝活动的休息时间。根据《劳动法》第四十条及国务院《全国年节及纪念日放假办法》（中华人民共和国国务院令第 644 号）的规定，用人单位在下列节日期间应当依法安排劳动者休假：元旦、春节、清明节、国际劳动节、端午节、中秋节、国庆节，共计 11 日。

（二）年休假

年休假是法律规定的职工满一定工作年限后，每年享有的带薪休假制度。具体的休假天数由工龄决定，累计工作已满 1 年不满 10 年的，年休假 5 天；已满 10 年不满 20 年的，年休假 10 天；已满 20 年的，年休假 15 天。用人单位确因工作需要不能安排职工休年休假的，经劳动者同意，可以不安排职工休年休假。对劳动者应休未休的年休假天数，单位应当按照劳动者日工资收入的 300% 支付年休假工资报酬。

（三）探亲假

探亲假是指与父母或配偶分居两地的职工，每年享有的与父母或配偶团聚的假期。我国探亲假的具体假期为：职工探望配偶的，每年给予一方探亲假一次，假期为 30 天。未婚职工探望父母，原则上每年给假一次，假期为 20 天。如果因为工作需要，本单位当年不能给予假期，或者职工自愿两年探亲一次，可以两年给假一次，假期为 45 天。已婚职工探望父母的，每四年给假一次，假期为 20 天。

（四）产假

中国《劳动法》第六十二条规定："女职工生育享受不少于九十天的产假"。从有利

于女职工身体恢复和母乳喂养的角度，2012年4月修订的《女职工劳动保护特别规定》（中华人民共和国国务院令第619号）将生育产假假期延长至98天，其中产前可以休假15天；难产的，增加产假15天。生育多胞胎的，每多生育1个婴儿，增加产假15天。同时为保障流产女职工的权益，明确了流产产假，规定：怀孕未满4个月流产的，享受15天产假；怀孕满4个月流产的，享受42天产假。

四、社会保险制度

（一）社会保险的概念

社会保险是国家通过立法建立的一种强制保险制度，目的是使劳动者在面临年老、患病、工伤、失业、生育等社会风险的情况下能够获得国家和社会的经济补偿和帮助。社会保险具有分散社会风险和消化损失的功能，通过社会保险能够使得劳动者在遭遇社会风险的情况下仍能继续维持基本生活水平，同时保障劳动力再生产和扩大再生产的正常运行，保证社会安定。中国的社会保险具有强制性，其保险范围、种类、标准、保险金的缴纳、发放都由法律明确规定，用人单位和劳动者不能够随意变更或放弃投保。

（二）社会保险的种类

1. 养老保险

养老保险是劳动者达到法定退休年龄并从事职业劳动达到法定年限后，由国家和社会依法给予一定物质帮助，以维持其老年生活的一种社会保险制度。养老保险制度是为解决劳动者年老丧失劳动能力时的生活而设立的。职工参加基本养老保险由用人单位和职工共同缴纳基本养老保险费。

2. 医疗保险

医疗保险是对于劳动者患病或非因工负伤，发生困难时给予一定经济援助的一种社会保险制度，由用人单位和职工按照国家规定共同缴纳基本医疗保险费。

3. 工伤保险

工伤保险又称职业伤害保险，是劳动者在工作中或法定的特殊情况下发生意外事故，或因职业性有害因素危害而负伤（或患职业病）、致残、死亡时，对本人或供养亲属给予物质帮助和经济补偿的一项社会保障制度。工伤分为两种情况：一种是应当认定为工伤的情形，另一种是视同工伤的情形（表9-1）。职工被认定为工伤或者视同工伤的，按规定享受相应的工伤保险待遇。工伤保险费由用人单位缴纳，劳动者无须缴纳。

4. 失业保险

失业保险是以保障劳动者因各种原因失去工作，在重新恢复工作期间的基本生活需要而设立的社会保障制度。由用人单位和职工按照国家规定共同缴纳失业保险费。

工伤的情形　　　　　　　　　　表9-1

类型	具体情况
应当认定为工伤的情形	在工作时间和工作场所内因工作原因受到事故伤害的
	工作时间前后在工作场所从事与工作有关的预备性或者收尾性工作受到事故伤害的
	在工作时间和工作场所内因履行工作职责而受到暴力等意外伤害的
	患职业病的
	因工外出期间,由于工作原因受到伤害或者发生事故下落不明的
	在上下班途中,受到非本人主要责任的交通事故或者城市轨道交通、客运轮渡、火车事故伤害的
	法律、行政法规规定应当认定为工伤的其他情形
视同工伤的情形	在工作时间和工作岗位,突发疾病死亡或者在48小时之内经抢救无效死亡的
	在抢险救灾等维护国家利益、公共利益活动中受到伤害的
	职工原在军队服役,因战、因公负伤致残,已取得革命伤残军人证,到用人单位后旧伤复发的

5. 生育保险

生育保险是女职工因为怀孕或分娩而暂时丧失劳动能力时,从社会获得物质帮助的一种社会保险制度。目的是为生育的女职工提供产前、产后的经济补偿和医疗保障。生育保险费由用人单位缴纳,劳动者无须缴纳。

模块三　劳动合同对职业的保障

劳动合同制度是劳动法的核心内容。自劳动合同制度实施以来,劳动合同已经成为调整劳动关系的必备基础。同时,劳动合同也是用人单位和劳动者发生劳动争议时最重要的证据。在订立、变更、解除和终止劳动合同时,需要严格遵守法律法规,否则就存在潜在的法律风险。

一、劳动合同的订立

(一)劳动合同的形式

依据《劳动合同法》的规定,只要用人单位与劳动者建立劳动关系,就应当及时签订书面劳动合同,否则将承担相应的法律责任。具体而言,用人单位应当在用工之日起一个月内与劳动者签订书面劳动合同;超过一个月不满一年未与劳动者订立书面劳动合同的,应当向劳动者每月支付两倍的工资，并与劳动者补订书面劳动合同；满一年仍未与劳动者订立书面劳动合同的，将被视为自用工之日起满一年的当日已经与劳动者订立无固定期限劳动合同，同时仍应立即与劳动者补订书面劳动合同。需要注意的是，劳动关系自用人单位用工之日起开始建立，劳动关系的建立和劳动合同的签订没有直接的关系，只取决于劳动用工开始的时间。

（二）劳动合同订立过程中的义务

用人单位的告知义务。用人单位在招用劳动者时应将工作内容、工作条件、工作地点、职业危害等劳动者需要了解或要求了解的情况如实告知劳动者；将直接涉及劳动者利益的规章制度和重大决定予以公示或告知劳动者。

劳动者的告知义务。用人单位有权了解劳动者与劳动合同直接相关的基本情况。例如，劳动者在求职时的受雇状况及以往的工作经历；劳动者的教育背景、培训情况和职业技术等级等，劳动者应当如实告知用人单位。但与劳动合同不直接相关的内容，用人单位无权要求劳动者告知。

用人单位的禁止行为。用人单位招用劳动者，不得扣押劳动者的居民身份证和其他证件，不得要求劳动者提供担保或者以其他名义向劳动者收取财物。

（三）劳动合同的期限

劳动合同的期限分为固定期限、无固定期限和以完成一定工作任务为期限三种类型。

固定期限劳动合同中用人单位与劳动者约定明确的合同终止时间。以完成一定工作任务为期限的劳动合同中用人单位与劳动者约定以某项工作的完成为合同终止的时间，本质上仍属于特殊的固定期限劳动合同，只是表现形式不同。

无固定期劳动合同与固定期限劳动合同相对，是用人单位与劳动者没有明确终止时间的劳动合同。与固定期劳动合同相比，无固定期劳动合同更有利于维持劳动关系的稳定，因此我国设立了无固定期劳动合同的法定适用情形。根据《劳动合同法》第十四条规定，存在下列情形之一时，劳动者提出或者同意续订、订立劳动合同的，除非劳动者提出订立固定期限劳动合同，否则用人单位应当与劳动者订立无固定期限劳动合同。第一，劳动者在该用人单位连续工作满十年的；第二，用人单位初次实行劳动合同制度或者国有企业改制重新订立劳动合同时，劳动者在该用人单位连续工作满10年且距法定退休年龄不足10年的；第三，连续订立二次固定期限劳动合同，且劳动者不存在过错或不胜任工作的情形，续订劳动合同的。

无固定期限劳动合同不等同于长期劳动合同，在合同履行过程中，如果存在法定的劳动合同解除情形，用人单位依然可以依法结束双方的劳动关系。

（四）劳动合同的内容

1. 必备条款

劳动合同的必备条款是指法律要求劳动合同必须具备的条款。必备条款的设置是防止劳动合同双方当事人权利和义务的约定不明确，引发后续纠纷。

根据《劳动合同法》第十七条的规定，劳动合同的必备条款包括：（1）用人单位的名称、住所和法定代表人或者主要负责人；（2）劳动者的姓名、住址和居民身份证或者其他有效身份证件号码；（3）劳动合同期限；（4）工作内容和工作地点；（5）工作时间和休息休假；（6）劳动报酬；（7）社会保险；（8）劳动保护、劳动条件和职业危害防护；（9）法律、法规规定应当纳入劳动合同的其他事项。除上述必备条款外，用人单位与劳动者还可以在劳动合同中约定试用期、服务期、竞业限制等条款。

2. 试用期条款

试用期是劳动合同双方当事人约定的一段互相考察的时间。试用期内，一方面用人单位可以考察劳动者是否符合录用条件，另一方面劳动者也可以考察自己是否胜任岗位的要求和是否适应单位的工作环境。根据《劳动合同法实施条例》第十五条的规定，关于试用期条款需注意以下内容：（1）试用期包含在劳动合同期限内，不能独立于劳动合同单独存在。（2）试用期的期限。试用期有法定的上限，劳动合同主体不得通过约定突破这一上限。同一用人单位与同一劳动者只能约定一次试用期。（3）试用期工资不得低于法定标准。试用期工资不得低于本单位相同岗位最低档工资的80%或者不得低于劳动合同约定工资的80%，并不得低于用人单位所在地的最低工资标准。

3. 服务期条款

用人单位为劳动者提供专项培训费用，对劳动者进行劳动技术培训，相对应的，劳动者应当为用人单位工作届满一定的服务期限。这个期限就是服务期。用人单位为劳动者的专项培训所支出的资金一般是超出国家规定的职工教育经费的，因此，接受培训的劳动者应当在双方约定的服务期内继续留在单位工作，以补偿培训所花费的费用，如果不能完成服务期，就应当承担违约金责任。同时，法律对劳动者承担的违约金设置了上限，从而避免现用人单位向培训后"跳槽"的劳动者胡乱要价。

4. 竞业限制条款

竞业限制是指一定范围的劳动者在任职期间或离职后的特定时期不得就业于竞争公司或进行竞争性营业活动。竞业限制是通过对劳动者自由择业权进行一定程度的限制来保护用人单位商业秘密的一种手段，《劳动合同法》第二十三、二十四条对竞业限制条款作出了明确规定。对负有保密义务的劳动者，用人单位可以在劳动合同或者保密协议中与劳动者约定竞业限制条款，同时还需要约定在竞业限制期限内按月给予劳动者经济补偿。如果劳动者违反竞业限制约定则需要支付违约金。但竞业限制的人员仅限于用人单位的高级管理人员、高级技术人员和其他负有保密义务的人员，并且竞业限制期限最多不得超过两年。

二、劳动合同的变更

劳动合同的变更是指在劳动合同履行过程中，当事人一方或双方对劳动合同的内容提出修改或补充，重新确立双方当事人权利义务的法律行为。劳动合同变更包括协商变更和法定变更。协商变更即双方当事人经过协商一致对劳动合同规定的某些内容进行修改。法定变更则是根据法律规定对劳动合同的主体和内容进行变更。

《劳动合同法》第三十三、三十四条中用人单位出现名称、法定代表人、主要负责人或者投资人等事项的变更，及发生合并或者分立等变化就是劳动合同的法定变更。在这些情形下，劳动合同的履行不发生变化，这既是为了保护劳动者的就业稳定，也是国际惯例。在法定变更之外，用人单位和劳动者都不能单方变更劳动合同的内容。实践中，经常有用人单位以拥有经营自主权为由，单方变更劳动者的工资、岗位、工作地点以及其他劳动待遇。如果这些变更事先未征得劳动者的同意则是违法行为，变更后的劳动合同无效。

案例 9-2

用人单位单方变动工作地点是否合法？

胡某向某公司应聘业务经理岗位，之后签订的劳动合同约定的工作地点是在上海市，合同期限为5年。后来公司为了在浙江省拓展业务，便通知胡某到杭州工作，胡某不同意，说劳动合同约定的工作地点是上海市，而公司却擅自变更合同，安排他到杭州工作，即使是要变更也要和他商量，因而胡某拒绝了公司的安排。而该公司以胡某拒不服从工作安排为由，解除劳动合同，并认为，安排胡某到杭州工作是工作的需要，属于企业生产经营自主权的范畴，这不算劳动合同变更。那么，工作地点的变动是否属于劳动合同变更？是否需要和员工商量并取得员工同意？显然，答案均为是。

三、劳动合同的解除与终止

劳动合同解除与劳动合同终止都导致劳动法律关系的结束，其区别在于两者发生的时间不同：前者发生在劳动合同有效期届满或者履行完毕之前，而后者发生在劳动合同有效期届满或者履行完毕之时。

劳动合同解除是指在劳动合同订立以后，有效期届满或者履行完毕之前，当事人双方提前结束劳动合同效力的法律行为。劳动合同的解除可分为协商解除和单方解除（图9-4）。单方解除又可分为劳动者单方解除和用人单位单方解除两种情形。

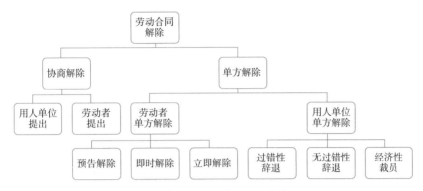

图 9-4　我国劳动合同解除的法定情形

劳动合同的终止是指由于一定的法律事实，劳动合同的法律效力终止，劳动者与用人单位之间的劳动关系不复存在。

（一）劳动合同如何解除

1. 协商解除劳动合同

劳动合同是由双方当事人协商一致达成的，在履行过程中，双方当事人也有权再通过协商一致解除劳动合同。当事人协商一致既是劳动合同协商解除的程序，又是协商解除的条件。

2. 劳动者单方解除劳动合同

劳动者在一定条件下可以不经用人单位同意而单方解除劳动合同，具体包括预告解除、即时解除和立即解除三种情形。

（1）劳动者预告解除劳动合同

劳动者提前30日以书面形式通知用人单位（在试用期内须提前3日），即可以解除劳动合同。此时劳动者只需履行预告程序，无须用人单位批准，预告期满后劳动者即可离职。需要注意的是，劳动者一定要自觉履行预告程序，为用人单位寻找新的劳动者提供必要的准备时间。

（2）劳动者即时解除劳动合同

根据《劳动合同法》第三十八条的规定，在用人单位存在下列情形之一时，劳动者可以即时解除劳动合同：①未按照劳动合同约定提供劳动保护或者劳动条件的；②未及时足额支付劳动报酬的；③未依法为劳动者缴纳社会保险费的；④用人单位的规章制度违反法律、法规的规定，损害劳动者权益的；⑤因本法第二十六条第一款规定的情形致使劳动合同无效的；⑥法律、行政法规规定劳动者可以解除劳动合同的其他情形。由于劳动者有正当理由提出解除劳动合同，所以无须履行预告程序，只要随时通知用人单位即可解除劳动合同。

（3）劳动者立即解除劳动合同

当劳动者遭遇用人单位强迫劳动，或者实施危及劳动者人身安全的行为时，劳动者可以立即解除劳动合同，不需要事先告知用人单位。因此，劳动者的生命安全是最重要的，一旦遭遇危险，可以行使立即解除权。

3. 用人单位单方解除劳动合同

用人单位单方解除劳动合同的原因可以分为两类：一是劳动者的原因；二是用人单位的原因。具体的劳动合同解除情形有三种。

（1）过错性辞退

过错性辞退主要是针对劳动者存在过错的情况，用人单位不需要提前预告劳动者即可以单方解除劳动合同。根据《劳动合同法》第三十九条规定，过错性辞退具体包括以下情况：①在试用期间被证明不符合录用条件；②严重违反用人单位的规章制度的；③严重失职，营私舞弊，给用人单位造成重大损害；④劳动者同时与其他用人单位建立劳动关系，对完成本单位的工作任务造成严重影响，或者经用人单位提出，拒不改正；⑤因《劳动合同法》第二十六条第一款第一项规定的情形致使劳动合同无效；⑥被依法追究刑事责任的。

（2）无过错性辞退

当劳动者不能胜任工作或因客观原因导致劳动合同无法履行时，用人单位可以对劳动者进行无过错性辞退。根据《劳动合同法》第四十条规定，无过错性辞退适用的情形包括：①劳动者患病或者非因工负伤，在规定的医疗期满后不能从事原工作，也不能从事由用人单位另行安排的工作；②劳动者不能胜任工作，经过培训或者调整工作岗位，仍不能胜任工作；③劳动合同订立时所依据的客观情况发生重大变化，致使劳动合同无法履行，经用人单位与劳动者协商，未能就变更劳动合同内容达成协议。需要注意的是，用人单位需要提前30日书面通知劳动者或者额外支付劳动者一个月的工资作为补偿。

（3）经济性裁员

经济性裁员是用人单位生产经营状况发生重大变化时，通过大量辞退劳动者以改善生产经营状态的经济手段。在我国，裁减人员20人以上或者裁减不足20人但占企业职工总数10%以上的，属于经济性裁员。由于经济性裁员将引发大量的劳动者失业，对社会稳定造成不利影响，因此劳动合同法对此进行了严格的规制，用人单位必须依照法定的条件和程序与被裁减人员解除劳动合同。

案例 9-3

女幼师怀孕遭解雇是否合法？

张某从师范大学毕业后应聘到一家民办幼儿园当老师。由于张某工作表现良好，几个月后就被选任为幼儿园副园长，负责教师招聘和招生工作。

2014年9月，张某怀孕了，但在医院检查时发现有流产的风险，因此医生建议张某在家卧床休息两周。随后张某即向园长说明了事情的原委并提交了医院的诊断证明，园长口头上批准了张某的假期。假期快结束时张某再次去医院进行产检，相关指标已恢复医生说可以正常上班了，张某便销假重新开始上班。但令张某没想到的是幼儿园单方提前给她结算了工资，并于12月15日告知她被辞退了（图9-5）。至于为何辞退，园长解释道："保胎更重要，这也是为你的身体着想。再说，你怀了身孕就不适合这份工作了，万一以后在幼儿园出事了，谁也负不起这个责。"

图 9-5　怀孕就要失业吗？

摘编自《华西都市报》（2014年12月14日）

请思考：

幼儿园辞退女幼师的行为是否合法？

（二）劳动合同终止的原因

根据《劳动合同法》第四十五条规定，劳动合同终止的原因主要有下列情形：

第一，劳动合同的期限届满。对于固定期限的劳动合同而言，在合同约定的期限届满后，如果双方当事人没有续订或者依法延期，劳动合同终止。为了体现对劳动者利益的维护，《劳动合同法》还规定了特殊情况下劳动合同必须延期终止的情形。

第二，劳动者死亡，被人民法院宣告死亡或者宣告失踪。

第三，企业依法被宣告破产、解散、关闭或者撤销，主体资格消灭。

第四，劳动者达到退休年龄或者完全丧失劳动能力。

（三）劳动合同解释与终止中的经济补偿金

经济补偿金是因不可归责于劳动者主观过错的原因解除或终止劳动合同时，用人单位按照法律规定支付给劳动者的生活补助费。目的是为劳动者在结束原有劳动关系寻找到新的工作之间提供一定的生活保障。

1. 经济补偿金的适用条件

根据《劳动合同法》第四十六条规定，在下列情形下，用人单位应当向劳动者支付经济补偿：（1）劳动者依照《劳动合同法》第三十八条规定解除劳动合同的；（2）用人单位依照《劳动合同法》第三十六条规定向劳动者提出解除劳动合同并与劳动者协商一致解除劳动合同的；（3）用人单位依照《劳动合同法》第四十条规定无过错性辞退劳动者的；（4）用人单位依照《劳动合同法》第四十一条第一款规定解除劳动合同的；（5）除用人单位维持或者提高劳动合同约定条件续订劳动合同，劳动者不同意续订的情形外，依照《劳动合同法》第四十四条第一项规定终止固定期限劳动合同的；（6）依照《劳动合同法》第四十四条第四项、第五项规定终止劳动合同的；（7）法律、行政法规规定的其他情形。

2. 经济补偿金的支付标准

按照我国《劳动合同法》的规定，经济补偿按劳动者在本单位工作的年限，每满1年支付1个月工资的标准向劳动者支付。6个月以上不满1年的，按1年计算；不满6个月的，支付半个月工资的经济补偿。但当劳动者的月工资高于用人单位所在地上年度职工月平均工资三倍的，用人单位按照当地职工月平均工资三倍的数额支付经济补偿金，并且可计算年限最高不超过12年。

另外，《劳动合同法》还规定了赔偿金，在用人单位违反法律规定解除或者终止劳动合同时，应当按照经济补偿金标准的二倍向劳动者支付赔偿金。

模块四　劳动争议的处理

劳动者在工作中可能会遇到劳动纠纷或劳资争议，如果处理不当，会影响正常的工作和未来的职业发展。认识劳动争议处理机制，可以未雨绸缪，有备无患。在遇到争议时，以恰当的方式进行处理，可以最大限度地减少负面影响，更好地实现职业发展。

一、劳动争议处理机制

劳动争议又称为劳动纠纷、劳资争议、劳资纠纷。劳动法视野范围内的劳动争议仅指劳动关系双方当事人之间因劳动权利和劳动义务所发生的争议。劳动争议处理机制是由劳动争议处理的各种机构和方式在劳动争议处理过程中的各自地位和相互关系所构成的有机整体。中国法律规定的劳动争议处理方式包括协商、调解、仲裁和诉讼四种，并形成了一个从用人单位内部、工会，到劳动争议仲裁部门直至人民法院，从自力救济到公力救济的多元化劳动争议处理机制。

二、劳动争议调解

劳动争议调解是法定的劳动争议调解组织基于中立第三方角色对争议当事人双方进行疏导、说服，促使双方在互谅互解的基础上达成调解协议的纠纷解决方式。

（一）劳动争议调解组织

中国法定的劳动争议调解组织分为三级，包括企业劳动争议调解委员会，依法设立的基层人民调解组织，在乡镇、街道设立的具有劳动争议调解职能的组织。以上调解组织的建立改变了原来劳动争议调解组织和途径的单一化，为更多的社会调解机构依法参与劳动争议调解工作，充分发挥社会力量在解决劳动争议中的作用提供了途径。

（二）劳动争议调解程序

根据《中华人民共和国劳动争议调解仲裁法》（简称《劳动争议调解仲裁法》）的规定，劳动争议调解的具体程序如下：

1. 调解申请

劳动争议的双方当事人以一定方式向劳动争议调解组织提出调解的请求，申请调解是启动调解程序的必要步骤。

2. 调解受理

劳动争议调解组织在收到劳动争议当事人的申请后，经过审查，决定接受申请，启动调解行为。

3. 进行准备工作

劳动调解组织受理当事人的申请后应进行必要的准备工作，具体包括：一是对申请人进行告知和征询，二是对争议案件情况进行调查分析。

4. 实施调解

实施调解是劳动争议调解的中心环节，直接关系到调解的成效。调解的形式主要有直接调解、间接调解和召开会议调解三种。实施调解的结果有两种，一是调解达成协议，依法制作调解协议书；二是调解不成或未达成协议，要做好记录并制作调解处理意见书。

5. 调解执行

调解协议达成后，争议双方执行调解协议书。

（三）劳动争议调解协议的法律效力

达成调解协议后，一方当事人在协议约定期限内不履行调解协议的，另一方当事人可以依法申请仲裁。对于因支付拖欠工资报酬、工伤医疗费、经济补偿或者赔偿金事项达成的调解协议，如果用人单位不履行劳动者可以依法向人民法院申请支付令。

三、劳动争议仲裁

劳动争议仲裁是法律授权的仲裁机构根据法律的规定和当事人的申请，以第三者的身份，依法对劳动争议进行调解和裁决的法律制度。在中国，劳动仲裁是劳动争议诉讼的必经程序。

（一）劳动仲裁的受理范围

根据《劳动争议调解仲裁法》第二条规定，劳动仲裁委员会应当受理下列发生在用人单位与劳动者之间的劳动争议：

①因确认劳动关系发生的争议；

②因订立、履行、变更、解除和终止劳动合同发生的争议；

③因除名、辞退和辞职、离职发生的争议；

④因工作时间、休息休假、社会保险、福利、培训以及劳动保护发生的争议；

⑤因劳动报酬、工伤医疗费、经济补偿或者赔偿金等发生的争议；

⑥法律、法规规定的其他劳动争议。

此外，根据《最高人民法院关于审理劳动争议案件适用法律问题的解释（一）》第二条要求，立法还特别规定了不属于劳动争议的情形：

①劳动者请求社会保险经办机构发放社会保险金的纠纷；

②劳动者与用人单位因住房制度改革产生的公有住房转让纠纷；

③劳动者对劳动能力鉴定委员会的伤残等级鉴定结论或者对职业病诊断鉴定委员会的职业病诊断鉴定结论的异议纠纷；

④家庭或者个人与家政服务人员之间的纠纷；

⑤个体工匠与帮工、学徒之间的纠纷；

⑥农村承包经营户与受雇人之间的纠纷。

（二）劳动仲裁的程序

劳动争议的程序分为申请、受理、开庭前的准备、开庭和裁决、裁决生效与执行五个主要阶段。

1. 申请

申请劳动仲裁一般应当提交书面的劳动仲裁申请书，如果劳动者确实有困难不能书面申请的，可以口头申请，由劳动仲裁委员会记入笔录并告知对方当事人或用人单位。

2. 受理

劳动仲裁委员会收到仲裁申请之日起5日内，应查明当事人的申请是否符合法定条件，符合受理条件的，应当受理，并通知申请人；认为不符合受理条件的，应当书面通知申请人不予受理，并说明理由。

3. 仲裁准备

根据《劳动争议调解仲裁法》第三十条规定，劳动仲裁委员会受理申请后，应当在5日内将仲裁申请书副本送达被申请人。被申请人收到仲裁申请书副本后，应当在10日内向劳动仲裁委员会提交答辩书。劳动仲裁委员会收到答辩书后，应当在5日内将答辩书副本送达申请人。被申请人未提交答辩书的，不影响仲裁程序的进行。

4. 开庭和裁决

仲裁委员会、仲裁庭在当事人及其他仲裁参与人的参加下，依照法定程序对案件进行实体审理。如果调解不成或者调解书送达前，一方当事人反悔的，仲裁庭应及时作出裁决。

5. 仲裁裁决的生效和执行

对劳动报酬、工作时间等劳动标准的仲裁裁决为终局裁决，裁决书自作出之日起产生法律效力。但以下两种情况除外：（1）劳动者对以上仲裁裁决不服，自收到仲裁裁决书之日起15日内向人民法院提起诉讼的；（2）用人单位依法申请撤销裁决，仲裁裁决被人民法院裁定撤销的。

四、劳动争议诉讼

当事人对劳动仲裁裁决不服的，可以在法定时间内向人民法院提起诉讼。诉讼是保护劳动者合法权益的最后一道屏障,体现了司法最终救济原则。由于中国没有设立专门的劳动法院、劳动法庭,也没有劳动争议诉讼程序法,因而,目前劳动争议诉讼适用《中华人民共和国民事诉讼法》规定的程序,实行两审终审制,并由各级人民法院的民事审判庭受理,程序上包括劳动争议案件的起诉、受理、调查取证、审判和执行等一系列诉讼程序。

(一)劳动争议诉讼的程序

劳动争议诉讼程序包括一审程序、二审程序和审判监督程序。与二审、审判监督等程序相比,一审具有程序完整和适用广泛的特点,在劳动争议诉讼中的地位最为重要。一审程序包括起诉和受理、庭前准备、开庭审理和裁判四个阶段,其中庭审前准备、开庭审理与劳动争议仲裁程序相同,这里不再赘述。

1. 起诉和受理

劳动争议诉讼实行"不告不理"原则,因此,起诉和受理是劳动争议诉讼的启动程序。劳动争议诉讼阶段的立案材料与劳动仲裁阶段提供的材料相似,均需提交书面的起诉状、相关证据材料以及原被告身份信息材料,并将劳动仲裁裁决原件及复印件一并提交。

2. 作出判决

人民法院在对劳动争议案件进行审理后,根据案件的不同情况,作出劳动争议裁定书、劳动争议调解书和劳动争议判决书。其中,劳动争议裁定书是人民法院在审理和执行过程中,就程序问题或部分实体问题所制作的文书。劳动争议调解书是在人民法院的主持下,对争议双方说服教育,当事人双方协商一致达成的协议。该调解书与判决书、裁定书具有同等的效力,经双方当事人签收后便具有法律强制力,一方拒绝履行的,对方当事人可以向人民法院申请强制执行。如果未调解成或者调解书送达前一方当事人反悔的,人民法院应当及时作出判决。

(二)劳动争议诉讼的举证责任

劳动争议诉讼过程中,举证责任的分配基本上参照民事诉讼举证规则,即实行"谁主张,谁举证"原则,但基于劳动争议双方当事人在举证能力上的差异,法律考虑到用人单位在证据的收集和掌握方面具有优势,对举证责任作出了特殊规定,在一定条件下将举证责任转移给用人单位,实行"举证责任倒置"。根据《最高人民法院关于审理劳动争议案件适用法律问题的解释(一)》第四十四条规定,在劳动争议纠纷案件中,因用人单位作出的开除、除名、辞退、解除劳动合同、减少劳动报酬、计算劳动者工作年限等决定而发生的劳动争议,用人单位负举证责任。这就意味着,在这些劳动争议案件中,用人单位应当承担举证责任,如果用人单位提不出足够的证据证明其决定的合法性,则无须劳动者举证证明,用人单位就承担败诉的法律后果。根据《最高人民法院关于审理劳动争议案件适用法律问题的解释（一）》第四十二条规定，需要注意的是，劳动者主张加班费时，应当对加班事实进行举证，但如果劳动者有证据证明这些证据是由用人单位管理掌握的，此时举证责任将发生倒置。

互动交流

1. 我国劳动法的适用范围有哪些？
2. 劳动合同的法定解除情形有哪些？
3. 我国劳动法对限制延长工作时间有哪些主要规定？
4. 论述工资支付保障制度的内容。
5. 论述劳动争议的处理机制和程序。

案例任务

公司的行为是否合法？

2016年9月30日，某公司人力资源部发出通知，要求所有员工"十一"国庆节放假期间照常上班，理由是黄金周产品好销售，节后将给员工进行补休。员工张某提出补休不符合《劳动法》的规定，公司应当支付加班费，但遭到了人力资源部经理王某的拒绝。因此张某在"十一"国庆节期间没有到公司加班。10月8日，公司总经理即宣布解除公司与张某的劳动合同，理由是张某不服从管理，违反公司规章制度。在多次交涉无果的情况下，张某只好到当地劳动仲裁委员会提起仲裁申请。

请分析：
1. "十一"国庆节假期加班，公司只补休不支付加班费的行为是否合法？
2. 劳动者在国庆节七天进行加班，公司应当如何支付加班费？
3. 公司以张某违反规章制度为由解除劳动合同是否合法？

第十讲

劳动关系与未来职业

本讲概要

大学生是未来各行各业的劳动者,需关注经济社会的最新发展,以及新技术、新经济、新业态对未来工作的影响。新技术一方面是劳动力市场中的外生冲击,对经济发展和就业产生影响,另一方面又内生于新经济和新业态中,并伴随其共同发展。本讲在介绍新技术、新经济和新业态等概念的基础上,概述新型劳动与未来工作,介绍新型劳动关系以及新业态企业面临的新型劳动关系协调困境,探讨互联网平台的劳动关系和潜在的劳动权益风险等内容。

学习目标

1. 阐述新技术、新经济与新业态的内涵。
2. 列举新型劳动与未来工作的种类和内容。
3. 分析"三新"对就业和劳动关系的影响。
4. 比较新型劳动关系与传统劳动关系的异同。

内容导图

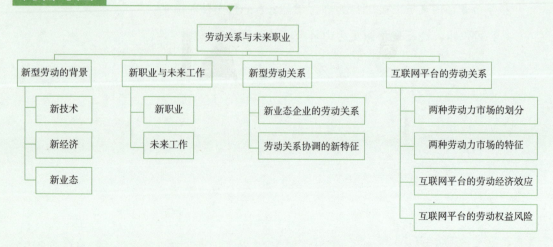

导入案例

网络主播成"网红",要求确认劳动关系

在互联网经济蓬勃发展的背景下,现代社会用工形态出现了新发展。2016年1月,阿娇与上海某网络科技中心签订《主播经纪协议》,由该公司安排其在某网站上的指定直播间主播。协议对阿娇工作内容、双方权利义务、权利归属、合作费用、收益分配、违约责任等进行约定,并约定阿娇从事的主播事业包括参与所有游戏或娱乐的线上、线下直播、录制或表演等一切相关演艺事务,以及涉及其名誉、姓名、肖像、表演、著作权等一切相关演艺活动;约定该公司在全世界范围内担任阿娇独家经纪公司,独家享有其全部主播事业的经纪权;协议期限36个月;公司每月向阿娇支付保底收入5000元。

经过经纪公司的包装、宣传,阿娇在网络上逐渐具有了一定知名度。3个月后,阿娇退出公司在某网站上的指定直播间,并以公司未按规定为其缴纳社会保险费为由向劳动人事争议仲裁委员会申请仲裁,申请要求确认2016年1月1日至3月31日期间与经纪公司存在劳动关系,并要求经纪公司支付解除劳动关系经济补偿金2500元。

仲裁委员会对其请求不予支持。阿娇诉至法院被驳回。阿娇不服判决,向市一中法院提起上诉。

2017年2月7日,上海市第一中级人民法院对这起全市首例网络主播要求确认与经纪公司劳动关系一案二审开庭审理,并当庭宣判,确认双方无劳动关系(图10-1)。

图10-1 劳动关系核心在于劳动者是否受到用人单位管理约束

上海一中法院认为,《主播经纪协议》系双方就开展演艺活动、提供经纪服务等民

事活动的权利义务约定,并非劳动权利义务的约定,不符合劳动关系的特征,故对阿娇要求确认与对方存在劳动关系、对方支付解除劳动关系经济补偿金的诉请不予支持。该案合议庭审判长认为,认定劳动关系核心在于劳动者是否受到用人单位管理约束。

摘编自《解放日报》(2017 年 2 月 14 日)

请思考:
1. 网络主播的工作内容通常有哪些?
2. 网络主播与经纪公司的劳动关系与传统行业有何不同?

模块一 新型劳动的背景

一、新技术

(一)技术进步带动产业发展

从第一次工业革命中蒸汽机的使用,到第二次工业革命中电力促进规模化生产,到第三次工业革命中半导体、计算机和互联网催生计算机革命,生产的自动化一直是经济增长的趋势之一。2013 年德国汉诺威工业博览会提出工业 4.0 后,以物联网、大数据、机器人及人工智能等技术为驱动力的第四次工业革命正以前所未有的态势席卷全球。

人工智能(Artificial Intelligence,简称 AI)将使生产自动化进入新的发展阶段,人工智能将使自动巡航、计算机自动控制汽车发动机、核磁共振机器和 AI 放射成为可能。新技术的拓展和广泛应用已经成为不可阻挡的新趋势。

(二)新技术催生新经济

本讲所用的新技术概念,主要是指在 21 世纪以后发展起来的,以物联网、大数据、机器人及人工智能为代表的数字技术所驱动的社会生产方式,或者称为第四次工业革命。它推动工厂之间、工厂与消费者之间的"智能连接",使生产方式从大规模制造转向大规模定制,其核心是网络化、信息化与智能化的深度融合。新技术催生了新经济,主要呈现以下四类特征:

1. 深度信息化

第四次工业革命是一次重大的信息处理技术革命,信息处理技术将进入移动互联时代,物联网得到全面发展。移动信息技术带来空间和时间的灵活性,将改变商业运作模式,促进整个工业及经济更加系统化。市场对信息化的需求日渐扩大,世界信息与通信技术革命进入了协同融合创新时代。

2. 高度智能化

第四次工业革命将使劳动者和劳动工具、劳动对象的关系发生重大变化。人工智能正渗透到人类生活的各个方面，智能机器人不仅可以替代人的肢体能力，更有可能超越人类智力，如2017年5月，人工智能围棋程序"阿尔法狗"与世界排名第一的中国围棋选手柯洁进行了三场比赛并全部获胜，这说明人工智能在某些分析博弈领域已经超越了人类。新技术每渗透一个领域或部门，均带来新的秩序和结构变迁，比如数字经济、大数据经济、共享经济、智能经济、物联网经济、计算经济等是新的经济结构的表现形式，智慧城市、智能社会等是社会的新结构形式，电商、网联汽车、产业互联网等是产业的新结构形式，网络化、虚拟化、平台化是商业的新组织结构形式。

3. 供给绿色化

前三次工业革命在推进人类发展繁荣的同时，也造成巨大的能源和资源消耗及环境生态破坏，加剧了人与自然之间的矛盾。尤其是进入21世纪以来，全球能源与资源危机、全球生态与环境危机、全球气候变化危机与全球经济危机交互影响，迫使世界主要国家开始寻找新的产业发展路径，产业结构加速变革，一系列生产要素从以自然要素投入为特征，开始转向以绿色要素投入为特征，人类利用资源的方式从消耗化石能源为主转向消耗可再生能源为主。这场绿色工业革命是第四次工业革命区别于前三次工业革命的根本特征。

4. 需求定制化

第三次工业革命实现了大批量定制，第四次工业革命将实现前者不可能做到的低成本个性化定制，如双星建立了全球轮胎行业第一个全流程"工业4.0"智能化工厂，通过互联网，消费者可以根据自己的需求及偏好个性化定制轮胎，如轮胎的尺寸、花纹、颜色等。

二、新经济

（一）新经济的概念

纵观历史，人类每个时代都有属于自己时代的新经济。它们有些开拓了新的经济领域，如葡萄牙和西班牙开辟的大航海时代和荷兰主导下的全球贸易；有些则是对传统产业的深度升级，如以机械化为特征的第一次工业革命。但以"新经济"这一名词指代经济发展，最早是被用来概括美国在20世纪90年代的经济繁荣。当时，《商业周刊》杂志主编和美国经济分析局局长分别撰文，认为全球化和信息技术是新经济不可或缺的内容。过去几十年世界经济格局发生了一系列重要变化，其中全球化的推进和信息技术的普及是最为耀眼的两个方面，同时也是科技成果能够转化为商业活动的重要条件。全球化的推进和信息技术的普及为新技术、新业态和新商业模式的扩散提供了前所未有的力量。

"新经济"这个词本身并不新，在20世纪90年代末至21世纪初美国一直在提"新经济"。现在"新经济"已不再特指美国的经济现象，而是指世界范围新一轮科技和产业革命所驱动的经济活动和经济形态，其技术革命基础虽然以互联网、物联网、云计算、大数据、新一代通信等信息技术为主，但还包括智能机器人、增材制造（3D打印）、无人驾驶汽车等智能制造技术，以及以纳米、石墨烯等新材料技术，氢能、燃料电池等清洁能源技术，基因组、干细胞、合成生物等生物技术。"新经济"既表现为基于这些新技术产生的各类新产业、新业态和新模式，还表现为传统产业与新技术融合发展。

（二）新经济对工作的影响

以大数据、云计算、人工智能等数字技术为代表的第四次工业革命快速发展，新技术在提高劳动生产率、变革生产关系的同时，也影响着就业数量、结构和质量等。新经济既表现为数字化知识和信息等新生产要素，又表现为互联网技术进步。

新经济对工作的影响分为直接路径和间接路径。如图10-2所示，直接路径表现为技术进步通过更加灵活的雇用模式改变了工作方式，通过数字化和人工智能等技术替代人工劳动，或与人工劳动互补，改变了工作岗位的数量。间接路径表现为信息要素参与到生产过程中，通过经济规模的动态变化，对劳动力产生派生需求。

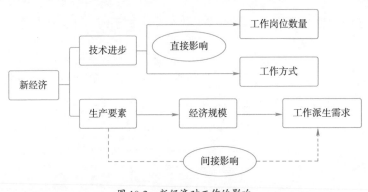

图10-2 新经济对工作的影响

新经济通过三种机制影响未来的工作：

1. 互补效应或替代效应

人工智能带来的技术进步有两种趋势，一种是沿着以往的技术进步路线，对低技能劳动、重复性劳动进行替代。另一种是为了安全、高效的工作而对已有工作进行整合和协同，比如协作机器人，不是替代人类工作，而是提高人类工作的生产力，同时降低工作场所伤害的风险。

2. 规模效应

信息作为一种新的虚拟生产要素，以更低的成本促使新企业涌现，开辟崭新的经济增长空间。一是经济规模扩大引起新的岗位需求,二是数字信息类创业企业创造了新工作岗位。

3. 匹配效应

互联网是一个信息平台,有利于避免传统劳动力市场中供求信息不匹配。新经济将借助大数据信息和互联网平台,时时共享信息,动态匹配供求信息,以更灵活的用工方式创造各种形态的工作机会。

(三)中国的"新经济"

在中国,新经济最初是以信息技术为载体进入经济社会生活的。早在1998年,中国就在邮电部和电子工业部的基础上组建了信息产业部,其主要职能是研究拟订国家信息产业发展战略、方针政策和总体规划,振兴电子信息产品制造业、通信业和软件业,推进国民经济与社会服务信息化。到2008年,中国成立了工业和信息化部,在信息化方面的主要职责是管理通信业,指导推进信息化建设。2015年,工信部的职责有所调整,更加突出了推进"信息化和工业化融合发展"的相关职责。

中国"新经济"的提法最早出自2014年10月出台的《国务院关于加快科技服务业发展的若干意见》(国发〔2014〕49号),该文件提出"加快科技服务业发展……是调整优化产业结构、培育新经济增长点的重要举措……"。在《国务院办公厅关于对全国第二次大督查发现的典型经验做法给予表扬的通报》中,新经济被具体地表述为"新技术、新产业、新模式、新业态"。

"新经济"的发展很大程度上影响了过去近20年中国经济的发展。图10-3显示了"新经济"代表企业的发展和中国经济增长的关系。图中横轴是年份,纵轴是中国GDP增长率(单位为%),如图所示,每当"新经济"企业有长足进步时,中国的经济表现基本都是向上的。虽然它们之间并没有必然的因果关系,但可以看出"新经济"发展和整体经济的发展几乎同步。

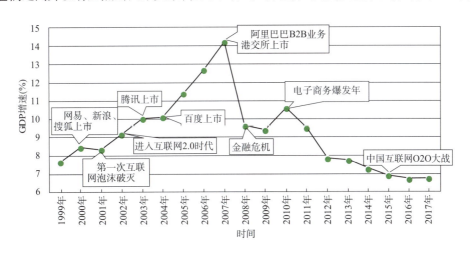

图10-3 中国GDP增速与"新经济"企业发展的关系

三、新业态

（一）新业态百花齐放

每一次新经济的发展，都会带来新的经济业态。互联网、大数据、人工智能和物联网等信息技术快速发展，与第一、二、三产业逐渐融合，创造出智慧城市、智慧交通、智慧旅游、智慧农业、生物农业、观光农业、远程授课、移动办公、跨境电子商务等新业态。

新业态大多数是将现代元素融入传统行业，通过技术创新、技术改造、不同产业融合等方式升级旧业态。新业态分为以下三种：一是以农业为主的新业态，比如旅游农业、创意农业等。二是以工业为主的新业态，比如工业设计服务，个性化定制服务等。三是以服务业为主的新业态。比如，技术创新所推动的移动互联网、大数据等新业态，"互联网+教育""互联网+物流"，还有共享经济、创客空间等具有现代服务业特征的新业态。

（二）新业态典型：互联网平台行业

1. 概念及内涵

在新一代信息技术的驱动下，各类新业务新应用蓬勃发展，并采用互联网平台的组织模式，吸引不同用户群体入驻平台，通过提供信息服务，促成各类用户之间互动或交易。互联网平台是在线市场交易的组织者和重要载体。

世界范围内，很多领域已经出现了各类"明星级"的互联网平台型企业，尤其是在交通出行和住宿两个领域，分别出现了优步（Uber）和爱彼迎（Airbnb）两个百亿美元级别的全球性企业。优步创建于2009年，运营范围已经从最初的美国旧金山发展到了70多个国家。爱彼迎创建于2007年底，2017年已经发展到全球191个国家6万多个城市，房间数量超过300万间。在其他领域，Handy、58同城提供清洁工服务平台，SpoonRocket、美团、饿了么将餐厅美食送到家，Instacart、盒马鲜生能让消费者的冰箱保持满载，越来越多的劳动者开始依托这些平台就业。

2. 互联网平台提供工作机会

互联网平台提供的工作通常可以灵活地进行，这为那些本来不工作或希望选择工作时间和地点的人创造了机会。较小的公司往往缺乏长期和全职雇用的能力，在线数字服务可以作为小型单位的灵活投入，在线平台可提供比本地市场更多样化、成本更低的投入。

互联网平台服务或为资本密集型的，或为劳动密集型的，或为认知技能型的。一项服务劳动密集度越高，提供这项服务所需的时间就越多，例如清洁或看狗；而提供信贷或住宿等资本密集型服务所需的时间就越少。认知技能型服务比主要由人工提供的服务费用高。

> **案例 10-1**

数字经济大巡游——华为中国生态之行 2020

近年来,各行各业的"数字化先行者"已经从数字化转型中收获新的价值:对政府而言是"善政、兴业、惠民",对企业而言是技术创新、管理创新和商业模式创新,这在"华为中国生态之行 2020"中体现得尤为突出。

华为积极响应湖北需求,基于 5G、云计算、大数据等新一代技术的应用,为应急通信、智慧医疗、政府指挥、在线教育等系列工作提供保障,也在复工复产中为企业提供数字化支撑。

北京市通过与华为合作构建起服务型数字政府,不仅实现"一窗通办",让政务服务更便捷,还从原来的"最多跑一次"升级到"秒报秒批",真正让线上办理零延时(图10-4)。

图 10-4 服务型数字政府让公共服务更有温度

在东莞,华为助力东莞市建设"云数网"于一体的数字底座,打造全市一体化一盘棋数字政府建设体系,推动在营商环境、生态文明、城市运营、民生保障、行政效能等领域创新应用。

随着数字化应用深入到越来越多行业的核心场景中,"懂行业"的华为在其中扮演的角色,从前是单纯的产品技术提供商,现在开始成为行业转型升级、创新发展的"同路人"。

摘编自新华财经网(2020年10月30日)

模块二　新职业与未来工作

新技术和新经济催生新业态，新业态催生新职业。随着技术和经济的发展，各类业态百花齐放，新职业也层出不穷。未来工作会有更多的类型，大学生也有更多的择业空间。认识新的职业和工作类型，可能开启不一样的职业发展历程。

一、新职业

为反映职业发展变化，适应经济社会发展需要，我国建立了新职业发布制度。新职业的发布，对于引领产业发展、促进就业创业、加强职业教育培训、增强对新职业从业人员的社会认同度等具有重要意义。

2019年4月，人力资源和社会保障部办公厅、国家市场监管总局办公厅、国家统计局办公室联合发布《关于发布人工智能工程技术人员等职业信息的通知》，确定了13个新型职业信息，其中人工智能工程技术人员、物联网工程技术人员、大数据工程技术人员、数字化管理师等均与数字经济紧密相关。

2020年2月25日，人力资源和社会保障部与国家市场监管总局、国家统计局联合向社会发布了16个新职业（表10-1），这是自2015年版《中华人民共和国职业分类大典》颁布以来发布的第二批新职业。

2020年新增新职业名称及其定义　　　　表10-1

序号	职业名称	定　义
1	智能制造工程技术人员	从事智能制造相关技术的研究、研发，对智能制造装备、生产线进行设计、安装、调试、管控和应用的工程技术人员
2	工业互联网工程技术人员	围绕工业互联网网络、平台、安全三大体系，在网络互联、标识解析、平台建设、数据服务、应用开发、安全防护等领域，从事规划设计、技术研发、测试验证、工程实施、运营管理和运维服务等工作的工程技术人员
3	虚拟现实工程技术人员	使用虚拟现实引擎及相关工具，进行虚拟现实产品的策划、设计、编码、测试、维护和服务的工程技术人员
4	连锁运营管理师	运用连锁经营管理工具及相关技术，进行业态定位、品类管理、营销企划、顾客服务、视觉营销等工作，负责门店业务管理的人员
5	供应链管理师	运用供应链管理的方法、工具和技术，从事产品设计、采购、生产、销售、服务等全程的协同，以控制整个供应链系统的成本并提高准确性、安全性和客户服务水平的人员
6	网约配送员	通过移动互联网平台等，从事接受、验视客户订单，根据订单需求，按照平台智能规划路线，在一定时间内将订单物品递送至指定地点的服务人员
7	人工智能训练师	使用智能训练软件，在人工智能产品实际使用过程中进行数据库管理、算法参数设置、人机交互设计、性能测试跟踪及其他辅助作业的人员

续上表

序号	职业名称	定义
8	电气电子产品环保检查员	从事电气电子产品的整机、元器件、材料等环保检验、检测、监测、分析及数据处理,并利用检测结果改进产品环保设计、生产工艺、供应链环保溯源管理,以及环保检测新方法开发的技术及管理服务人员
9	全媒体运营师	综合利用各种媒介技术和渠道,采用数据分析、创意策划等方式,从事对信息进行加工、匹配、分发、传播、反馈等工作的人员
10	健康照护师	运用基本医学护理知识与技能,在家庭、医院、社区等场所,为照护对象提供健康照护及生活照料的人员
11	呼吸医疗师	使用呼吸机、肺功能仪、多导睡眠图仪、雾化装置等呼吸治疗设备,从事心肺和相关脏器功能的评估、诊治与康复,以及健康教育、咨询指导等工作的人员
12	出生缺陷防控咨询师	从事出生缺陷防控宣传、教育、咨询、指导以及提供出生缺陷发生风险的询证信息、遗传咨询、解决方案建议、防控管理服务及康复咨询的人员
13	康复辅助技术咨询师	根据功能障碍者的身体功能与结构、活动参与能力及使用环境等因素,综合运用康复辅助技术产品,为功能障碍者提供辅助技术咨询、转介、评估、方案设计、应用指导等服务的人员
14	无人机装调检修工	使用设备、工装、工具和调试软件,对无人机进行配件选型、装配、调试、检修与维护的人员
15	铁路综合维修工	对铁路线路、路基、桥涵、隧道、信号、牵引供电接触网及附属设备进行检测、施工、养护、维修的人员
16	装配式建筑施工员	在装配式建筑施工过程中从事构件安装、进度控制和项目现场协调的人员

2020年公布的新职业主要集中在新兴产业和现代服务业两个领域,具有以下三个特点:

一是生产制造和建筑领域的技术革新催生出新职业。在制造业领域,由于技术革新,智能制造和工业互联网取得了长足发展,智能制造工程技术人员、工业互联网工程技术人员等新职业随之出现,相关从业人员快速增长。伴随高铁、无人机行业的快速发展和人们环保意识的增强,铁路综合维修工、无人机装调检修工和电气电子产品环保检测员等新职业应运而生。

二是现代服务业的快速发展孕育出新职业。近年各类电商迅猛发展,快餐、生鲜、药品等领域的网约配送员大量涌现。伴随着人工智能和信息技术的发展,人工智能训练师、虚拟现实工程技术人员和全媒体运营师等新兴职业也受人追捧。

三是健康照护服务的大量需求孕育出新职业。随着居民收入水平提高、人口老龄化进程加快,健康检测、康复照护等需求不断增加,并要求更加专业化、精细化。健康照护师将为众多消费群体提供更加优质的服务。随着我国生育政策的逐步放开,民众对新生儿的健康问题越来越重视,出生缺陷防控咨询师将对优生优育发挥积极作用。

二、未来工作

未来的工作有三种可能：一是在技术进步动态变化中，某些工作岗位将会消失；二是在数字信息要素使用中，新的创业带动新的就业；三是在互联网平台，新就业形态不断涌现。

（一）一些工作岗位有可能被替代

新经济以人工智能和数字化技术为核心。人工智能虽然可以胜任一些复杂工作，但是人工智能无法模仿和替代人的情感意识和感知能力，因此，工作内容具有创造性的岗位不易被人工智能替代，工作内容具有重复性或常规性的岗位容易被人工智能替代。

按照技术对工作岗位的替代程度和工作内容的常规性程度，可以将工作分为四种类型，如图 10-5 所示。第一象限内的工作岗位，其工作内容虽然具有一定技术门槛，但具体操作过程较为标准化，更多依赖劳动者的认知能力，而非人际交往能力，一旦人工智能技术达到技术要求的阈值，这类工作岗位被技术替代的可能性较大，代表性工作岗位有会计、翻译校对和办事员等。第二象限内的工作岗位，其工作内容以程序化和规范化操作为主，技术替代性较强，代表性工作为机器操作员、出纳员和打字员等。第三象限内的工作岗位，其工作内容虽然不具有规范性，但是较容易被技术所替代，代表性工作为清洁工、理发师、小商贩等。第四象限内的工作岗位，其工作内容集中在认知能力和人际情感交流技能方面，与此同时，这类工作岗位不仅对技能要求较高，而且与技术进步具有相互增强性，代表性工作为研究员、教授/教师、管理人员等。

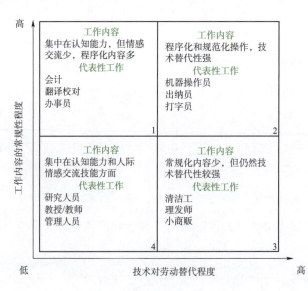

图 10-5　四种工作类型及其可替代性

金融数据服务商肯硕（Kensho）的创始人预计，未来金融行业 33%~50% 的工作岗位将被电脑替代。以数据信息工作为例，电脑程序完成时间仅需 1 分钟，而人工完成需要

40个小时,后者每年还会产生 35 万美元的薪资成本。以银行信贷业务信审员为例,以前人工审一天不过 50 单,如今风险控制进入"数据驱动"时代,机器每天审核量超过一万单,避免了人工审批主观性、效率低等弊端,保证了银行信贷业务规模。

(二)创业带动新工作岗位

以数字化信息技术为生产要素的创业公司往往处于新经济领域,有效提升全社会平均生产效率,成为经济增长新动能。经验表明,创新和创业较强的国家,宏观经济增长较快或衰退较慢。如图 10-6 所示,创业指数越高的国家,人均 GDP 增长较快或衰退较慢,说明新创企业对经济增长具有促进作用。

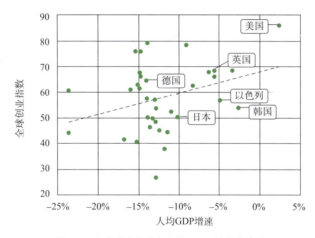

图 10-6 全球创业指数与人均 GDP 增速的关系

(资料来源:腾讯研究院,2016 互联网创新创业白皮书)

创业不仅促进经济发展,还创造了新的工作岗位。2015 年中国提出"大众创业,万众创新",创业带动就业成效显著。据腾讯发布的《2016 互联网创新创业白皮书》统计,截至 2016 年第二季度,腾讯开放平台上注册者数量达到 600 万人,在两年内共增加了 150 万名开发者,其中个人与公司的比例为 7∶3,直接带动个人就业和自雇就业 105 万人次。在美国,独角兽企业[①]为美国社会带来大量的工作岗位,如表 10-2 所示,美国太空探索技术公司(SpaceX)直接带动就业数量为 4000 人,数据分析公司(Mu Sigma)直接带动就业数量为 3500 人,美国帕兰提尔数据分析和安全公司(Palantir Technologies)直接带动就业数量为 2000 人,表中 11 家独角兽企业直接创造的就业岗位累计数量达到 18365 人。截至 2014 年 12 月的数据显示,优步除至少 900 余名直属员工外,在美国还拥有 162037 名完成至少 4 趟出行的"活跃司机"。

---

① 独角兽企业是投资界对于 10 亿美元以上估值、创办时间相对较短(一般为 10 年内)、还未上市的公司的称谓。

独角兽企业所创造的就业岗位数量（单位：人）　　　　表 10-2

序号	创业公司	公司主要业务	带动就业
1	Space X	美国太空探索技术	4000
2	Mu Sigma	数据分析	3500
3	Palantir Technologies	金融大数据分析平台	2000
4	Zenefits	一站式云人力资源管理	1465
5	Bloom Energy	美国清洁能源	1200
6	Wework	众创空间，共享办公场所	1200
7	Apttus	人机对话交互的智能代理程序开发	1100
8	Clodera	Hadoop 数据管理软件与服务提供	1100
9	AppNexus	广告科技	1000
10	AppDynamics	应用性能管理	900
11	Uber	全球即时用车软件	900

（数据来源：美国政策国家基金会。）

（三）新就业形态

根据国际咨询公司测算与预计，2015 年中国数字经济规模接近 1.4 万亿美元，总就业容量达 1.13 亿人，预计到 2035 年中国整体数字经济规模接近 16 万亿美元，总就业容量达 4.15 亿人（图 10-7）。借助数字技术的广覆盖，无论是身处偏远山区的个人还是小微企业组织，均将无差别地被纳入全球性就业链条中。

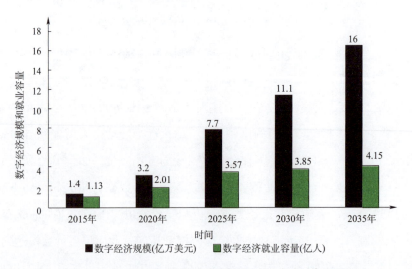

图 10-7　2015—2035 年中国数字经济规模和就业容量测算与预计

资料来源：波士顿咨询公司（BCG）。

以互联网平台为依托，劳动力市场新就业形态不断涌现，新就业形态主要表现为就业领域新、匹配方式新、就业方式新、就业观念新（表 10-3）。

新就业形态及其表现　　　　　　　　　　　　　　　　　　　表 10-3

四新	界定	具体表现
就业领域新	就业形态大量出现在互联网和数字技术渗透的创新企业和新创行业	新零售领域的"淘女郎"、体验师；泛娱乐领域的网络文学作家、网络视频主播，新金融领域的互联网金融岗位，新制造领域中数字工厂内的机器人操作员，等等
匹配方式新	新就业形态依托技术进步和数据共享，提高劳动力市场匹配效率，实现劳动供需快速对接，为企业提供了质优价廉的劳动力	美国人口中1%的为印度裔，美国的信息、通信和技术行业的劳动者有4%来自印度，而在美国亚马逊的众包平台（Mechanical Turk）上，完成工作任务的工作者22%来自印度
就业方式新	新就业形态的就业方式更灵活、多元，许多劳动者通过信息技术直接与一个或若干个工作任务对接	许多个体在外部第三方共享平台上寻求多元化"零工"的"斜杠青年"和自主创业者，同时，传统组织也会内生出类似外部平台的灵活就业市场，借助任务平台外包、外部专家库、竞赛等方式匹配，产生合同工、兼职、外部专家等
就业观念新	传统观念上劳动者追求的稳定的工作，就业诉求的核心是更高的薪资报酬，标准化的工作时间，全面的福利保障和路径清晰的职业上升空间	新的就业观念逐渐转向更高质量的就业、更匹配的专业技能体现，平衡工作和生活的追求。在新的就业观念影响下，劳动者更愿意从事灵活性与自主程度更高的工作

平台经济、共享经济、"众包""众创"等新经济、新模式、新业态的快速发展，除了产生传统的雇用型就业外，还催生了自主创业、自由职业、兼职就业等灵活就业新模式。如图 10-8 所示，按照是否为固定工作场所，新就业平台分为众包和零工两大类。根据工作任务指向性，众包均分为指向特定个人的自由职业群体和指向人群的微任务处理平台；零工分为指向特定个人的零工和指向人群的微任务处理平台。

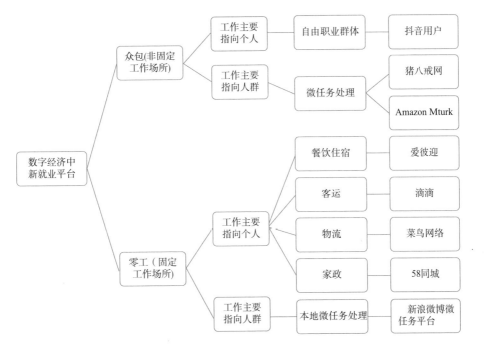

图 10-8　数字经济中新就业形态

案例 10-2

"外卖小哥"和网约车司机收入可观

2020年3月开始,小卖部老板李某在某平台上注册成了一名"外卖小哥"。"小卖部属于那种撑不死饿不着的,每个月收入很有限。今年买了套房子,月供要4000多元,压力太大。"李某告诉记者,疫情期间小卖部完全没了生意,而那些外卖则生意好得不行,"所以将小店交给老婆打理,我来专职送外卖。"

李某介绍,成为专职"外卖小哥"后,自己平均一个月的收入在6000~7000元(图10-9),"很多时候是要靠抢单的。如果抢单多,没差评,月入过万也是有过的。"

图10-9 "外卖小哥"生意忙

门槛低、时间自由又能增加收入是他们选择"网约配送员"的主要原因。也正因为这些因素,"网约配送员"成为越来越多人职业兜底的选择。据公开数据显示,疫情期间,美团外卖新增了69万名骑手,其中不乏创业者和白领。根据饿了么的数据显示,56%的骑手都有第二职业。

在江北某企业上班的陈某,两年前就成了某平台的网约车司机。"我一般就上下班的时候顺路接一下顺风车的单子。周末没事的时候,会接一接单。"陈某说,年轻人闲着没事,平时就喜欢开车转着玩,成了网约车司机,正好一举两得。

"比如像我,想接单了就打开平台系统,不想接单了就关闭系统,时间完全由自己掌控,不会影响到本职工作。"陈某告诉记者,不过由于不是做专职网约车司机,每个月增加的收入有限,"一般来说一个月能赚2000多元的收入。"

摘编自《东江时报》(2020年10月22日)

模块三　新型劳动关系

新业态企业与传统企业的管理方式不一样，工作中遇到一些问题时，协调和解决的方式也不尽相同。认识新业态企业劳动关系，熟悉其劳动关系协调的新特征，可以更深入地理解相关行业的发展逻辑，在适当时候以适当方式推动相关行业的发展。

一、新业态企业的劳动关系

劳动关系是劳动者与用人单位以及相关社会组织在劳动过程中形成的社会经济关系。标准劳动关系以用人单位与劳动者之间的一重劳动关系、8小时全日制劳动、遵守一个雇主的指挥等为特征。在传统的劳动关系当中，劳动者直接受雇于雇主，在雇主的直接指挥、监督下从事职业劳动。非标准劳动关系是在灵活就业中产生的一种特殊的劳动关系。日常生活中所说的灵活用工和灵活就业是非标准劳动关系的表现形式[①]。

与工业时代相比，新时期劳动关系出现新变化，主要表现为劳动者与企业共同进行各类创新，企业与劳动者建立合作共赢的新型关系。一方面，受教育水平的提高使得劳动者本身就成为一种"资本"，另一方面，创业企业创造出"众创、众包、众扶、众筹"等新模式、新业态，带来多样的就业岗位和灵活的劳动契约。创业带动就业，就业形式灵活化、就业时间弹性化、雇用关系多样化对传统劳动关系协调机制形成挑战。针对挑战，可通过"联盟"策略重建企业与员工之间的信任，在鼓励创新过程中，维护劳资合作共赢，寻求自由与公共利益之间的平衡。

现阶段，在法治化体系和经济干预的框架下，中国劳动关系协调机制从国家治理、企业管理和个体劳动合同三个层面同步进行：

在国家治理层面，从个别劳动关系调整向集体劳动关系调整转型。《劳动合同法》的颁布、实施以及修订标志着劳动关系的个别调整在法律建构上已经初步完成，同时也开启了劳动关系集体调整的新起点。工会以第三方立场就劳动者需求与企业进行协商。人力资源和社会保障部通过界定社保缴费最低标准，向企业和劳动者共同筹资，建立专项基金，以保证在劳动者失去劳动收入后获得一定的收入补偿。

在企业管理层面，人力资源管理对内主要优化管理实践，提升工作绩效，比如弹性工作安排，对外主要是解决就业、响应劳工标准、承担企业社会责任等。

在个体劳动合同层面，随着"互联网+"技术蓬勃发展，网络平台劳动力市场呈现出

---

① 董保华. 论非标准劳动关系[J]. 学术研究，2008，（7）：50-57.

劳资融合化、契约虚拟化、时间灵活化、雇用关系多重化、职业生涯碎片化等特征。

二、劳动关系协调的新特征

（一）在劳资力量方面，双方高度融合

国家劳动关系协调重点关注劳资双方和利益相关方的利益诉求，平衡各个主体之间的力量，通过谈判确定契约条款，突破"工资侵蚀利润"或"强资弱劳"的困境。企业人力资源管理重点关注企业内部劳资双方利益的一致性，通过确立各方面的条款和条件后，签订合作契约。随着人力资本价值的提高，员工对创业企业同样重要，劳资双方高度融合。在创业企业中，创业者常常具有企业和劳动者的双重身份，一些员工以人力资本、知识技能入股企业，并获得股东身份。劳动者双重身份超越了我国现行《关于确立劳动关系有关事项的通知》（劳社部发〔2005〕12号）中劳资双方需具有从属关系的认定。

（二）在契约特征方面，存在用工风险

现行法律规范下，创业企业的用工风险主要有三类：第一类是企业初创孵化期的用工风险。创业企业在工商注册登记前，尚不具备法人主体资格，不是合法的用人单位，但在筹建过程中与劳动者之间，尤其是众创合作伙伴之间存在事实劳动的关系，如果企业创业失败，无法支付劳动报酬，创业企业就存在被起诉的风险。第二类是创业企业忽略签订劳动合同的用工风险。创业企业，尤其是微创企业由于企业内部人员较少、组织关系较为紧密，容易忽略劳动合同的签订，一旦劳资双方相互协商的认识不一致或有认识误区，就会产生用工风险。第三类是创业企业灵活用工风险。新业态创业企业利用网络平台实现了更多灵活的就业模式，对人才"不求所有、但求所用"，将过去内部一体化的人力资源实践拓展为开放参与的模式，将过去追求多方社会利益平衡的劳动关系协调为参与共享的模式。这类灵活契约达成了企业降低成本和劳动者提高收入的共识，但缺乏稳定性保障，形成用工风险。

（三）在协调层面上，双方共求发展

在我国现行的劳动关系协调机制中，国家层面协调是既要寻求不同利益主体之间的平衡，又要保护劳动者权益，以构建和谐劳动关系。企业层面协调在于寻求内部劳资共同目标，通过人力资源管理同时实现企业所追求的利润、组织绩效与劳动者追求的工作、待遇以及晋升。在此基础上，创业企业劳动关系协调的困难在于平衡创业企业生存、发展与承担的社会责任之间的矛盾。主要体现在两个方面：一是创业企业难以满足劳动者正规就业的诉求和劳动关系政策稳定性的要求。二是创业企业难以承担较高的社会保险缴费比例。与发达国家相比，中国社会保障支出中企业社保负担过重，造成了职工收入不高但企业实

际用工成本不低的矛盾。劳动关系协调模式及创业企业协调困境如表 10-4 所示。

劳动关系协调模式及创业企业协调困境　　　　表 10-4

类别	国家劳动关系协调	企业人力资源管理	创业企业的协调困境
利益需求	劳资双方利益不一致,力量不均等,需通过谈判来确定契约条款	劳资双方利益一致,确立各方面的条款和条件后,签订契约	劳资双方利益高度融合,个人可同时具有劳资双重身份
契约特征	劳动关系是多方利益协调后达成的和谐稳定的社会关系	劳动关系是存在共同利益的长期契约关系	劳动关系灵活且具有风险性,合作契约需要兼顾灵活和稳定
劳资协调	劳资利益虽有冲突,但是可以平衡和协调	劳资目标一致,企业追求利润、组织绩效,劳动者追求工作、待遇和晋升	创业企业的脆弱性使得企业难以承担过多的社会责任

模块四　互联网平台的劳动关系

互联网平台可以进行生产要素的重新组合,打破以往劳资双方需要建立固定劳动关系,签订劳动合同,履行社会保障合约的用工方式。依托知识和技术,劳资双方的角色交互转换,互相融合。

一、两种劳动力市场的划分

引致劳动关系变化的力量主要包括:劳动力市场、劳工队伍的特征和价值观、产品市场、技术以及公共政策。而在引致力量集中,劳动力市场的变化又是由其他因素所推动的。工作场所分割理论形成框架如图 10-10 所示,当代劳工队伍的特征表现为劳动力整体老龄化,新生群体教育水平较高,女性参与劳动的诉求上升,价值诉求从单一的收入需求转向"平衡家庭与生活"。产品市场中,"互联网+"对传统产业的渗透,带来了新的产品和服务,加速了产业结构升级。技术变革中,普通大众可以更深入地加入创新创业潮流。在宏观经济增速放缓和财政预算约束的背景下,传统产业工作岗位相应减少。

图 10-10　工作场所分割理论的框架

在新经济的冲击下,产业结构会发生变化,劳动力结构和价值观也会发生变化,宏观经济政策将作出相应调整，这些将产生新业态。在企业层面，工作方式和雇用模式均将产生变化。在反复探索中，逐步出现新的劳动力市场，即网络平台劳动力市场，这有别于传统的工作场所劳动力市场。在新出现的劳动力市场中，劳动关系具有灵活性。在传统的劳动力市场中，劳动关系具有稳定性。当新型的分割由互联网技术带来时，线上、线下两个劳动力市场具有非常明显的互补性。工作场所分割理论正是建立在互联网技术上，将劳动力市场分为线下工作场所劳动力市场和线上网络平台劳动力市场。网络平台劳动力市场也被称为互联网平台劳动力市场。

二、两种劳动力市场的特征

工作场所劳动力市场是在工业化时代背景下产生的，兴起于20世纪50年代的美国制造行业，岗位创造依赖于产业资本化、场所隔离化，以及工作规则机械化；网络平台劳动力市场产生于互联网时代，兴起于分享经济的理念，新岗位依赖于产业信息化、资源共享化，以及工作规则灵活化。不同时代背景下，劳动力市场特征也不同，具体表现为六个方面。

（一）岗位创造方面

工作场所劳动力市场供求信息不充分，结构性失衡和摩擦性限制了正规就业的数量；而网络平台劳动力市场信息是充分的，供求及时对接、有效配置，大大降低了搜寻成本、联系成本和签约成本等，创造了大量的灵活就业岗位。

（二）契约方面

工作场所劳动力市场的劳资双方在法律规则下单一对应，通过合同管理的方式维系了长期、稳定的权属关系；网络平台劳动力市场的劳资双方以分享的理念同时参与到多重、灵活的契约关系中。

（三）企业业态方面

工作场所劳动力市场的企业强调对劳动力的拥有及控制，借助科学管理手段管理劳动者，重视工作流程的完成；网络平台劳动力市场的企业对劳动力"不求所有，但求所用"，重视劳动者的专业性在任务中的作用。

（四）劳动者方面

工作场所劳动力市场中的劳动者被企业雇用，按照标准化工作流程完成企业指派的任务；网络平台劳动力市场中的劳动者以自主方式参与到企业产品与服务的设计、生产和销售的流程中。

（五）政府治理方面

工作场所劳动力市场在较为成熟的法律体系下，政府建立三方协商、集体谈判等协调机制进行治理；而对于网络平台劳动力市场，法律体系尚未建立，尚存在一些争论，有待探索解决。

（六）劳动关系方面

在工作场所劳动力市场中，劳资双方利益需要分割，强调契约关系的一致性，薪酬、工时和福利方面相对规范，劳动者普遍追求专业上升空间。在网络平台劳动力市场中，劳资共赢共享利润，强调参与主体的灵活性和分享性，劳动者的收入和时间方面灵活自由，劳动者更希望平衡工作与生活。两种劳动力市场特征对比如表 10-5 所示。

两种劳动力市场特征对比　　　　表 10-5

类别	工作场所劳动力市场	网络平台劳动力市场
时代背景	工业化时代，资本化、隔离化、机械化	互联网时代，信息化、分享化、灵活化
岗位	信息不充分； 有限的正规、固定的就业岗位	信息是充分的； 无限的非正规、灵活就业岗位
契约	一一对应的劳动关系；合同管理方式； 长期稳定的权属关系	多重劳动关系；分享参与型； 短期灵活的权属关系
企业	强调对劳动力的拥有及控制； 科学管理和标准化工作流程	"不求所有，但求所用""轻雇用"； 强调利用参与者的专业性
劳动者	被雇用去完成企业指派的任务	参与企业产品与服务的设计、生产和销售
政府	已有较为成熟的法律框架及协调机制	存在争议，有待解决
劳动关系	劳资合作分利 强调契约性规则和一致性 薪酬、工时、福利方面的规范 劳动者普遍追求职业上升空间	劳资共赢共享利润 强调参与主体的灵活性和分享性 收入、时间方面的灵活自由 平衡工作与生活

三、互联网平台的劳动经济效应

由于时代背景不同，两类劳动力市场在创造岗位、履行契约、劳资双方和政府治理等方面均处于动态变化和相互融合中，因此挑战现存劳动关系及其协调机制的并非新生的网络平台劳动力市场，而是新型市场的灵活性是否损害了传统市场的稳定性和规范性。

（一）就业扩大效应

网络平台对工作场所劳动力市场起到岗位创造作用。以交通出行行业网络平台劳动力市场为例，其就业扩大效应体现在产业链的三个阶段上：上游阶段，通过对车辆的需求，扩大了汽车制造、租赁和维修服务行业的就业；中游阶段，降低了传统出租车的空乘率，提高了职业司机的劳动报酬;下游阶段,创造了更多用户的就业体验,带来更加灵活、高效和低成本的工作岗位。

(二)满足劳资双方的诉求

灵活就业岗位供给的涌现反映出企业对灵活性的诉求。在商业周期的不同阶段,企业所需的劳动力数量不同,然而,在工作场所劳动力市场条件下,调整劳动力数量只有一个方法,即按照相应的规则去雇用和解雇,这无疑增加了企业的调整成本。网络平台劳动力市场以灵活的用工时间,保证雇用群体的稳定性,以契约的多重性,降低了解雇冗余劳动力的成本。

灵活就业岗位的需求旺盛反映出劳动者对灵活性的诉求。高等教育大众化改变了劳动力结构和人力资本水平,劳动者的议价能力不断上升。如图10-11所示,2015年欧洲各国灵活就业的劳动者中受过高等教育的比例大约在1/4~1/3之间,中国这一比例为34.8%,美国为48%。劳动者利益诉求由过去强调薪酬、工时和福利等方面,转向强调共享生产收益和平衡工作与生活的灵活状态。当前,劳动关系的双方主体都可以通过灵活就业满足其利益诉求。

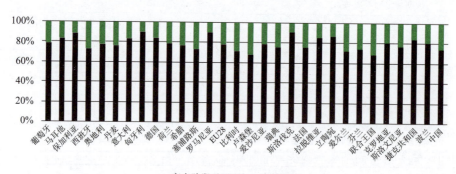

图 10-11 灵活就业学历分布的国际比较

(资料来源:1. 欧洲29个国家数据来源于欧盟统计局(Eurostat, 2015);2. 中国人民大学劳动人事学院课题组《平台经济与新就业形态:中国优步就业促进研究报告(2016)》。)

(三)缩小收入不平等程度

网络平台劳动力市场就业门槛较低,可以吸纳其他行业的专职就业者以兼职的方式获取收入,会缩小行业间工资收入差距;也可以消除歧视,给予女性、流动人口以及失业人口平等的就业机会,可缩小不同群体间收入差距。灵活性可能影响劳动关系的规范稳定,过度灵活性会有损稳定性,但是如果以"两害相权取其轻"的原则来审视灵活就业,那么互联网平台将成为稳定就业水平和维护劳动者收入的机遇。

四、互联网平台的劳动权益风险

（一）劳动关系认定风险

新技术带来新的劳动关系风险。一方面，"互联网+"平台经济、分享经济、众创空间等新经济、新业态的快速发展，使制造业、零售业等传统行业和实体经济受到不同程度的冲击，出现效益下滑、经营困难、甚至倒闭，由此引发劳动关系风险；另一方面，随着外包用工、临时用工、碎片化用工等多样化用工方式的出现，劳动关系领域出现许多新情况、新问题，劳动关系不确定、不稳定因素增多，新经济、新业态从业人员的权益保障处于模糊地带，现行的劳动法律法规、监管办法、处理手段相对滞后，一旦发生争执，存在协调劳动关系的难度。

（二）劳动收入稳定性较弱

从收入水平看，多数劳动者表示加入平台后收入增加。但根据2017年北京市交通运输工会、政法卫生文化工会、市总工会工运史和劳动保护研究室、北京市互联网行业工会联合的调查显示，56.95%的从业者最担心的问题是收入不稳定。另外，个别平台拖欠劳动者收入，劳动者不能及时提现；个别平台仅根据用户单方面的负面评价，未向劳动者公布相关信息就直接处罚劳动者。

（三）劳动量化标准不明确

平台从业者工作量量化标准不明确，存在平台业务量波动的情况。当消费需求下降时，直接反映到平台就业者工作量化标准上，导致就业者收入降低。调查显示，在平台外卖骑手、网约搬家人员、网约车驾驶员等职业从业者中，51.64%的劳动者最担心的问题是客流不稳定。当平台面临消费需求高峰时，平台就业者劳动超量、工作超时情况非常严重，调查显示，平台从业者平均每周工作6天以上的占86.81%，每周工作7天的占31.6%。

（四）劳动安全存在风险

依托技术进步，新就业工作任务在线上签约，在线下完成实际劳动过程，因此对于上门服务的劳动者（如美甲师、网约护士）或密闭空间的劳动者（如网约车司机）而言，均存在人身安全风险。调查显示，48.58%的劳动者最担心安全问题，包括交通事故、治安事故、工伤事故等。目前平台从业者无法缴纳与享受工伤保险，也仅有少数平台，如滴滴、美团等通过人身意外伤害险等方式防范此类风险，大部分平台从业者仍然未享受到保障。此外劳动者还担心财产安全，如快递包裹丢失、所使用生产工具或交通工具丢失等，这些都不在平台运营企业负责的范围内。

（五）社会保障程度较低

按照我国当前社会保障体系，平台运营企业不承担劳动者缴纳社会保险中企业应承担部分。兼职人员社会保险可由本职工作单位负责；专职人员如果拥有就业所在地户籍，可以灵活就业人员身份在就业所在地参保。然而，异地从业者不能以个人名义参加社保，需要以更高的成本通过人事代理机构代缴，由于参保成本高，平台中异地劳动者缴纳社保的比例不高。调查显示，36.02%的平台从业者认为"从事平台就业最担心的问题"是"没有缴纳社保，存在后顾之忧"。

互动交流

1. 新技术、新经济和新业态之间存在什么关系？
2. 最近几年有哪些新的职业类型？
3. 新业态的劳动关系与传统行业的劳动关系有哪些不同？
4. 互联网平台劳动力市场中有哪些劳动权益风险？

案例任务

如何破解互联网平台劳动关系难题？

中国互联网协会分享经济工作委员会2017年发布的《2016年度中国"共享经济"发展报告》数据显示，2016年中国"分享经济"平台的就业人数约为585万，比2015年增加了85万。但是，一边是从业者数量的大幅度增长，一边是部分"共享平台"经历井喷式增长后离场撤资，可以预见在未来一段时期内，涉互联网App平台劳动争议案件的数量将继续保持增加态势。

早在2013年，我国第一起网络预约平台与其下属的驾驶员之间的劳动关系确认案件就走进了公众视野。

孙某，入职北京亿心宜行汽车技术开发有限公司，并签订了《劳动合同书》，岗位为代驾司机。之后，汽车公司与孙某解除协议，双方就是否存在劳动关系产生争议。这个案例引发了广泛的社会讨论，若认定为劳动关系，则司机孙某能如期享受社会保险、住房公积金等福利待遇，在发生交通事故时，则可能属于职务行为，由汽车公司承担赔偿责任；若不认定为劳动关系，孙某的代驾工作，则似如履薄冰，一旦发生事故，相应后果需自行承担。

把案件放在"互联网+"这个大的时代背景里，在越来越多的人投入到互联网平台从业的浪潮中，无论何种裁判结果都可能激起千层浪。在如此具体的现实压力下，法院经过审慎裁判，一审法院和二审法院均未支持孙某的诉讼请求，认为孙某和汽车公司之间的关系不符合劳动关系的特征，不属于劳动关系。

之后几年的时间里，关于互联网平台与从业者的劳动关系确认案件呈递增趋势，急速上涨。法院在确定互联网平台与从业者的劳动关系审查时，主要秉承"实质审查原则"。根据劳动和社会保障部〔2005〕第12号文《关于确认劳动关系事项的通知》，所谓"劳动关系的成立"应同时具备四个要素，即双方主体资格、用工管理与劳动安排、报酬、劳动为用人单位业务组成部分这四要素，核心指向了"人身隶属性"。具体而言，如经由实质审查，双方间存在劳动法意义上的"人身隶属性"、符合劳动关系的特质，则应认定双方间建立了劳动关系。

以"好厨师"案为例，"好厨师"App由某信息技术公司运营，该平台可以在线预约厨师上门提供烹饪服务。从业人员张某为证明其与该技术运营公司存在劳动关系，提供了银行卡账户历史明细清单、押金收据、工作服及背包以及其他劳动者案件一审判决书。信息技术公司主张双方是合作关系，并且提交了双方签订的《合作协议》进行证明。一审法院认为该技术公司对张某进行指派、调度及惩戒，按月发放较为固定的报酬，张某接受公司的劳动管理，在安排的地点工作，代表公司从事有报酬的劳动，双方符合法律规定的用人单位和劳动者的主体资格，并且张某主要提供厨师技能，双方具有较强的从属关系，双方建立的关系符合劳动关系的特点，法院据此认定双方存在劳动关系。

与该案相反，在另外一个涉及"五八到家"平台的案件中，"五八到家"公司主要是为从业人员刘某提供信息平台，刘某通过平台获取服务信息，自主选择工作时间和工作地点，没有专门、固定的办公场所，双方没有人身或组织上的从属性，并且刘某从事的美甲业务并非"五八到家"公司业务的组成部分。因此，法院未认定刘某与"五八到家"公司成立劳动关系。

摘编自《经济参考报》（2018年5月30日）

请分析：

1. 同为互联网平台用工，部分平台与从业者的关系受到法律承认，部分则不然，司法裁判为何会呈现出如此明显的认识性差异？

2. 如何做好劳动者权益保护与鼓励新生事物发展之间的平衡？

参考文献

［1］雷切尔·刘易斯，拉腊·齐巴拉斯. 工作与职业心理学［M］. 叶茂林，译. 杭州：浙江教育出版社，2019.

［2］中国法制出版社编写组. 事业单位领导人员管理核心规定［M］. 北京：中国法制出版社，2017.

［3］常凯. 劳动关系的集体化转型与政府劳工政策的完善［J］. 中国社会科学，2013，（6）：91-108.

［4］陈雄. 职业卫生法律法规［M］. 重庆：重庆大学出版社，2018.

［5］党印，咸丽楠. 服务业人才培养中融入劳动教育的内在逻辑与现实路径——以中国劳动关系学院酒店管理专业为例［J］. 劳动教育评论，2020，（3）：145-160.

［6］党印. 从宏观、微观两个层面来看劳动的价值，载于《劳动的名义（第二辑）》［M］. 北京：中国工人出版社，2019：126-130.

［7］邓小平. 邓小平文选［M］. 2版. 北京：人民出版社，1994.

［8］高鸿业. 西方经济学（宏观部分）［M］. 7版. 北京：中国人民大学出版社，2018.

［9］高鸿业. 西方经济学（微观部分）［M］. 7版. 北京：中国人民大学出版社，2018.

［10］关怀，林嘉. 劳动法［M］. 5版. 北京：中国人民大学出版社，2016.

［11］胡玉玲. 产业结构演进视角下的劳动教育形态变迁［J］. 劳动教育评论，2020，（2）：83-104.

［12］纪雯雯，赖德胜. 从创业到就业：新业态对劳动关系的重塑与挑战——以网络预约出租车为例［J］. 中国劳动关系学报，2016，30（2）：23-28.

［13］纪雯雯. 数字经济下的新就业与劳动关系变化［M］. 北京：社会科学文献出版社，2019.

［14］姜颖. 劳动法学［M］. 北京：中国劳动社会保障出版社，2007.

［15］景跃进，陈明明，肖滨. 当代中国政府与政治［M］. 北京：中国人民大学出版社，2016.

［16］康晓光. 非营利组织管理［M］. 2版. 北京：中国人民大学出版社，2020.

［17］黎建飞. 劳动法与社会保障法：原理、材料与案例［M］. 2版. 北京：北京大学出

版社，2019.

[18] 李珂.从当代人工智能的发展看马克思的人机关系思想[J].自然辩证法研究，2019，35（4）：71-75.

[19] 李珂.初次就业不迷"盲"——和谐劳动关系导读[M].北京：机械工业出版社，2021.

[20] 李珂.迈向制造强国：建设新时代高素质产业工人队伍[M].北京：中国工人出版社，2019.

[21] 李珂.新时代劳模精神的崭新意蕴与当代价值[J].红旗文稿，2020，（8）：33-35.

[22] 李珂.劳模精神[M].北京：中共党史出版社，2020.

[23] 李娜.退休再就业人员工伤损害赔偿的困境与出路[J].中国人力资源开发，2020，37（3）：115-128.

[24] 李英武.职业健康心理学[M].北京：北京师范大学出版社，2017.

[25] 刘剑.实现灵活化的平台：互联网时代对雇佣关系的影响[J].中国人力资源开发，2015，（14），77-83.

[26] 刘丽红，曲霞.论高校创新创业教育与劳动教育的同构共生[J].中国青年社会科学，2020，（1）：103-109.

[27] 刘向兵.用劳模精神、劳动精神、工匠精神凝聚新征程奋斗力量[J].红旗文稿，2021，（1）：37-39.

[28] 刘向兵.劳动通论[M].北京：高等教育出版社，2020.

[29] 卢晓东，曲霞.大学劳动教育课程框架、特征与实施关键：基于劳动要素的理论视野[J].中国大学教学，2020，（2）：8-16.

[30] 曼昆.《经济学原理（微观经济学分册）》（第8版）笔记和课后习题（含考研真题）详解[M].北京：中国石化出版社，2020.

[31] 欧阳日辉.从"+互联网"到"互联网+"——技术革命如何孕育新型经济社会形态[J].人民论坛·学术前沿，2015，（10）：25-38.

[32] 乔东.劳模精神、劳动精神和工匠精神探析[J].中国劳动关系学院学报，2019，33（5）：35-42.

[33] 曲霞.新时代劳动教育的三重内涵[J].人民教育，2020，（7）：1.

[34] 石阶瑶.大学生失业的心理学阐释及对策[J].苏州教育学院学报，2008，25（4）：82-85.

［35］苏庆华.新兴商业模式与雇佣关系规制——互联网众筹模式下的雇佣关系问题分析［J］.中国人力资源开发，2015，（14）：89-93.

［36］王全兴.劳动法［M］.4版.北京：法律出版社，2017.

［37］王永柱.职业卫生工程专业认识实习课程内容设计［J］.科技视界，2019，（35）：110-111，93.

［38］向德荣.劳模精神职工读本［M］.北京：中国工人出版社，2016.

［39］宿恺，袁峰.企业管理学［M］.北京：机械工业出版社，2019.

［40］徐大真.职业心理学［M］.北京：高等教育出版社，2011.

［41］徐彦秋.工匠精神的中国基因与创新［J］.南京社会科学，2020，（7）：150-156.

［42］杨冬梅.新中国70年劳模事业成就与经验［J］.湖北社会科学，2019，（8）：29-34.

［43］中国劳动关系学院.劳模学概论［M］.人民出版社，2020.

［44］杨红萍，颜铠晨."工匠精神"的国际比较［J］.经济师论坛，2020，（1）：283-284，287.

［45］张东风.职业道德［M］.3版.北京：中国劳动社会保障出版社，2017.

［46］张小小.劳模文化育人视角下大学生职业道德教育现状调查与路径分析——以上海第二工业大学为例［J］.高教学刊，2020，（12）：60-63.

［47］赵薇.发挥工会劳动竞赛优势动员组织广大职工共克时艰［J］.工会博览，2020，（19）：24-25.

［48］赵薇.中国古代工匠精神特点及其价值追求［J］.中国劳动关系学院学报，2018，32（2）：118-124.

［49］中国安全生产科学研究院.安全生产法律法规［M］.北京：应急管理出版社，2020.

［50］周欢.大学生就业心理问题分析及应对措施［J］.现代职业教育，2020，（45）：188-189.